東洋文庫 852

交隣提醒

雨森芳洲

田代和生 校注

平凡社

装幀　原　弘

凡例

一、本書は、滋賀県長浜市高月町雨森に本部を置く芳洲会所蔵の雨森芳洲著『交隣提醒』（以下、芳洲会本）の全文を活字にしたものである。専門家と一般読者の双方に役だつよう、「史料校訂編」「解読編（読み下し文）」の順に項目ごとに併記し、さらに他系統の写本と比較するために別途「原文編」をもうけた。

二、本文は五十四項目からなる。各項目順に番号を振り、「史料校訂編」「解読編」は内容が分かるような小題をつけた。小題下の（通信使）（倭館）は、当該事項が生じた場を示す。

三、「史料校訂編」について。

1、研究者が学術書等に史料引用できるよう、読点を施して校訂した。

2、原文にある返り点、振り仮名、片仮名表記、旧字はそのままとした。変体仮名のうち助詞としての「者」「江」「茂」「之」、および「而」は原文どおりとし、それ以外の変体仮名や異体文字・俗字（例、叓→事、逹→違、舘→館、舛→升、屏→屛、尓→爾、舩→船）、仮名のゟ→より、などは現行の文字にあらためた。

3、他系統の写本と比較して明らかな誤字は右側（　）内（原文訂正は〔　〕内）に訂正字を入れ、欠字は文中に入れてその右側に「、、、」を付した。文中、名称が連続する場合は語句の間に「・」を入れた（例、銅・鍮鉐、東萊・釜山など）。抹消文字はその文字の下に（消）として示した。

四、「解読編」について。

1、一般読者用に、原文（漢文を含む）に句読点を施して読み下した。漢字は常用漢字へ、片仮名・変体仮名は現行の平仮名へ、仮名の濁点や送り仮名（例、用ひ→用い、仕来たる→仕来る）もすべて現行の使用法へあらためた。原文の平仮名のうち必要とあれば右側（　）内に漢字を付した。

2、読みにくい文字には振り仮名（朝鮮人名と米の単位石（コク）は片仮名）を付し、語句の解説、分かりにくい文章や使用ごとに意味が変わる文言（例、気の毒など）はその意訳を番号を付して注記した。頻出するもの（例、東萊府使、訳官など）は、説明の重複を避けるため詳しい説明のある項目・注番号を付しておく。

五、「原文編」について。

1、底本とする芳洲会本を、原文どおりに活字にした。

2、他系統写本と比較するため、まず文章・文字が最も異なる「斎藤本」との相違を原文に番号を付して「　」内に示し、その部分についての「薦田（こもだ）本」（**薦**）、「蔵瀬寛政本」（**寛**）、「蔵瀬天保本」（**天**）、「韓国本」（**韓**）の表記を下に示した。同一表記の場合は、**薦寛**「……」**天韓**「……」のように一つにまとめた。底本および他系統写本については、「はじめに」を参照。

3、後年の書入については文章の左右の位置、朱書であれば「右朱書入」として（　）内に示した。文字が欠けているものは「欠字」とし、文章が欠けているものは「文欠」として（　）内に、また抹消文字は判読できれば（　）内に「消」として示した（例、右「ユルサ」消）。破損などで判読困難な文字は□とし、推定できる文字を（　）内に示した。

4、煩雑さを避けるため、「斎藤本」との相違点が以下のものだけの場合は比較を除外した。仮名と漢字（例、堂とへハ／轡ハ）仮名（例、者／ハ／盤）送りがな（例、用／用い）そのほか（叓／事　遠／違　ゟ／より　儀／義　有之／在之　候へ／候得　間敷／間鋪　舟／船）。

5、底本及び他系統写本の略字・異体字・俗字・誤用文字（例、皐／舘／遠／舛／舩）などは原本どおりとする。ただし底本に頻出する「冝」は正字「宜」にあらためた。本文の抹消文字は判読できればその文字の下に（消）として示した（例、免ユルサ(消)）。

目次

交隣提醒

雨森芳洲 著
田代和生 校注

はじめに――芳洲会本校訂の意義

『交隣提醒』は対馬藩の儒臣雨森芳洲（東五郎）の著作で、奥付から享保十三年（一七二八）十二月の完成とみられる。対馬藩主宗義誠（在位一七一八～三〇年）へ日朝交流にかかわる芳洲の意見を全文五十四項目にまとめて提出したものである。しかしその内容をみると単なる藩主への具申書にとどまらず、通信使や倭館で接触した朝鮮の人々との交流体験をふまえた芳洲独自の哲学が展開されており、そこに『交隣提醒』の魅力が秘められている。雨森芳洲の著作は、本書以外に『天龍院公実録』『霊光院公実録』『隣交始末物語』『朝鮮風俗考』『通詞仕立帳』『全一道人』『誠信堂記』『たはれくさ』『橘窓茶話』『治要管見』ほか多数あるが、そのなかにあって『交隣提醒』は近世日朝交流史研究に必ずといってよいほど引用される著名な著作物であり、林韑（大学頭）が編纂した『通航一覧』にも抄文が掲載されるなど、すでにその存在は江戸時代から知れわたっていた。現在のところ雨森芳洲自身による自筆原本の所在は不明であるが、代わって多くの写本が日本各地に現存しており、歴史的に広く読み継がれてきたことを示している。

本書は芳洲会（滋賀県長浜市高月町雨森）に保管される、いわゆる「芳洲会本」を底本とする。この芳洲会本『交隣提醒』は、幕末から明治にかけて雨森芳洲の書籍を整理した雨森二橋の筆跡で「雨森顕允（顕之允）鵬海直筆」と断定されている。筆写年代は不明だが、雨森顕之允は元文四年（一七三九）に四十二歳で亡くなった芳洲の長男であることから、数ある『交隣提醒』の写本のなかで最も原本に近いと目される。この芳洲会本の全文校訂は、これまでに次の三冊が刊行あるいは発行されている。

①「交隣提醒」（泉澄一編『雨森芳洲外交関係資料集 雨森芳洲全書』三、収録）一九八二年 関西大学出版部刊行。

②『交隣提醒 全』高月町古文書クラブ編 一九九〇年 芳洲会発行。

③『譯注 交隣提醒』韓日関係史学会編 二〇〇一年 國學資料院（韓国）刊行。

①は、他の雨森芳洲編著本とともに全集に収録されたもので、巻頭の「解説」に簡単な内容紹介がある。『交隣提醒』はそれまでに抄文のみしか知られておらず、初めての全文校訂版として研究者を中心に利用されている。惜しむらくは百ヵ所以上にわたる誤読・誤植により、文意を違えたり文脈の通じない部分が多々あり、また項目34に数行の欠文があることか

ら、利用に際しては注意を要する。

②は、高月町古文書クラブの協力により、雨森芳洲顕彰事業の一環として全文を「書き下し文」にしたもの。一般向きに適宜、辞書的な語句解釈が施され、誤読部分も右の三冊のなかでは最も少ない。ただし同人会印刷本であるため、配布部数が限られており入手が困難である。

③は、韓日関係史学会に所属する韓国研究者による校訂本である。韓国語翻訳編・日本文校訂編・原文印影編からなる。日本語での全文校訂以外に、韓国語翻訳文と脚注、そしてなによりも原文印影が収録されているため原本との校合が容易で、日韓両国の研究者に広く利用されている。ただし韓国語翻訳や脚注がまだ不充分で、とくに意味の通りにくい文章や語句については原文をそのまま掲載するなど問題がいくつかある。なによりも翻訳編はハングル文であることから日本人には理解しがたく、また日本国内での入手も困難である。誤読・誤植は①よりも少ないが、①②に共通する部分に判読の間違いがみられる。

このようにそれぞれの校訂本には特徴があるが、多くの誤読・誤植がみられることは共通するところであり、これが筆者のくせ字に起因するものであることは否めない。判読しづらい部分を正確に校訂するために、あるいは筆者の誤写を正すためには、やはり他系統の写本と比較・検討することが重要である。

そこで本書では、「原文編」において全文を変体仮名・異体文字も含めて原文どおり活字化するとともに、文章、語句、振り仮名、返り点などが他の写本とどのように異なるのか、対馬に伝わった次の五種の写本との相違点を示すことにした。

① 斎藤本　厳原町今屋敷・斎藤家旧蔵本　長崎県立対馬歴史民俗資料館寄託
② 薦田本　豊玉町吉田・薦田家旧蔵本　長崎県立対馬歴史民俗資料館所蔵
③ 蔵瀬寛政本　厳原町天道茂・醴泉院旧蔵本　長崎県立対馬歴史民俗資料館寄託
④ 蔵瀬天保本　厳原町天道茂・醴泉院旧蔵本　長崎県立対馬歴史民俗資料館寄託
⑤ 韓国本　対馬宗家旧蔵本　韓国国史編纂委員会所蔵

① 斎藤本は、宗家旧家中でも名門で、家老役も務めた斎藤家に伝わったものである。本書の底本とする芳洲会本と、使用文字、助詞、送り仮名、振り仮名、返り点などが最も異なっており、芳洲会本との比較基準とした。

② 薦田本は、対馬峰村の有力な給人、薦田家に伝わったものである。乾（項目1～33）・坤（項目34～54）の二冊本を写本し、一冊仕立てになっている。後に朱書きで加筆修正された部分の多くが芳洲会本と重なっており、写本後に芳洲会本あるいはそれと同一系統本と校合して修正したと考えられる。

③・④ 蔵瀬本は、対馬藩勘定方を務めた蔵瀬家に伝わったもの。同家旧蔵本を預かって

いた菩提寺の醴泉院から長崎県立対馬歴史民俗資料館が寄託を引き継いでいる。このうち③蔵瀬寛政本は寛政四年（一七九二）、志多浦（したのうら）の波多野左次馬なる者が筆写したと記されている。惜しむらくは項目45で筆が止まっており、項目46～54が欠けている。④蔵瀬天保本は「本佐録約言」「治要管見」「楽物語」「忠功忠節辨」「竹島一件（陶山・賀嶋）往復書状之写」との合本で、筆者は不明だが同一人の手による。天保三年（一八三二）の写本年紀が記載されている。

⑤韓国本は、対馬宗家文書の一部を旧朝鮮総督府が買い上げて移管した「對馬島宗家文書記録類」のなかにあり、以前対馬宗家の御文庫あるいは江戸藩邸で保管されていた宗家旧蔵本である。同じく雨森芳洲著「朝鮮國風俗之事」（写本）との合本で、ここでは取りあげないが内閣文庫本（国立公文書館内閣文庫）と同一系列本と考えられる。十二行の罫線のある「菰涯堂」用箋を用いており、おそらく明治期以降の写本とみられる。

これら他系統本と比較することにより、筆者のくせ字や誤写を正しく判読し、また意味が通らない平仮名や漢字を正しく理解することができた。とくに振り仮名の部分からは、他系統本にはない朝鮮語を知る芳洲ならではの表記がみられ、そこから底本とする芳洲会本が自筆本にかなり近いことを再確認することが可能であった。

例　項目2「てくらう」……「手暗」の意味。

項目12「今早」「翌早」……「早」は「朝」の意味。

項目12「可宜之」……「可宜有之」の誤写。

項目13「けく」……「結句（けっく）」のこと。

項目25「せいぜい」……「ぜひぜひ」の誤写。

項目40「乾物」……ふりがなに朝鮮語訛りの「コンブリ」をあてる。他系統本は一般的な「下行」に直す。

項目44「墓取」（果取(はかどる)のあて字）……他系統本は「果敢取」と誤写。

項目45「價布」……ふりがな「カッブイ」に朝鮮語発音のため対馬でとられた独自の仮名表記「三点濁音」がみられる。


本書では、あえて現代語に翻訳することを避けた。古文書を逐一翻訳するには、訳者が文意を解釈して主語を含む多くの語句を補わなければならず、ときとして意訳を強要されることがある。すなわち現代語訳は、訳者の判断や思想を反映した作文に陥りかねず、そこには原著者の意図が直接読者に伝わらないばかりか、訳者の解釈を読者に押しつけるおそれがある。原著者の主張をあるがままにくみ取り、独自の言いまわしを楽しむためには、校訂者による加工部分はあえて最小限にとどめる工夫がなされてしかるべきと考えた。そこで本書「史料校訂編」では研究者が学術書等に史料引用するために読点を施して校訂するにとどめ、これに並列した「解読編」では一般の読者を意識して原文にできるだけ振り仮名を付した「読み下し文」にあらため、難解な語句や文章には注をつけて、前後の文意が分かるような歴史的な解釈を含む説明を詳しく施すことにした。ただしこの「解読編」の注でも、前後の文意がくみ取りにくい箇所がいくつもある。そこで本書巻末の「解説」において、『交隣提醒』を含むすべての史料の引用を現代語訳にして掲載した。各項目番号を手がかりに、難解な部分を理解していただければ幸いである。

史料校訂編・解読編（読み下し文）

項目小題——目次

1　朝鮮交接の要領／弱腰交渉（倭館）

1　一、朝鮮交接之儀ハ、第一人情・事勢を知り候事肝要ニ而候、其内筋々を分チ諸事了簡可致事ニ候、筋々と申候ハ、是ハ朝廷方之了簡ニあつかり候事、是ハ東萊之了簡ニ出候事、是ハ訳官共はからひニ候事、是ハ商人共仕形ニ候事と、夫々ニ分チ候而思慮を加へ、宜ニ應し處置いたし候を筋々を分ツとは申候、たとへハ御買米之義、又ハ宴享等之義ハ、両国誠信之上より約條相究り、彼国朝廷ニ知レ居候事ニ候故、御米之快ク入来候哉否、又ハ宴享例式之通ニ有之候哉否之義ハ、朝廷方・東萊之了簡ニあつかり候事ニ而、御商賣之儀ハ利分有之、合方よろしく候へハ荷物を持来り、合方不宜候へハ荷物を持来不申、専ラ商人之仕形ニ有之事ニ候、然所ニ御買米又ハ宴席等之儀ニ付急度可申立事ニ候而も、御商賣ニ指支可申哉と存候而扣之、若又商物持来り候事不足ニ候か、又ハ時節違ひ候得者東萊へ申達し、何とそ御商賣順便ニ成り候様ニと存候類ハ、筋を分チ申さぬ不了簡ニ而候、此以前偽船之事有之候時、最初ハ厳ク被仰掛候御了簡之様ニ相見へ候處、其後御商賣ニ支可申哉と裁判方より申来り候ニ付其沙汰大概ニ而相止ミ候、ケ様之類其筋之分チ無之、人情・事勢ニうときと可申候、惣体日本内之事ニ候へハ、是ハ商人ニ申候事、是ハ町奉行へ申候事、是ハ御老中方へ申入候事と申、差別自然と其勘弁人々有之事ニ候へとも、朝鮮之事ニ成候へハ、やゝともいたし候得ハ混雑いたし候故、其所ニ心を用可申事ニ候、

1　一、朝鮮交接の儀は、第一人情・事勢を知り候事肝要にて候。その内筋々を分かち、諸事了簡(1)致すべき事に候。筋々と申し候は、これは朝廷方(2)の了簡にあずかり候事、これは東萊(とうらい)(3)の了簡に出候事、これは訳官共(4)はからい〔計い〕に候事、これは商人共仕形(しかた)に候事と、それぞれに分かち候て思慮を加え、宜しきに応じ処置いたし候を筋々を分かつとは申し候。たとえば御買(かい)米(まい)(5)の義、又は宴享(6)等の義は、両国誠信の上より約条相究(きま)り(7)、彼国朝廷に知れおり候事に候故、御米の快く(8)入り来り候や否(いな)や、又は宴享例式の通りにこれあり候や否やの義は、朝廷方・東萊の了簡にあずかり候事にて、御商売の儀(9)は利分これあり、合方(あいかた)(10)よろしく候らえば荷物を持ち来り、合方宜しからず候らえば荷物を持ち来り申さず、専(もっぱ)ら商人の仕形にこれある事に候。然(しか)る所に御買米又は宴席等の儀に付き、急度(きっと)(11)申し立てるべき事に候ても、御商売に指(さ)し支(つか)え申すべきやと存じ候てこれを控(ひか)え、もし又商物持ち来り候事不足に候か、又は時節違い(12)候らえば東萊へ申し達し、何とぞ御商売順便になり候様にと存じ候類(たぐい)は、筋を分かち申さぬ不了簡にて候。これ以前偽船(にせぶね)(13)の事これあり候時、最初は厳しく仰せ掛けられ候御了簡の様に相

見え候処、その後御商売に支え申すべきやと裁判[14]方より申し来り候に付きその沙汰大概にて相止み[15]候。かようの類その筋の分かちこれなく、人情・事勢にうとき（疎き）と申すべく候。惣体[16] 日本内の事に候らえば、これは商人に申し候事、これは町奉行[17]へ申し候事、これは御老中[18]方へ申し入れ候事と申し、差別自然とその勘弁[19]人々これある事に候らえども、朝鮮の事になり候らえば、やゝともいたし候らえば混雑いたし候故、その所に心を用い申すべき事に候。

注

（1） 了簡　熟考して検討すること。

（2） 朝廷　朝鮮王朝政府のこと。国王を頂点に最高行政府（議政府）で行政事務を司る六曹（吏・戸・礼・兵・刑・工）が置かれ、対日外交など国際関係は礼曹が担当する。

（3） 東萊　東萊府使のこと。「東萊」は慶尚道の地名。行政機関として府が置かれ、日本人居住地の倭館を監督する。「府使」は大都護府使・都護府使の略称で一府（地方）の行政長官のこと。

（4） 訳官　倭学（日本語）通訳官のこと。倭館には訓導（項目3注10）・別差（項目3注8）各一名のほか陪通事（四名）・書記通事（二名）・守門通事（二名）・哨探通事（二名）など役割に応じた小通事が三十名ほど駐在していた（『草梁話集』）。官位は、堂上訳官が知枢（正二品）・同枢（従二品）・僉枢（正三品）、堂下訳官が僉使（従三品）・僉正（従四品）・判官（従五品）・主簿（従六品）・直長（従七品）・奉事（従八品～従九品）。

（5）御買米　官営貿易の決済品である公木（朝鮮の上質木綿）を代替した米のこと（項目45注1・2）。

（6）宴享　倭館へ派遣された使節に対し、格式に応じて催される外交上の儀式。位に応じた支給物が下賜される。

（7）約条　約定・規約のこと。この場合は宴享儀礼や支給物についての規定。

（8）快く　順調に。

（9）御商売　藩営の私貿易。私貿易は倭館開市大庁で月六回、朝鮮側商人と相対で行われる。開市日には倭館滞在者による個人貿易（御免物貿易）も行われるが、「御商売」「私貿易」の用語は藩営貿易に限定される。

（10）合方　（取引値段の）折りあい。

（11）急度　厳しく。

（12）時節違い　（私貿易品の搬入）時節が遅れること。

（13）偽船の事　享保十年（一七二五）に発覚した、対馬商人石橋七郎右衛門の抜船事件。翌年、幕府直命の形で「申禁使」正使として対馬藩家老の杉村采女（平真長）が派遣されるが、朝鮮側の犯人探索はなされないまま終わった。

（14）裁判　外交交渉官。朝鮮側の「差倭」（臨時使節）の一種で、主として通信使や渡海訳官使（項目35注11）の迎送、公作米の年限更新交渉のほか、両国の懸案事項に関する実務外交を担当する。

（15）その沙汰……相止み候（朝鮮側による犯人追及の）命令はいい加減なままで終わってしまった。
（16）惣体　大体において。
（17）町奉行　江戸をはじめ大坂・京都・長崎など重要直轄都市に置かれた市政担当の役職。
（18）老中　江戸幕府の最高職。幕政全体を統括し、通信使来日時の朝鮮関係の諸事には「朝鮮掛老中」があたる。
（19）勘弁　わきまえて考えること。

2　御商売（私貿易）のこと（倭館）

2　一、商賣之事、商人之数を定〆御国と貿易いたし候様ニと朝廷方より許し被置たる事ニ候故、或ハ商人之事ニ付可申達訳有之候か、又ハ別開市を望候か、又ハ人參等ニてくらう（てくら）をいたし候事ハ、朝廷より是又禁し被置たる事ニ候故、姦曲無之様ニと申達候類ハ各別之事ニ候、荷物を大分持来候様ニなとゝ下知を頼ミ候事ハ誠ニ無益之事ニ候、彼方合方よろしく候へハ、分明ニ刑罰を蒙り候事ニ候へとも潜商之族爾今不断候を以見候得ハ、彼方合方よろしからす候へハ、如何程朝廷・東萊より被申付候とて、利益無之商賣を可致様無之候故、商賣之儀ハ朝廷方・東萊之あつかり被申事にて無之候、古来歴々之内商賣ニ加り被居候と申咄も有之、公儀之荷物と申持来候事今とても有之候故、商賣之儀ハ朝廷方・東萊之あつかり被申候事ニ而無之候とハ被申間敷と申筋も可有之候、是又混雑之所見ニ候間、能々可有勘弁事御座候、

2　一、商売[1]の事、商人の数を定め[2]御国[3]と貿易いたし候様にと朝廷方[4]より許し置かれたる事に候故、或いは商人の事に付き申し達すべき訳これあり候か、又は別開市[5]を望み候か、又は人参等にていくら[6]をいたし候事は、朝廷よりこれ又禁じ置かれたる事に候故、姦曲[7]これなき様にと申し達し候類は各別の事に候。荷物を大分持ち来り候様になどと下知[8]を頼み候事は誠に無益の事に候。彼方合方よろしく候らえば[9]、分明に刑罰を蒙り候事に候らえども潜商の族爾今[10]断えず候を以て見候らえば、彼方合方よろしからず候らえば[11]、いか程朝廷・東萊より[12]申し付けられ候とて、利益これなき商売を致すべき様これなく候故、商売の儀は朝廷方・東萊のあずかり申される事にてこれなく候。古来歴々[13]の内商売に加わりおられ候と申す咄もこれあり、公儀の荷物と申し持ち来り候事今とてもこれあり候故、商売の儀は朝廷方・東萊のあずかり申され候事にてこれなく候とは申されまじくと申す筋もこれあるべく候。これ又混

雑の所見（しょけん）に候間、能々（よくよく）勘弁あるべき事(14)に御座候。

注

（1）商売　私貿易（項目1注9）。

（2）商人の数を定め（倭館開市に出入りできる）朝鮮商人の数を限定すること。商人の定数は、粛宗十七年（一六九一・元禄四）に従来の二十名から三十名に増加され、五人を一組にそれぞれの代表（行首）に密貿易禁止などの監督責任が負わされた。

（3）御国　対馬藩。

（4）朝廷　朝鮮王朝政府（項目1注2）。

（5）別開市　月六回に規定された以外の開市。

（6）てくら（手暗）ごまかすこと。とくに朝鮮人参の内部に鉛や石を仕込む重量のごまかしが多い。

（7）姦曲（かんきょく）　悪だくみ。

（8）下知（げち）　命令。

（9）彼方……候らえば　（倭館開市への貿易品搬入は）朝鮮側の取引相手と（値段などが）うまく折りあえば（大量に持ち込んでくるもので）。

（10）爾今（じこん）　今後も。

(11) 分明に刑罰を……候らえば　刑罰をこうむる恐れが明白であっても、密貿易者が今も絶えない現状をみると、（市場への貿易品が少ないのは）相手側とうまく折りあってないからである。
(12) 東萊　東萊府使（項目1注3）。
(13) 歴々　対馬藩では「暦々」とも書き、お偉方の意味。ここでは朝鮮王朝の高官たちをさす。
(14) 勘弁あるべき事　わきまえて考えること。

3 「撤供撤市」は脅し文句（倭館）

3 一、撤供撤市(テッケウテッシ)いたし候へハ、對州之人ハ嬰児(エイジ)の乳(チ)を絶(タチ)候ことくニ候と彼国之人常ニ申事ニ而、此方ニいたてをあて候第一之上策と存居申候、小川又三郎館守之時、館内之者銀奉(ウンボギ)と申朝鮮人を殺し中川にしづめ置候を、朝鮮人共右之死骸を取出し候段東萊へ相聞、若も其相手を日本人出し不申候ハヽ、撤供撤市(テッケウテッシ)いたし候様ニと被申付候傳令、別差呉判事懐中いたし居見せ申候、其節訓別より不申出内ニ、館内より右之科人之事申出候者有之、早速館守被召捕候故、右之傳令を出し候ニも不及候キ、此後ニても御国より不埒成義被仰掛候か、又ハ不埒成被成方有之候ハヽ、成程御商賣之支ニ成候事も可有之候得共、可被仰立事を被仰直候時、無體ニ撤供撤市（テッケウテッシ）いたすへき様無之候、日本人之儀ハ御商賣を性命のことく第一切要ニいたし候と申事能々存居候故、間には訳官共計策ニ而開市をしぶらせ候而見せ候事若も有之候とも、左様之節ハ前々も申候通其筋を分チ、事之大小・輕重を勘弁し、弥開市ニ相碍ル事ニ候哉否と申了簡肝要之事ニ候、

3　一、撤供撤市（てつきょうてつし）いたし候らえば(1)、対州（たいしゅう）の人は嬰児（えいじ）の乳を絶ち候ごとくに候と彼国の人常に申す事にて、此方にいたで（痛手）をあて候第一の上策と存じおり申し候。小川又三郎(2)館守(3)の時、館内の者銀奉（ウンボン）と申す朝鮮人を殺し中川(4)にしずめ(5)置き候を、朝鮮人共右の死骸を取り出し候段東莱(6)へ相聞え、もしもその相手を日本人出し申さず候らわば撤供撤市いたし候様にと申し付けられ候伝令(7)、別差（べっさ）(8)呉（オ）判事（はんす）(9)懐中いたしおり見せ申し候。その節訓別(10)より申し出ざる内に、館内より右の科（とが）人の事申し出候者これあり。早速館守召し捕えられ候故、右の伝令を出し候にも及ばず候らいき(11)。この後にても御国より不埒（ふらち）なる義仰せ掛（か）けられ候か、又は不埒なるなされ方これあり候らわば、成程（なるほど）御商売の支（つか）え(12)になり候事もこれあるべく候らえども、仰せ立てられるべき事を仰せ直され候時(13)、無体（むたい）(14)に撤供撤市いたすべき様これなく候。日本人の儀は御商売を性命(15)のごとく第一切要にいたし候と申す事能々（よくよく）存じおり候故、間には訳官共計策(16)にて開市をしぶらせ(17)候て見せ候事もしもこれあり候とも、左様の節は前々も申し候通りその筋を

分かち、事の大小・軽重を勘弁し[18]、弥（いよいよ）開市に相碍（さまた）げる事に候や否（いな）やと申す了簡[19]肝要の事に候。

注

（1）撤供撤市（てっきょうてっし）　「供」は日供（使節などに毎日支給される供応物品）、「市」は開市（私貿易、項目1注9）のこと。倭館への物流を止めるという脅し文句。

（2）小川又三郎　実名・橘方之。元禄十六（一七〇三）～宝永二年（一七〇五）、第三十一代館守。

（3）館守　倭館の統括者。寛永十四年（一六三七）創設。二年交代で対馬藩馬廻（上士）格から選ばれる。

（4）銀奉（ウンボン）……を殺し　宝永元年（一七〇四）、古賀吉右衛門（茶碗竈屋守（かまどやもり））が人参潜商をもちかけてきた銀奉（別差付き小通事）を殺害した事件。吉右衛門は倭館門外にて斬罪。

（5）中川　倭館東館内を流れる川。

（6）東萊　東萊府使（項目1注3）。

（7）伝令　東萊府使などが発令する正式な指令書。『象胥（しょうしょ）紀聞拾遺』に「サシス」（指図）とあり、「関子（かんし）（関文）」よりも軽いとする。

（8）別差（べっさ）　日本語通訳官。訓導（注10）を補佐して倭館勤務にあたる。一年交代。

（9）呉判事（オはんす）　呉萬昌（オマンチャン）。字（あざな）・天老。一六八九年に倭学聡敏奉事となる。「判事」は通事の別称。

(10) 訓別　訓導と別差の略。「訓導」は倭館の日本語通訳官。二年半交代。釜山訓導（教誨、従九品）と京訓導の二種があり、後者は特別な交渉や事件に応じて中央の司訳院が派遣する堂上あるいは堂下訳官（項目1注4）があたった。
(11) 候らいき　……であった。
(12) 御商売　私貿易（項目1注9）。
(13) 仰せ立てられる……直され候時　（当然）主張してくるはずだ（と思っていた）ことを改めてきたとき。
(14) 無体　無理やり。
(15) 性命　天から授かった運命。
(16) 訳官　日本語通訳官（項目1注4）。
(17) 開市をしぶらせ　私貿易を円滑に運営させない。
(18) 勘弁　わきまえて考えること。
(19) 了簡　推しはかり考えること。

4　買米の搬入遅滞（倭館）

4　一、御買米之儀朝廷ニてハ別事無之候へとも、東萊又ハ訳官共申合せ、中間ニ而滞らせ候事毎々有之由ニ候、利を貪り候ハ華夷(クワイ)同然之事ニ而、廉明(レンメイ)之役人常ニ可有之ニても無之候故、此所氣を付ケ可申事ニ候、

4　一、御買米(1)の儀朝廷(2)にては別事これなく候らえども、東萊(3)又は訳官(4)共申し合わせ、中間にて滞らせ(5)候事毎々これある由に候。利を貪(むさぼ)り候は華夷(かい)(6)同然(どうぜん)の事にて、廉明(れんめい)の役人(7)常にこれあるべきにてもこれなく候故、この所気を付け申すべき事に候。

注

（1）御買米　官営貿易で輸入される公作米(こうさくまい)のこと（項目45注2）。

（2）朝廷　朝鮮王朝政府（項目1注2）。

（3）東萊　東萊府使（項目1注3）。

（4）訳官　日本語通訳官（項目1注4）。

（5）滞らせ　倭館納入を停滞させること。

（6）華夷(かい)　「華」は中華。「夷」は夷狄(いてき)。中国を中心とする東アジア国際社会全体をさす。

（7）廉明(れんめい)の役人　金銭欲のない清廉な役人。

5 買米数量の粉飾／斛桝のこと①（倭館）

5 一、御買米ニ沙石・もミを雑へ、又ハ水を和し持来候事、専釜山役人・監官・等牌之仕形と相聞へ候間、此後又左様之事候ハヽ、館内之役人共申合せ、宴享之節右之米を俵なから東萊前へ持出テ、訴候様ニ致し候義第一之處置と存候得共、館内ニ而米を請取候ニ、斛之外ニ小升を加へ候義来歴有之、仕来たる事とは相見へ候得共、分明ニ其訳しれかたき所有之候故、東萊申分ニ加升有之候故右之仕形ニ候段役目之者共申候間、加升を相止メ候様ニなとゝ有之時、辨論ニ屈し可申哉と之恐有之候、仍是右之義終ニ申上たる事無之候、斛升之義も大要ハ其筋相立チ、斛一件記録ニ委細記し置候間、此後加升之訳弥分明ニ成候ハヽ、其節こそ右之通東萊へ直訴致させ候仕形可然候、

5 一、御買米(1)に沙石・もみ（籾）を雑え、又は水を和まし持ち来り候事、専ら釜山役人・監官(2)・等牌(3)の仕形と相聞え候間、この後又左様の事候らわば館内の役人共申し合わせ、宴享(4)の節右の米を俵ながら(5)東萊(6)前へ持ち出して、訴え候様に致し候義第一の処置と存じ候らえども、館内にて米を請け取り候に、斛(7)の外に小升(8)を加え候義来歴これあり。仕来る(9)事とは相見え候ら

えども、分明にその訳しれがたき所これあり候故、東萊申し分に加升[10]これあり候故右の仕形に候段役目の者共申し候間、加升を相止め候様になどとこれある時、弁論に屈し申すべきやとの恐れこれあり候。これにより右の義終に申し上げたる事これなく候。斛升[11]の義も大要はその筋相立ち、斛一件記録[12]に委細記し置き候間、この後加升の訳弥分明になり候らわば、その節こそ右の通り東萊へ直訴致させ候仕形然るべく候。

注

（1）御買米　公作米のこと（項目45注2）。
（2）監官　運米監官のこと。倭館に米を搬入する下役人を監督する。
（3）等牌　監官の下で米の計量を担当する人夫頭。
（4）宴享　外交上の儀式（項目1注6）。
（5）俵ながら　俵のまま。
（6）東萊　東萊府使（項目1注3）。
（7）斛　倭館で使用される特殊な斛桝のこと（項目39注21）。
（8）小升を加え　京桝（項目39注13）で二升三合を加えること（項目39注22）。
（9）仕来る事　慣例としてやり続けたこと。
（10）加升　小升を加える行為。

(11) 斛升（こくます）の義　倭館桝と京桝を併用する特殊な計量法。

(12) 斛一件記録　正確には『斛一件覚書』。倭館桝使用についての調査記録（項目39注8）。

6　送使の内実は商船

6　一、送使ニ罷渡り候ハ、貿易のためニ罷渡候事と相心得可申候、朝鮮之書ニハ商船と有之、送使之外別段之御用有之被指渡候ハ使者と申事ニ候、送使ニ罷渡候人、多クハ何事ニ付罷渡候と申事曾而其心付キ無之、ひとへニ馳走をうけ候ため罷渡候と存居候族有之、氣毒成事ニ候、公儀へ前々より被仰上候ハ、両国誠信之訳を以年中ニ弐十五船ッ、被指渡候と被仰上置、商船と申事ハ終ニ被仰上無之候、精キ御尋無之候ハ、、此方より商船と申事被仰上候ニハ及申間敷候、

6　一、送使（そうし）[1]にまかり渡り候は、貿易のためにまかり渡り候事と相心得申すべく候。朝鮮の書[2]には商船[3]とこれあり、送使の外別段の御用これあり指し渡され候は使者と申す事に候。送使にまかり渡り候人、多くは何事に付きまかり渡り候と申す事曾（かつ）てその心付きこれなく、ひ

とえに（偏に）(4)馳走(5)をうけ候ためまかり渡り候と存じおり候族（やから）これあり、気の毒なる事(6)に候。公儀へ前々より仰せ上げられ候は、両国誠信の訳（わけ）を以（もっ）て年中に二十五船(7)ずつ指し渡され候と仰せ上げられ置き、商船と申す事は終（つい）に仰せ上げられこれなく候。精（くわ）しき御尋ねこれなく候らわば、此方より商船と申す事仰せ上げられ候には及び申すまじく候。

注

(1)　送使（そうし）　対馬藩が朝鮮へ定期的に派遣する使節および使船。一年間に派遣できる船（歳遣船（さいけんせん））は慶長十四年（一六〇九）の己酉（きゆう）約条によって二十艘とされ、このほか特別に銅印（図書（としょ））を支給されて派遣できる受図書船（じゅとしょせん）（以酊庵（いていあん）送使・副特送使・萬松院（ばんしょういん）送使・児名（じめい）送使など）や臨時の特使（参判使（さんぱんし）船など）が加わる。

(2)　朝鮮の書　『朝鮮通交大紀』己酉約条の按文に「皇明従信録ニ、萬暦三十七年己酉時朝議允于釜山港開市、本島商船歳二十為率」とあり、『皇明従信録』のことと考えられる。

(3)　商船　貿易船。

(4)　ひとえに（偏に）　専ら。ひたすら。

(5)　馳走　使節に支給される物資。格に応じた宴享時の供応品、食事・滞在費などの日供品が支給される。士分の収入となることから対馬藩ではこれを「送使所務（しょむ）」と称す。

(6)　気の毒なる事　困ったこと。

（7）年中に二十五船　幕府報告用の概数。

7　使船兼帯のこと

7　一、兼帯送使之事ハ御内證之御約束ニ而、公儀へ相知レ候事ニてハ無之候、しかし御尋有之候時、彼方願ニまかせ弊を省候ため、数十年兼帯ニいたし来候と被仰上候ハヽ、別事有之間敷候、御国漂船を兼帯ニ被成候も同然之心持ニ候、但此等之事、義理ニ當りたる事ニても無之候故、光明正大（クワウメイセイタイ）之人君上ニ御立被成候節ハ、必ハ相改り申ニて可有之候、

7　一、兼帯（けんたい）送使[1]の事は御内証の御約束にて、公儀へ相知れ候事にてはこれなく候。しかし御尋ねこれあり候時、彼方願いにまかせ弊を省き候ため、数十年兼帯にいたし来り候と仰せ上げられ候らわば別事これあるまじく候。御国漂船を兼帯[2]になされ候も同然の心持ちに候。但し此等の事、義理に当りたる事にてもこれなく候故、光明正大の人君上に御立ちなられ候節は、必ずは相改り申すにてこれあるべく候。

注

（1）兼帯送使　朝鮮側の接待費削減のため寛永十二年（一六三五）に成立した新しい渡航様式。使船派遣を整理し、いくつかの使者を兼ねた使船のみ応接儀礼を行う。その結果、年例送使（項目6注1）は八グループに整理されて「八送使」と通称される。

（2）御国漂船を兼帯　対馬に漂着した朝鮮漂流民の送還を、個別の使船（漂差倭）ではなく他船に兼帯すること（朝鮮側でいう順付刷還）。朝鮮側の接待費削減のため天和二年（一六八二）の壬戌約条で約定される。

8　貿易目的を知っての応接

8　一、日本へ唐人共商賣ニ参候而も、糧米・炭柴を給し馳走被成候事も無之候所、貿易のため罷渡候送使を彼方より馳走被致候訳ハ、胡人之開市のため中国ニ来候ハ遠人を綏すると申事ニ而、驛馬を給し糧食を具られ候段宋史ニも相見へ、朝鮮も其例ニ準しられたるニて候、彼方ニとり候而ハ寛大之處置ニて、此方ニとり候而ハ心に安しかたき事ニて候、

8　一、日本へ唐人共商売に参り候(1)ても、糧米(2)・炭柴(3)を給し馳走(4)なされ候事もこれなく候所、

貿易のためまかり渡り候送使(5)を彼方より馳走致され候訳は、胡人(6)の開市(7)のため中国に来り候は遠人を綏ずる(8)と申す事にて、駅馬(9)を給し糧食を具えられ候段宋史(10)にも相見え、朝鮮もその例に準じられたるにて候。彼方にとり候ては寛大の処置にて、此方にとり候ては心に安んじがたき事(11)にて候。

注

（1）日本へ唐人共商売に参り候　中国人は日本（長崎）へ商売を目的に来る。
（2）糧米　食料米。倭館に滞在する使節や役人に格に応じた規定量が支給される。
（3）炭柴　燃料用の炭・マキ・タキギ。倭館では柴（雑木）や薪の文字を用いて「炭柴」「炭薪」（項目32注13）などと称す。糧米と同じく滞在者に定額分が支給される。
（4）馳走　使節の格に応じて支給されるさまざまな供応物（項目6注5）。
（5）送使　定期的に派遣される使船（項目6注1）。実態は貿易船と化している。
（6）胡人　異国人。
（7）開市　市日に開かれる商人たちの相対貿易。
（8）綏ずる　満足させる。
（9）駅馬　宿駅に配備された馬。
（10）宋史　中国宋代（九六〇～一二七九年）の歴史書。一三四五年完成。四百九十六巻。

(11) 心に安んじがたき事　あなどる気持ではいけない。

9　規定外の日供(倭館)

9　一、彼地へ罷渡候人、定りたる日数之馳走をうけ、日数之外ニ出候へハ乗越迄請取可申といたし候所ニ、色々之用事ニ託し、日数之内ニ帰国いたし候儀甚以不聞事ニ候、此儀ハ決而被指許間敷事ニ候、若も不得已用事有之帰国いたし候者ハ、逗留之日数たけ馳走をうけ、相残候分ハ辞退いたし候へと急度可被仰付事ニ候、ヶ様之儀朝鮮ハ別段之事之様ニ相心得へ、歴々ニても日数之内ニ帰国可致と存候族間ニハ有之、不義之名を残し、御国之風義悪敷候と朝鮮人存込候而ハ、上之御外聞不宜候と申所ニ心付無之候段可嘆之事ニ候、三十年来者其弊相止ミ候へとも、其以前迄ハ御家中扶助のためと有之、被遣間敷キ別使を被遣、毎度論談ニ及候事有之、畢竟ハ上之御ため不宜事ニ候、

9　一、彼地(1)へまかり渡り候人、定りたる日数の馳走(2)をうけ、日数の外に出候らえば乗り越し迄(3)請け取り申すべしといたし候所に、色々の用事に託(たく)(4)し、日数の内に帰国いたし候儀甚だ

以て聞かざる事に候。この儀は決して指し許されまじき事に候。もしも已むをえざる用事これあり帰国いたし候者は、逗留の日数だけ馳走をうけ、相残り候分は辞退いたし候らえと急度仰せ付けられるべき事に候。かようの儀朝鮮は別段の事の様に相心得え、歴々にても日数の内に帰国致すべしと存じ候族間にはこれあり、不義の名を残し、御国の風義悪しく候と朝鮮人存じ込み候ては、上の御外聞宜しからず候と申す所に心付きこれなく候段嘆くべきの事に候。三十年来はその弊相止み候らえども、それ以前迄は御家中扶助のためとこれあり、遣わされまじき別使を遣わされ、毎度論談に及び候事これある。畢竟は上の御ため宜しからざる事に候。

注

(1) 彼地　倭館。
(2) 定りたる日数の馳走　規定滞在日数に応じて支給される供応物（項目6注5）。
(3) 乗り越し迄　期限日をこえる前まで。
(4) 色々の用事に託し　さまざまな交渉事があるという口実で。
(5) 甚だ以て　まったく。
(6) 急度　厳しく。

（7）歴々　（対馬藩の）お偉方。
（8）上（かみ）　対馬藩主（宗義誠（よしのぶ））。
（9）御家中扶助　家臣たちの収入。
（10）遣わされまじき別使　年例送使以外の臨時使者。朝鮮側でいう「差倭（さわ）」。天和二年（一六八二）壬戌（じんじゅつ）約条で別使派遣の禁止措置が講じられるが、現実には前例ある差倭の派遣は継続された。
（11）畢竟（ひっきょう）　結局。結果的に。

10　訳官任所訪問の禁止（倭館）

10　一、送使僉官ミたりニ坂之下訳官之宅へ参候義、不宜事ニ候、弥可被禁事ニ候、

10　一、送使僉官（せんかん）(1)みだりに坂の下訳官の宅(2)へ参り候義、宜しからざる事に候。弥（いよいよ）禁じられるべき事に候。

注

（1）送使僉官(せんかん)　倭館に滞在する使節員。

（2）坂の下訳官の宅　倭館門外の通称「坂の下」にある訳官（項目1注4）の執務所兼宿所。訓導(くんどう)（項目3注10）家を「任所」と称し、後に雨森芳洲がここを「誠信堂(せいしんどう)」と命名する。訓導家の向かいに別差(べっさ)（項目3注8）家（賓日軒(ひんにちけん)）があり、別棟に小通事らの判事家（柔遠館）がある（『草梁話集』）。交渉と称し日本人の出入りが激しく、密貿易の温床にもなっていた。

11　朝鮮語通詞の重要性①

11　一、朝鮮ニ相務候御役人、館守・裁判・一代官ハ勿論之事ニ候、其外ニハ隣交之義ニ付、通詞より切要成役人ハ無之候、人ニ寄候而ハ言語さへよく通候へハ相済候と存候へとも、聊以左様ニてハ無之候、人柄もよろしく、才角〔覚〕有之、義理を辨へ、上之事を大切ニ存候者ニて無之候而ハ、誠の御用ニ立候通詞とは難申、必定害ニハ成候とも利益有之間敷候故、随分とも其人を御撰被成候義肝要之御事にて、且又只今之通御宛行軽ク候而ハ、畢竟御為ニ不罷成事ニ候、右通詞之義、至而切要成ル役人ニ候と申訳、一々ニハ難申尽候、

11　一、朝鮮に相務め候御役人、館守(1)・裁判(2)・一代官(3)は勿論(もちろん)の事に候。その外には隣交の義に付き、通詞(4)より切要なる役人はこれなく候。人により候ては言語さえよく通じ候らえば相済み候と存じ候らえども、聊(いささ)か以(もっ)てさようにてはこれなく候。人柄もよろしく、才覚これあり、義理を弁(わきま)え、上(かみ)(5)の事を大切に存じ候者にてこれなく候ては、誠の御用に立ち候通詞とは申しがたく、必定(ひつじょう)(6)害にはなり候とも利益これあるまじく候故、随分ともその人を御撰(えら)びなされ候義肝要の御事にて、かつ又只今の通り御宛行(あてがい)(7)軽く候ては、畢竟(ひっきょう)(8)御為(ため)にまかりならざる事に候。右通詞の義、至って切要なる役人に候と申す訳、一々には申し尽しがたく候。

注

(1)　館守　倭館の統括者（項目3注3）。
(2)　裁判　外交交渉官（項目1注14）。
(3)　代官　倭館の貿易担当官。一代官は頭役で士分から選ばれる。
(4)　通詞　対馬藩の朝鮮語通詞。
(5)　上(かみ)　対馬藩主（宗義誠(よしのぶ)）。
(6)　必定(ひつじょう)　必ず。

（7）御宛行軽く　朝鮮語通詞への報酬が少ないこと。芳洲が提言して享保五年（一七二〇）に増加され、大通詞六人扶持（一人扶持＝一石八斗）、本通詞・稽古通詞四人扶持となる。この六人扶持は代官配下の町代官なみで、通詞職の身分と収入はかなり低いといわざるをえない。
（8）畢竟　ついには。結局。

12　朝鮮語通詞の重要性②／首途と乗船の違い①（通信使）

12　一、通詞取次いたし候節、訳官共と中間ニ而申合候事を、人ニ寄り何事を申候哉、此方之申分を直ニ彼方へ達し、彼方被申候事を直ニ此方へ申候へハ相済候所ニ、仕形難心得候と不審を立候人有之候、是ハ通詞共中間ニ而申合、勿論不宜事も可有之候へとも、事ニ寄り甚宜キ事も有之候故、一概ニ疑可申事にて無之候、ヶ様之義も人情・事勢ニ心を用申候人ハ、自然と相知申事ニ候、已ニ正徳信使之時、何日ニ御首途被成候と被仰遣候を、三使には其日御出船被成候事と相心得、弥出船之覚悟ニ候段相聞候故、其日ハ御首途被成候而、出船ハ今暫間可有之之旨被仰遣候へハ、却而被仰分之様ニ被存、是非出船可致との事ニ而、裁判、通詞を以被仰諭候而も承引無之、前日ニ成り御用人被遣候而も快キ返答無之、晩景ニ成り上々官を以御屋鋪へ出船之義被申上、仁位孫右衛門取次ニ而何とそ明日出船仕度存候と懇望向之口上ニ相聞へ候故、東五郎申候ハヽ、以前より之信使、諸事　殿様へ御まかせ被申候様子無之、此度之信使茂先頃朝鮮出船之砌、護行之御使者ニかまひ無之、殊信使屋之様子を見申候所、今早より段々鍋釜迄船ニ乗せ候体ニ候へハ、只今之口上中々懇望向之口上ニてハ無之、是非明日致出船候間、左様ニ御心得被成候様ニと之望之口上ニ而可有之候、此方様ニハ懇望之口上之様ニ被思召、容易ニ御返答被成、明日ニ至り直ニ出船被致候様ニ有之候而ハ御外聞残所無之事ニ候間、通詞を御呼被成、三使より之口上まつすくニ申上候様ニ被仰付可然候と申、山城弥左衛門御呼被成候ニ付、東五郎、弥左衛門へ申候ハヽ、皆達事之敗ニ成不申候様ニと大切ニ被存、取繕れ候段成程左様可有之事ニ候得共、今日之義ハ大切之事ニ候間、上々官共申候口上之趣、まつすくニ無遠慮被申上可然候と申候へハ、左候ハヽ、上々官申聞候三使より之口上ハヽ、順も弥可宜之(宜可有之)旨船将共申候ニ付明日弥致出船候間、　殿様ニハ跡より御仕舞被成次第御出船可被成候との趣に御座候と申候故、夫より驚入らせられ、御家中一統夜之内ニ長壽院へ相詰メ、翌早三使押而出船被致候ハヽ、指留候様ニと被仰付たる事ニ候、ケ様之義ハ通詞之申分を聞候而も可加了簡事ニ候、右之外送使僉官朝鮮之事勢不案内之上より當らさる事を譯官へ被申候時、中間ニ而宜ク取扱ひ、又ハ訳官共申分ニより送使僉官より早速返答難成可有之と存候事ハ、訳官方をおさへ置、相應ニ送使僉官江申候而當座を繕候事茂有之候、ケ様

之儀ニ付候而も、兎角通詞之義ハ切要之役人ニ而候、

12 一、通詞(1)取り次ぎいたし候節、訳官(2)共と中間にて申し合わせ候事を、人により何事を申し候や、此方の申し分を直に彼方へ達し、彼方申され候事を直に此方へ申し候らえば相済み候所に、仕形心得がたく候(3)と不審を立て候人これあり候。これは通詞共中間にて申し合わせ、勿論宜しからざる事もこれあるべく候らえども、事により甚だ宜しき事もこれあり候故、一概に疑い申すべき事にてこれなく候。かようの義も人情・事勢に心を用い候人は、自然と相知り申す事に候。已に正徳信使(4)の時、何日に御首途(5)なされ候と仰せ遣わされ候を、三使(6)にはその日御出船なされ候事と相心得、弥出船の覚悟に候段相聞こえ候故、その日は御首途なされ候て、出船は今暫らく間これあるべきの旨仰せ遣わされ候らえば、却って仰せ分けらるるの様に存じられ(7)、是非出船致すべしとの事にて、裁判(8)、通詞を以て仰せ諭され候ても承引これなく、前日になり御用人(9)遣わされ候ても快き返答これなく、晩景になり上々官(10)を以て御屋敷へ出船の義申し上げられ、仁位孫右衛門(11)取り次ぎにて何とぞ明日出船仕りたく存じ候と懇望向きの口上(12)に相聞こえ候故、東五郎(13)申し候は、以前よりの信使(14)、諸事殿様へ御まかせ申され候様子これなく、此度の信使も先頃朝鮮出船の砌(15)、護行の御使者(16)にかまいこれなく、殊に信使屋(17)の様子を見申し候所、今早(18)より段々鍋釜迄船に乗せ候体に候らえば、只今の口上

中々懇望向きの口上にてはこれなく、是非明日出船致し候間、左様に御心得なされ候様にとの望の口上(19)にてこれあるべく候。此方様には懇望の口上の様に思し召され、容易に御返答なされ、明日に至り直に出船致され候様にこれあり候ては御外聞残す所これなき事に(20)候間、通詞を御呼びなされ、三使よりの口上まっすぐに申し上げ候様に仰せ付けられ然るべく候と申し、山城弥左衛門(21)御呼びなされ候に付き、東五郎、弥左衛門へ申し候は、皆達事の敗になり申さず候様に(22)と大切に存じられ、取り繕われ候段成程左様これあるべき事に候らえども、今日の義は大切の事に候間、上々官共申し候口上の趣、まっすぐに遠慮なく申し上げられ然るべく候と申し候らえば、左候らわば上々官申し聞き候三使よりの口上は、順(23)も弥宜しくこれあるべき旨 船将(24)共申し候に付き明日弥出船致し候間、殿様には跡より御仕舞なされ次第御出船なさるべく候(25)との趣に御座候と申し候故、夫より驚き入らせられ、御家中一統夜の内に長壽院へ相詰め、翌早(27)三使押して出船致され候らわば指し留め候様にと仰せ付けられたる事に候。かようの義は通詞の申し分を聞き候ても了簡(28)を加えるべき事に候。右の外、送使僉官(29) 朝鮮の事勢不案内の上より当らざる事を(30)訳官へ申され候時、中間にて宜しく取り扱い、又は訳官共申し分により送使僉官より早速返答なりがたくこれあるべしと存じ候事は、訳官方をおさえ置き、相応に送使僉官へ申し候て当座を繕い候事もこれあり候。かようの儀に付き候ても、とかく通詞の義は切要の役人にて候。

注

(1) 通詞　対馬藩の朝鮮語通詞。

(2) 訳官　朝鮮の日本語通訳官（項目1注4）。

(3) 仕形(しかた)心得がたく候　やり方が納得できない。

(4) 正徳信使　正徳元年（一七一一）来日。

(5) 首途(しゅと)　対馬藩主が島を出る門出(かどで)のこと。城内での別れの祝宴に始まり乗船して船歌謡に送られて出港するまでの一連の行事をともなう（項目13注3）。

(6) 三使　通信使の正使・副使・従事官。

(7) 却(かえ)って……存じられ　かえって（逆の意味に）理解されたようである。

(8) 裁判(さいはん)　外交交渉官（項目1注14）。

(9) 御用人　取次役。

(10) 上々官　通信使に随行する堂上訳官。正徳期は崔尚嵲(チェサンチュ)・李碩麟(イソクリン)・李松年(イソンニョン)の三名。

(11) 仁位(にい)孫右衛門　実名・平信明。正徳信使来日時は仮与頭(くみがしら)として対馬に在留。享保八年（一七二三）第四十一代館守となるが翌九年倭館で病死。

(12) 懇望向きの口上　哀願するかのような口ぶり。

(13) 東五郎　雨森芳洲の通称。

(14) 以前よりの信使　正徳期までの通信使。

(15) 砌(みぎり)　時。

(16) 護行(ごこう)の御使者　通信使を出迎える「迎聘使(げいへいし)」のこと。

(17) 信使屋　通信使の宿所。

(18) 今早　今朝(けさ)。

(19) 望の口上　（こうあって欲しいと）希望するような口ぶり。

(20) 御外聞残す所これなき事　体裁がよろしくないこと。

(21) 山城弥左衛門　正徳期の随行通詞。享保期（享保四年・一七一九）には本通詞として正使付きとなる。

(22) 事の敗になり申さず候様に　万事破綻に至らないように。

(23) 順　追い風（順風）。

(24) 船将(せんしょう)　朝鮮船の責任者。対馬では「船奉行」と称す。

(25) 殿様には……御出船なさるべく候　対馬藩主は（御首途を）済ませ次第（通信使船の）後から御出船ください。

(26) 長壽院(ちょうじゅいん)　対馬府中にある臨済宗の寺。後に雨森芳洲の菩提寺。

(27) 翌早　翌朝。

(28) 了簡　考えをめぐらし判断すること。

(29) 送使僉官(せんかん)　倭館に派遣される使節員。

(30) 当らざる事　引き受けられないこと。

13 日本・朝鮮風義の違い①／首途と乗船の違い②（通信使）

13 一、日本と朝鮮とハ諸事風義違ひ、嗜好も夫ニ應し違ひ候故、左様之所ニ勘弁無之、日本之風義を以朝鮮人へ交候而ハ、事ニより喰違候事多ク有之候、右何日ニ首途と被仰遣候事も、日本にハ首途と乗船との違ひ有之候得共、朝鮮ニハ首途と申事可有之様も無之、殊ニ首途ハミちをはしむると書たる文字ニ候得者、文字之上ニても乗船之事と相見へ候所より、右之喰違ひ出来たるニ而候、是故享保信使之節ハ御出船之日限を兼而被仰入、首途之義ハ不被仰入候、此外ニも日本ニて宜キと存候事を朝鮮人ハ不宜と相心得、日本ニ而不宜と存候事を朝鮮人ハ宜候と存候事限(カギリ)茂無之事ニ候故、朝鮮幹(カンズ)事之人ハケ様之所に心を用可申事ニ候、朝鮮ハ専ラ中華を学候風義ニ候故、書物之上ニ而得と唐之風義を合点いたし候へハ、十ニ八九迄ハ朝鮮之風義も推而知レ申事ニ候、兎角学問無之候而ハ此義も難成事ニ候、日本ニ而ハ歴々之輿夫(ヨフ)寒天ニも尻をまくり、鑓持・挟箱持ハ假鬐(カシュヌ)を塗り、足拍子を取り候而、定而朝鮮人之心ニりつはなると存可申かと思候へハ、朝鮮人之心ニハ尻をまくり候を無禮と見、假鬐を塗り候ハ異形なる事と存し、足拍子を取り候ハ労役を招キ候不調法なる事ニ候と、内々ニ而笑候より外ハ無之、又朝鮮人之心には其身共の喪を務(ツトメ)、哭泣(コクキフ)いたし候体日本人見申候而ハ感し可申と存候へハ、けくハあさけり候様ニ有之候、此類にて日本・朝鮮志尚之ある所を察し可申事ニ候、此以前國王之庭ニハ何を種へ被置候哉と尋候人有之、朴僉知返答ニ麦を種へ被置候と申候得ハ、扨々下国に候と手を打笑たる人有之候、定而草花の類少ニても不被種置候事ハ有之間鋪候へとも、國王之御身ニ而稼穡を御忘れ無之と申候ハ、古来人君之美徳ニいたす事ニ候故、定而日本人感し可申と存、右之ことく答候所ニ、却而日本之嗤(嘲)りを受申候、
諸事此心得可有之事ニ候、

13 一、日本と朝鮮とは諸事風義[1]違い、嗜好もそれに応じ違い候故、左様の所に勘弁これなく、[2]日本の風義を以て朝鮮人へ交り候ては、事により喰い違い候事多くこれあり候。右何日に首途[3]と仰せ遣わされ候事も、日本には首途と乗船との違いこれあり候らえども、朝鮮には首途と申す事これあるべき様もこれなく、殊に首途はみち(途)をはじむる(首)と書きたる文字に候らえば、文字の上にても乗船の事と相見え候所より、右の喰い違い出来りたるにて候。これ故享保信使[4]の節は御出船日限を兼ねて[5]仰せ入れられ、首途の義は仰せ入れられず候。この外にも日本にて宜しきと存じ候事を朝鮮人は宜しからずと相心得、日本にて宜しからずと存じ候事を朝鮮人は宜しく候と存じ候事限りもこれなき事に候故、朝鮮幹事の人[6]はかようの所に心を用い申すべき事に候。朝鮮は専ら中華を学び候風義に候故、書物の上にて得と唐の風義を

合点(7)いたし候らえば、十に八、九迄は朝鮮の風義も推して知れ申す事に候。とかく学問これなく候ては、この義もなしがたき事に候。日本にては歴々(8)の輿夫(9)寒天にも尻をまくり、鑓持ち・挟箱(10)持ちは仮鬚(11)を塗り、足拍子を取り候て、定て朝鮮人の心にりっぱ（立派）なると存じ申すべきかと思い候らえば、朝鮮人の心には尻をまくり候を無礼と見、仮鬚を塗り候は異形(12)なる事と存じ、足拍子を取り候は労役を招き候不調法(13)なる事に候と、内々にて笑い候より外はこれなし。又朝鮮人の心にはその身共の喪を務め、哭泣(14)いたし候体日本人見申し候ては感じ申すべしと存じ候らえば、けく(15)はあざけり（嘲り）候様にこれあり候(16)。この類にて日本・朝鮮志尚(17)のある所を察し申すべき事に候。これ以前、国王の庭には何を種え置かれ候やと尋ね候人これあり。朴僉知(18)返答に、麦を種え置かれ候と申し候らえば、扨々下国に候と手を打ち笑いたる人これあり候。定て草花の類少しにても種え置かれず候事はこれあるまじく候らえども、国王の御身にて稼穡(19)を御忘れこれなしと申し候らわば古来人君の美徳にいたす事に候故、定て日本人感じ申すべしと存じ、右のごとく答え候処に、却って日本の嘲りを受け申し候。諸事、この心得これあるべき事に候。

注

(1) 風義　慣わし。しきたり。

(2) 勘弁これなく　熟慮しないで。

(3) 首途（しゅと）　対馬藩主が島を離れる門出（かどで）の行事のこと。出発前に吉日を選んで道中の安全祈願などの一連の祝宴をともなうことから正確な出船日ではない（項目12注5）。

(4) 享保信使　享保四年（一七一九）来日。

(5) 兼ねて　事前に。

(6) 朝鮮幹事の人　朝鮮との諸事を担当する役人。

(7) 合点（がてん）　承知していること。

(8) 歴々　お偉方。ここでは大名。

(9) 輿夫（よふ）　輿（こし）をかつぐ人夫。

(10) 挟箱（はさみばこ）　外出時に身の回りの品を納めた長方形の箱。上部に棒をはさみ従者がかつぐ。

(11) 仮鬚（かしゅ）　作り物のひげ。鎌（かま）ひげ（奴（やっこ）ひげ）は鎌を逆さにしたように鼻の下から左右に油墨で描く。

(12) 異形（いぎょう）　普通と違う怪しい姿。

(13) 不調法（ぶちょうほう）なる事　手際が悪いこと。

(14) 哭泣（こくきゅう）　声をあげて泣くこと。

(15) けく　「けっく（結句）」の変化した語。あげくのはて。結局のところ。

(16) あざけり候様にこれあり候　（日本人に）嘲られることになる。

(17) 志尚（ししょう）　こころざし。

(18) 朴僉知（パクせんち）　朴再昌（パクチェチャン）。字・道卿。僉知は僉枢（正三品）の別名。日本語通訳官。享保期通信使の上々官（堂上訳官）として来日。
(19) 稼穡（かしょく）　農業。農事。

14　日本・朝鮮風義の違い②／朝鮮船の性能①

14　一、日本・朝鮮嗜好・風義之違候所ニ、日本之嗜好・風義を以朝鮮人之事を察し候而ハ、必ハ了簡違ニ成可申候、不調法成ル人ハ江戸向之公儀合を以朝鮮を取捌キ可申と存候人も有之、是ハ猶々笑止なる事ニて候、五日次雑物なと請取候ニ、日本向之ことく味ずくはつミにてハ参申さぬ事ニ候と、利得の方ニハ成程其心得人々有之事ニ候へとも、禮義作法の事ニ成り候而ハ毎度日本之風義を以朝鮮之事を處置いたし可申と存候故、折々了簡違有之事ニ候、其外朝鮮人之ミたりニ言葉ニあらはし不申候を見申候而、朝鮮人ハおろかなるものと心得、朝鮮人之長袖ニ而立廻り候を見申候而、朝鮮人ハぬるき者と心得、訳官共ハ中ニ立候役人ニ而候故、毎度双方取繕候所より虚言を申候を見申候而、朝鮮ハうそをつき申国と心得候類、いつれも不了簡たるへく候、朝鮮人之ミたりニ言葉ニあらはし不申候ハ、前後をふまへたる智慮の深ニ而、おろかなるとは被申間敷候、其上古今之書傳ニも通し居申候故、下々とても智慮之深浅中々日本人之及申事ニてハ無之候、長袖ニ而立廻り日本人之こきりめきたる様ニハ見へ不申候へとも、何事そと申候得者、仕形存之外するとなる事ニ候、此以前歴々之内早船ニ乗り、押而多太浦へ被参候を、一夜之内ニくさりを以船を中ニつりあげ、殊外難義被致候事も有之、其外信使之時見申ニ一吹ニ而發足之觸を聞、二吹ニ而そろひ、三吹ニて出行被致候ニ一人も後レ候者無之、船の乗り下りとても同前ニ候故、七ツ立六ツ立と被仰合、定り候へハ彼方ニハすこしも遅り候事無之候、日本人ハ髪を結ひ、手洗をし、股引・脚半をし、刀・脇指をさし、印籠・巾着をさげ可申といたし候内ニ、七ツ立ハ六ツニ成り、六ツ立ハ五ツニ成り候故、初ハ朝鮮人之方埒明かね可申候間、刻限を前廣ニ被仰合候方可然と有之候へとも、其後ハ三使之方まちかねられ候様子ニ見へ申候付、刻限をありていニ被仰合候様ニ成り候事人々能存居申事ニ候、訳官共ハ中ニ立申者ニ候故、折々間違なる事を申候も是又自然之勢ニ而、日本人とても中ニ立候而事を取扱候人ハ自然と左様ニ有之ものニ候、朝鮮国ミな〳〵うそをつき候様ニ有之候而ハ其国立可申様も無之事ニ而、うそをつき候人も有之候ハ末世の習にて、いつれの国ニも免(ユルサ(消))(マヌカレ)れかたき悪俗ニ候へとも、挙国(キヨコク)ミならうそつき可申様ハ無之事ニ候故勘弁可有之事ニ候、此外銘々の国風よろしきと存候ハ華夷同前之事ニ候へとも、朝鮮人ハ日本人と言葉之上ニても相争不申様ニいたし候を主意と立居申候故、毎度其国之事を謙遜いたし候所ニ、日本人ハ却而我國の事を常に自慢のミいたし、酒之一事ニても日本の酒ハ三国一ニ候故皆達も左様ニ可被存候とほこり候而、朝鮮人之返答ニ成程左様ニ存候と申候得者、弥其通之事と相心得へ、了簡も無之人ニ候と、内心にはあさけり候所ニ心付キ無之候、日本の酒を三国一ニ候と朝鮮人存候事ニ候ハヽ、皆共聚會之節日本酒こそ才角〔覚〕いたしたへ可申處ニ、左無之候ハ日本人之口合ニ者日本酒よろしく、朝鮮人之口合ニハ朝鮮酒よろしく、唐人之口合ニハ唐酒よろしく、紅毛夷(オランダ)之口合ニハ阿刺吉(アラキ)・ちんたよろしく候段自然之道理ニ而候、此以前訳官共参會之節、ありていを申候様ニと申相尋候所、我々ハたへつけ居申候故よろしく存候と申も有之、又日本酒よろしくハ候得共、胸ニつかへ多クたへ候には朝鮮酒よろしく候と申も有之、御国の上戸と申内ニ京酒を好ミ不申、却而御国之薄にこりを好ミ候同然之心持ニ候、左候へハ此方ニよろしく存候とて、彼国もよろしく存ニて可有之と心得可申事ニ而無之候、是ハ微事ニて何之用ニ立申さぬ事ニ候へとも、ヶ様之事ニ付日本・朝鮮嗜好・風義之不同候事を察し候一助と存書付置申候、且又日本ニハ提灯・蠟燭有之、夜行ニハ是より外便利なる事無之候を、朝鮮人共館内之提灯を借候事ハいたし候へとも、其国ニ而拵へ候事ハ無之候を見申候而、分明ニよろしきと存候事を学不申候ハ鈍キ風義ニ候と存候事有之候、朝鮮之船之ことく日本船を拵へ候ハヽ、帆檣(ハンシヤウ)之費も無之、帆の取さはきも心易ク、船之上も穏ニ開キ、走りも快ク可致事ニ候得共、曾而学可申といたし候人も無之、新羅の船よろしく候ニ付是を借り、米をはこはせられ候と申事三代實録ニ相見へ、異国の船を借り我國之米をはこびたると申事おかしき事ニ候へとも豪傑明智之人ニて無之候得者、其国之故習（コシウ）を変し候事古今共ニ難成事と相見へ候故、彼国の事斗可申事ニてハ無之候、其内提灯之有無ハ輕キ事ニ而、船ハ性命の安危ニあつかり候物ニ候へハ、他国のよき事を学ひ不申儀にふきニ究り候ハヽ、同しにふき内ニも日本ハ別而大なるにふきにて可有之候、御国之義ハ他方とハ違申候故、日本船・朝鮮船作り様之違ニ而、信使被召連候節指支へ候事有之候付、船の形異形なる様ニ有之候得共、朝鮮船之心持ニ船を御つくらせ被成度思召候と公儀へ被仰上候ハヽ、無用ニ仕候得とハ被仰出間敷候故、前以五年も七年も朝鮮船之通ニ小舟を御造せ被成、試いたし見候様ニと御船頭中へ被仰付、弥宜キニ相究り候時公儀へ被仰上、御召船を始メ朝鮮船のことく被成候事成申間敷ものニても無之候、尤上まはり之義ハ早船に相類候様ニ被成候時、甚異形なる様ニも見へ申間敷候、朝鮮船之通ニ候得者乗能候と、此以前御船頭之内ニ為申人も有之、殊ニ朝鮮船ハ各別慥ニ候と申人外ニも間には有之候故、無用之事なから書付置候、しかし五年も七年も御試有之たる以後ならてハ、容易ニ御究被成かたき事ニ而、殊ニ只今ハ日本船・朝鮮船其形甚違候へとも、檣を弐つ立テ朝鮮船ニ類し候様ニ成候ハヽ、潜商之防には不宜事可有之候故、容易ニハ難成事ニ御座候、

14　一、日本・朝鮮嗜好・風義(1)の違い候所に、日本の嗜好・風義を以(もっ)て朝鮮人の事を察し候ては、必ずは了簡違い(2)になり申すべく候。不調法なる人(3)は江戸向きの公儀合わせ(4)を以て朝鮮を取り捌(さば)き申すべしと存じ候人もこれあり、これは猶々(なおなお)笑止なる事にて候。五日次雑物(おいりのぞうもつ)(5)など請け取り候に、日本向きのごとく味ずくはずみ(6)にては参り申さぬ事に候と、利得の方には成(なる)程(ほど)その心得人々これある事に候らえども、礼義作法の事になり候ては毎度日本の風義を以て朝鮮の事を処置いたし申すべしと存じ候故、折々了簡違いこれある事に候。その外朝鮮人のみだり(猥り)に言葉にあらわし申さず候を見申し候て、朝鮮人はおろかなるものと心得、朝鮮人の長袖にて立ち廻り候を見申し候て、朝鮮人はぬるき者(7)と心得、訳官(8)共は中に立ち候役人にて候故、毎度双方取り繕い候所より虚言(きょげん)(9)を申し候を見申し候て、朝鮮はうそ(嘘)をつき申す国と心得候類(たぐい)、いずれも不了簡たるべく候。朝鮮人のみだりに言葉にあらわし申さず候は、前後をふまえたる智慮の深さにて、おろかなるとは申されまじく候。その上古今の書伝にも通じおり申し候故、下々とても智慮の深浅中々日本人の及び申す事にてはこれなく候。長袖にて立ち廻り、日本人のこぎりめきたる様(10)には見え申さず候らえども、何事ぞと申し候らえば、仕(し)形(かた)存じの外する(尖)どなる事に候。これ以前歴々(11)の内早船に乗り、押して(12)多太浦(13)へ参られ候を、一夜の内にくさりを以て船を中につりあげ、殊(こと)の外(ほか)難義致され候事もこれある。その外信使の時見申すに、一吹(14)にて発足の触れを聞き、二吹にてそろい、三吹にて出行致され候に一人も後れ候者これなし。船の乗り下りとても同前に候故、七つ立[15]六つ立[16]と仰せ合わされ、定り候らえば彼方にはすこしも遅れり候事これなく候。日本人は髪を結い、手洗い[17]をし、股引[18]・脚半[19]をし、刀・脇指をさし、印籠[20]・巾着[21]をさげ申すべしといたし候内に、七つ立は六つになり、六つ立は五つ[22]になり候故、初めは朝鮮人の方埒明かね[23]申すべく候間、刻限を前広に仰せ合わされ候[24]方然るべきとこれあり候らえども、その後は三使[25]の方まちかねられ候様子に見え申し候に付き、刻限をありてい（有体）に仰せ合わされ[26]候様になり候事人々能く存じおり申す事に候。訳官共は中に立ち申す者に候故、折々間違いなる事を申し候もこれ又自然の勢にて、日本人とても中に立ち候て事を取り扱い候人は自然と左様にこれあるものに候。朝鮮国みなみなうそをつき候様にこれあり候ては、その国立ち申すべき様もこれなき事にて、うそをつき候人もこれあり候は末世の習いにて、いずれの国にも免れがたき悪俗に候らえども、挙国みなうそつき申すべき様はこれなき事に候故勘弁これあるべき事に候。この外銘々の国風よろしきと存じ候は華夷同前[27]の事に候らえども、朝鮮人は日本人と言葉の上にても相争い申さざる様にいたし候を主意と立てており申し候故、毎度その国の事を謙遜いたし候処に、日本人は却って我が国の事を常に自慢のみいたし、酒の一事にても日本の酒は三国一[28]に候故皆達も左様に存じられるべく候とほこり（誇り）候て、朝鮮人の返答に成程左様に存じ候と申し候らえば、弥その通りの事と相心得え、了簡もこれなき人に候と、内心にはあざけり（嘲り）候所に心付きこれなく候。日本の酒を三国一に候と朝鮮人存じ候事に候らわば、皆共聚会の節日本酒こそ才覚いたしたべ（給べ）[29]申すべき処に、左これなく候は日本人の口合には日本酒よろしく、朝鮮人の口合には朝鮮酒よろしく、唐人の口合には唐酒よろしく、紅毛夷[30]の口合には阿刺吉[31]・ちんた（珍陀）[32]よろしく候段自然の道理にて候。これ以前訳官共参会の節、ありていを申し候様にと申し相尋ね候所、我々はたべつけおり申し候故よろしく存じ候と申すもこれあり。又日本酒よろしくは候らえども、胸につかえ多くたべ候には朝鮮酒よろしく候と申すもこれある。御国の上戸[33]と申す内に京酒[34]を好み申さず、却って御国の薄にごり[35]を好み候同然の心持ちに候。左候らえば此方によろしく存じ候とて、彼国もよろしく存ずるにてこれあるべしと心得申すべき事にてこれなく候。これは微事にて何の用に立ち申さぬ事に候らえども、かようの事に付き日本・朝鮮嗜好・風義の同じからず候事を察し候一助と存じ書き付け置き申し候。かつ又日本には提灯・蠟燭これあり、夜行にはこれより外便利なる事これなく候を、朝鮮人共館内の提灯を借り候事はいたし候らえども、その国にて拵え候事はこれなく候を見申し候て、分明によろしきと存じ候事を学び申さず候は鈍き風義に候と存じ候事これあり候。朝鮮の船のごとく日本船を拵え候らわば帆檣[36]の費もこれなく、帆の取りさばきも心易く、船の上も穏かに開き、走りも快よく致すべき事に候らえども、曾て学び申すべきといたし候人もこれなし。新羅[37]の船よろしく候に付きこれを借り、米をはこばせられ候と申す事三代実録[38]に相見え、異国の船を借り我が国の米をはこびたると申す事おかしき事に候らえども、豪傑明智の人にてこれなく候らえば、その国の故習（こしゅう）(39)を変じ候事古今共になしがたき事と相見え候故、彼国の事斗（ばか）り申すべき事にてはこれなく候。その内提灯の有無は軽き事にて、船は性命(40)の安危にあずかり候物に候らえば、他国のよき事を学び申さざる儀にぶき（鈍き）に究（きわま）り候らわば、同じにぶき内にも日本は別して大いなるにぶきにてこれあるべく候。御国の義は他方とは違い申し候故、日本船・朝鮮船作り様の違いにて、信使召し連れられ候節指（さ）し支（つか）え候事これあり候に付き、船の形異形なる様にこれあり候らえども、朝鮮船の心持ちに船を御つくらせなされたく思し召し候と公儀へ仰せ上げられ候らわば、無用に仕（つかまつ）り候らえとは仰せ出られまじく候故、前以て五年も七年も朝鮮船の通りに小舟を御造らせなられ、試み(41)いたし見候様にと御船頭中へ仰せ付けられ、弥宜しきに相究り候時公儀へ仰せ上げられ、御召船を始め朝鮮船のごとくなされ候事なり申すまじきものにてもこれなく候。尤（もっと）も上（うわ）まわり（廻り）(42)の義は早船に相類（たぐい）候様になされ候時、甚だ異形なる様にも見え申すまじく候。朝鮮船の通りに候らえば乗り能（よ）く候と、これ以前御船頭の内に申したる人もこれある。殊に朝鮮船は各別慥（たしか）に候と申す人外にも間にはこれあり候故、無用の事ながら書き付け置き候。しかし五年も七年も御試しこれありたる以後ならでは、容易に御究（き）めなされがたき事にて、殊に只今は日本船・朝鮮船その形甚だ違い候らえども、檣（ほばしら）を二つ立て朝鮮船に類し候様になり候らわば、潜商(43)の防には宜しからざる事これあるべく候故、容易にはなしがたきことに御座候。

注

（1）風義　慣わし。しきたり。
（2）了簡違い　思い違い。誤解。
（3）不調法なる人　行き届かない人。
（4）江戸向きの公儀合わせ　江戸の方をみて公儀の意向だけを気にすること。
（5）五日次雑物　使者の滞在中毎日支給される物品（日供）。五日分を乾物（雑物）でまとめて支給されることが多く、対馬では朝鮮音が訛って「五日次（オイリ）の雑物」と称す。
（6）味ずくはずみ（味尽く弾み）（日本側に）うま味があるよう調子づいた振る舞い。
（7）ぬるき者　のろまな者。
（8）訳官　日本語通訳官（項目1注4）。
（9）虚言　真心から言うのではない言葉。
（10）こぎりめきたる様　技が細かく手際が良い様子。
（11）歴々　（対馬藩の）お偉方。
（12）押して　強引に。
（13）多太浦　正確には「多大浦」。倭館近くの港。倭館移転交渉のとき候補地になったことがある。

(14) 一吹　底本以外の他系統本は「周羅一吹」「喇叭一吹」とある（原文編参照）。通信使が大ラッパ（一説に法螺貝）を一吹きして出発の合図とすること。

(15) 七つ立　午前四時ごろの出立。

(16) 六つ立　午前六時ごろの出立。

(17) 手洗い　旅の前に手や顔を洗い清める。手水ともいう。

(18) 股引　男物の下ばき。

(19) 脚半　歩きやすいように脛に巻く布。

(20) 印籠　小物入れ。主に薬を入れる。

(21) 巾着　財布。印籠と共に腰にぶら下げる。

(22) 五つ　五つ立（午前八時ごろの出立）のこと。

(23) 埒明かね　手間がかかる。

(24) 刻限を前広に仰せ合わされ候　出立時刻を（余裕をもたせて）実際より早く告げておく。

(25) 三使　通信使の正使・副使・従事官。

(26) ありていに仰せ合わされ　出立時刻を正確に打ち合わせる。

(27) 華夷同前　どの国も同じ。「華」は中国。「夷」は周辺の野蛮国。

(28) 三国一　世界一のこと。「三国」は日本・中国・インド。

(29) 日本酒……たべ申す　日本酒だけを工面して飲む。朝鮮では「酒をたべる」という。

(30) 紅毛夷（おらんだ）　長崎のオランダ人。

(31) 阿剌吉（あらき）　「アラック（arak）」はオランダからの渡来酒の総称。

(32) ちんた（珍陀）　「チンタ（tinta）」はポルトガル語で赤ぶどう酒。

(33) 御国の上戸（じょうご）　藩内の酒好き。

(34) 京酒　京都・大坂方面の上方地方で醸造される上酒。

(35) 薄にごり　濁酒（どぶろく）。

(36) 帆檣（はんしょう）　帆柱のこと。

(37) 新羅　古代朝鮮の国名。三五六〜九三五年。

(38) 三代実録　別称『日本三代実録』。「六国史」の第六。五十巻。源能有（よしあり）、菅原道真らの撰。醍醐天皇の延喜元年（九〇一）完成。

(39) 故習（こしゅう）　昔からやり慣れたこと。

(40) 性命　天から授かった命。

(41) 御召船　対馬藩主が乗船し通信使船を護行する。

(42) 上（うわ）まわり（廻り）　和船の上部の総称。櫓（やぐら）を中心とする。

(43) 潜商　密貿易。この場合は海上で出会って船上で闇取引すること。

15　幕臣の呼称（通信使）

15　一、信使之時、公儀御代官の事書付朝鮮人方へ遣し候時、韓僉知申候ハ、代官と有之候而ハ甚軽ク相聞へ候間、外の官名ニ書キ替へ候へと申候、是ハ館内ニて代官と申候ハ、軽キ役人ニ候故如此申たるニて候、夫故御代官衆御預り之場所ヲ被聞合、何之郡守と書付被遣候、諸事ニ此心得可有之事ニ候、

15　一、信使の時、公儀御代官(1)の事書き付け朝鮮人方へ遣わし候時、韓僉知（ハンせんち）(2)申し候は、代官とこれあり候ては甚だ軽く相聞え候間、外の官名に書き替え候らえと申し候。これは館内(3)にて代官と申し候は、軽き役人に候故かくのごとく申したるにて候。それ故御代官衆御預りの場所を聞き合わされ、何（いずこ）の郡守と書き付け遣わされ候。諸事にこの心得これあるべき事に候。

注

（1）公儀御代官　幕府直轄領（天領）などへ派遣される地方官僚。郡代とも称す。役高は場所により異なるが関東郡代伊奈氏は三千九百石余である。

（2）韓僉知（ハンせんち）　韓後瑗（ハンフウォン）。字・伯玉。僉知は僉枢（正三品）の別称。日本語通訳官（項目1注4）。享保四年（一七一九）、通信使上々官として来日。
（3）館内にて代官　倭館勤務の代官。藩内の勘定方役人（武士）と商人（町代官）で構成され、日朝貿易の業務や会計を担当する。倭館の代官は、古くは商人が専従したこともあり、商業蔑視の朝鮮社会では身分の低い卑官のイメージがつきまとっていたと考えられる。

16　対馬藩家老の官服（通信使）

16　一、御家老中六位之官服被着候事、正徳年ニ始り候、此義其訳有之候而之事ニ候故、此後不相替候様ニ有之度事ニ候、

16　一、御家老中六位の官服（1）着され候事、正徳年（2）に始まり候。この義その訳（わけ）（3）これあり候ての事に候故、この後相替わらず候様にこれありたき事に候。

注

（1）　六位の官服　対馬藩家老が着す通信使登城日の官服。「対馬守家老、仮六位、衣冠下襲帯劒」（『朝鮮信使辞見儀注』）とあり、あくまでも登城日に限定されたものである。

（2）　正徳年　正徳元年（一七一一）。

（3）　その訳（わけ）　新井白石による改革の一環。

17　日本の官職（通信使）

17　一、天和信使之時、先例ニまかせ岡崎迄御使番を被遣候処、何之官ニて候哉と三使被相尋候処、日本ニてハ宰相・侍従・諸大夫なと申候て禁裏より被仰付候を官と心得居候のミニて、唐・朝鮮ニ而官と申候ハ元来今之役と申事ニ候と申心得無之候故、無官之人ニ候と通詞共答候付、公儀之禄を食ミ御使を務候人を無官なると申候ハ不思議なる事ニ候と三使殊外疑ひ被申たる由ニ候、夫故正徳・享保之信使ニハ、若官を被相尋候ハヽ、其役儀を以答候様ニと通詞共へ被仰付候、信使之時斗にても無之、御国之人送使僉官ニわたり候時、必ハ御国ニて何之官ニ候哉と相尋候事有之候、左様之節ハ役義相務候人ニ候ハヽ、其役を以答候、御番一通り務居候人ニ候ハヽ、宿衛（シユクヱイ）之官ニ候と答申候様ニ通詞共へ可被仰付事ニ候、士以上之務候を官と申、士以下之務候を役と申、其分レ日本も昔ハ分明ニ有之候所、武家之支配ニ成候より官と可申人をも役と唱へ候様ニ成りたる事ニ候、

17 一、天和信使(1)の時、先例にまかせ岡崎迄御使番(2)を遣わされ候処、何の官にて候やと三使(3)相尋ねられ候処、日本にては宰相(4)・侍従(5)・諸大夫(6)など申し候て禁裏(7)より仰せ付けられ候を官と心得おり候のみにて、唐・朝鮮にて官と申し候は元来今の役と申す事に候と申す心得これなく候故、無官の人に候と通詞(8)共答え候に付き、公儀の禄を食み御使を務め候人を無官なると申し候は不思議なる事に候と三使殊の外疑い申されたる由に候。それ故正徳・享保の信使(9)には、もし官を相尋ねられ候らわばその役儀を以て答え候様にと通詞共へ仰せ付けられ候。信使の時斗りにてもこれなく、御国の人送使僉官(10)にわたり候時、必ずは御国にて何の官に候やと相尋ね候事これあり候。左様の節は役義相務め候人に候らわば、その役を以て答え候。御番(11)一通り務めおり候人に候らわば、宿衛の官に候と答え申し候様に通詞共へ仰せ付けられるべき事に候。士以上の務め候を官と申し、士以下の務め候を役と申し、その分かれ日本も昔は分明にこれあり候所、武家の支配になり候より官と申すべき人をも役と唱え候様になりたる事に候。

注

（1）天和信使　天和二年（一六八二）来日。

（2）岡崎迄御使番　恒例により三河岡崎へ問慰役として幕府の上使が派遣され通信使を出迎える。天和期の上使は駒井昌勝（番方小姓組、二千三百七十石取）。

（3）三使　通信使の正使・副使・従事官。

（4）宰相（さいしょう）　参議の別称。天皇を補佐して政治を行う大臣格。

（5）侍従（じじゅう）　天皇側近の官職。

（6）諸大夫（しょだいぶ）　四位・五位の廷臣あるいは親王家・摂家などの家司の職名。

（7）禁裏（きんり）　宮中あるいは広く朝廷をさす。

（8）通詞　対馬藩の朝鮮語通詞。

（9）正徳・享保の信使　正徳元年（一七一一）と享保四年（一七一九）来日。

（10）送使僉官（せんかん）　倭館へ派遣される対馬の使節員。

（11）御番　警備を担当する番方のこと。幕府の場合将軍直属の旗本・御家人が任じられ、将軍警護や江戸城警備そのほかにあたる。

18　献上鷹の別幅改ざん（通信使）

18　一、重而信使之節、第一氣毒ニ候ハ鷹之事ニ而、委細ハ享保信使之御記録ニ記し有之候、分明ニ訳官共中間ニ而いたし候段相知レ居申事ニ候へハ、享保之例を彼方へ可被仰掛様決而無之事ニ候、何とそ前廣ニ公儀へ被仰上可然事ニ候、有體ニ被仰上、可然筋有之候ハヽ、無其上事ニ候、左無之御取繕不被成候而不叶事ニ候ハヽ、鷹之義生キ物之事ニ候へハ勿論余慶をも持来候へとも、長途之内おち申候か、又ハ病鷹ニ成り候而ハ如何ニ候故、此度鷹ハ指出し可申候得共、別幅ニハ書載不仕筈ニ御座候間、左様ニ御聞置可被下候と兼而御老中方へ御届被成、鷹さへ指出候様ニ被成候ハヽ、是非先規之通別幅ニ載せ候様ニとも有之間敷候哉、鷹被指出候様ニ被成候事ハ、其時如何様ニも處置有之事ニ候故、只今書載いたし置候ニ不及候、

18　一、重ねて信使の節、第一気の毒に候は鷹（たか）の事にて、委細は享保信使の御記録に記しこれあり候。分明に訳官共中間にていたし候段相知れおり申す事に候らえば、享保の例を彼方へ仰せ掛けらるべき様決してこれなき事に候。何とぞ前広（まえびろ）に公儀へ仰せ上げられ然（しか）るべき事に候。有体（ありてい）に仰せ上げられ、然るべき筋これあり候らわばその上なき事に候。左これなく

御取り繕いなされず候て叶わざる事に候らわば、鷹の義生き物の事に候らえば勿論余慶をも持ち来り(8)候らえども、長途の内おち申し(9)候か、又は病鷹になり候てはいかがに候故、このたび鷹は指し出し申すべく候らえども、別幅(10)には書き載せ仕らざる筈(11)に御座候間、左様に御聞き置き下されるべく候と兼ねて御老中(12)方へ御届けなされ、鷹さえ指し出し候様になされ候らわば、是非先規の通り別幅に載せ候様にともこれあるまじく候や。鷹指し出され候様になされ候事は、その時いか様にも処置これある事に候故、只今書き載せいたし置き候に及ばず候。

注

（1）気の毒　気がかりなこと。

（2）鷹の事　享保期（一七一九年）は通信使による将軍献上鷹が定数二十連（居ともいう）に増額されたほか、老中（四名）へも規定にない一連ずつの増加となった。

（3）享保信使の御記録　享保期信使記録『井上河内守様江礼曹ゟ之別幅品遠候付河内守様林大学頭様ゟ御尋答之一件幷御老中様方別幅鷹已来之例ニハ雑用次第之覚書』（慶應義塾三田メディアセンター所蔵）。

（4）訳官　日本語通訳官（項目1注4）。とくに上々官の韓後瑗（項目15注2）。

（5）享保の例　訳官韓後瑗の手違いで礼曹から老中（井上正岑）あての贈品が他の老中よりも多く、減額した目録（別幅）一書を写字官が書いて三使が署名してこれを「仮別幅」としたが、作成直後に韓後瑗が最終行の「際」字（以上という意味）を削り「鷹子一連」の文字を加えたこと。
（6）前広に　予め余裕をもって。
（7）有体　偽りなくありのままに。
（8）余慶をも持ち来り　享保期の献上鷹は定数（二十連）を含め計四十一連持ち込んでいた。
（9）長途の内おち申し　長旅の道中で死ぬこと。
（10）別幅　献上物の別紙目録。
（11）書き載せ仕らざる（老中への献上鷹は）今後、別幅に記載しないようにする。
（12）老中　幕府執政官。享保期来聘御用掛老中は井上正岑。

19　記録の充実と活用①（通信使）

19　一、正徳・享保両度之信使ハ、朝鮮人と重キ論談有之候時、佐役之人必ハ御相談ニ相加り、始終を能存居申候故、其後記録御仕立被成候節、朝鮮人と論談有之候重キ事之分ハ、佐役之人より書付指上ケ御記録ニ被書入候、天和年之記録ハ日本向使者往来、所々馳走之事ハ記し有之候へとも、朝鮮人と御論談有之候重キ事ハ、西丸にて徳松君へ拝禮被致候付、違却有之候重キ事をはしめ一事も記し無之候、ケ様候而ハ後来信使方之御用ニ相立候記録ニてハ無之候、重而信使有之節ハ重キ御論談之御相談ニ預り候人ニ、書手弐人ニても三人ニても御添へ被成、朝鮮人と論談有之候事之分ハ早速〳〵ニ書付置、重而御記録之内ニ被書入候様ニ可被成御事ニ候、書札方へ被仰付候而ハ、第一ハ日本向書留置候事大分ニ有之、其上御相談之座席へ罷出申ニても無之、信使奉行より度ことニ可被仰聞と思召候而も、是又御用繁多之内ニ中々御手とゝき申事にて無之候故、毎度御相談ニ相加り候人へ書手被相添、微細ニ書付置候様ニと被仰付候義切要之事ニ御座候、

19　一、正徳・享保両度の信使(1)は、朝鮮人と重き論談これあり候時、佐役（すけやく）(2)の人必ずは御相談に相加わり、始終を能（よ）く存じおり申し候故、その後記録御仕立（したて）なされ候節、朝鮮人と論談これあり候重き事の分は、佐役の人より書き付け指（さ）し上げ御記録に書き入れられ候。天和年の記録(3)は日本向き使者往来(4)、所々馳走（ちそう）(5)の事は記しこれあり候らえども、朝鮮人と御論談これあり候重き事は、西丸（にしのまる）(6)にて徳松君へ拝礼(7)致され候に付き、違却（いきゃく）これあり候重き事(8)をはじめ一事も記しこれなく候。かよう候ては後来信使方の御用に相立ち候記録にてはこれなく候。重ねて信使これある節は重き御論談の御相談に預り候人に、書き手二人にても三人にても御添えなされ、朝鮮人と論談これあり候事の分は早速早速に書き付け置き、重ねて御記録の内に書き入れられ候様になさるべき御事に候。書札方(9)へ仰せ付けられ候ては、第一は日本向き書き

留め置き候事大分にこれある。その上御相談の座席へまかり出申すにてもこれなく、信使奉行(10)よりたびごとに仰せ聞かされるべしと思し召し候ても、これ又御用繁多の内に中々御手とどき申す事にてこれなく候故、毎度御相談に相加わり候人へ書き手相添えられ、微細に書き付け置き候様にと仰せ付けられ候義切要の事に御座候。

注

（1）正徳・享保両度の信使　正徳元年（一七一一）と享保四年（一七一九）来日。
（2）佐役　朝鮮方の頭役。
（3）天和年の記録　天和二年（一六八二）の通信使記録。
（4）日本向き使者往来　幕府・諸大名・対馬藩など日本側の使者の動き。
（5）所々馳走　通信使往還道での接待。
（6）西丸　江戸城西丸。将軍綱吉の世子、徳松（通信使来日の翌年五歳で死亡）が居住する。
（7）徳松君へ拝礼　世子拝礼のこと。通常、幼君の場合は名代が拝受する。
（8）違却……重き事　先例と異なる拝礼をする重大事。このとき徳松君拝礼は、名代拝受ではなく挙手と再拝（二度の拝礼）を行った。
（9）書札方　対馬藩に常置される、日常の文書管理を行う役職。
（10）信使奉行　通信使来日時の特設奉行。

20　三使礼状の偽造（通信使）

20　一、天和信使帰国之節、今度公儀より御馳走丁寧ニ被仰付難有仕合ニ被存候との趣、三使より書翰を以殿様へ當(宛)可被申越候、左候ハヽ、公儀へ可被指上との義ニ而、上々官を以被仰掛候所、其書翰出来いたし御記録に載り居申候、右書翰之文体を見申候ニ三使之筆力とも見へかたく、文意全ク日本風義ニ相見へ申候、惣体日本ニても国使者ニ罷越し、彼方丁寧ニ被致候時、罷帰り主人より禮を申遣候か、又ハ家老より先之家老へ禮を申遣候事ハ有之候へとも、使者之身として我か身に當りたる事之様ニ禮を可申述様無之、増而唐・朝鮮ニハ猶々有之間敷事ニ候故不審ニ存居候へとも、先例之事ニ候故、正徳年ニも右之通上々官を以先例如此ニ候段被仰達候、然所ニ三使帰国之後科ニ逢被申候故、今ニハ書通いたしかたく候と申終ニ埒明不申、享保年ニ至り又々右之通被仰掛候へとも、三使不審ニ被存候由訳官共申候付、右天和年之書翰迄御見せ被成候所、兎や角申候而埒明不申候、就夫得と右天和年之書翰吟味被仰付候所、圖書も違ひ様子疑敷相見へ候、天和之時分迄ハ訳官共之風義、兎角日本人之心ニさかひ申さぬ様ニいたし候義第一と心得居申候時分ニ而、朴同知なと丶申者日本之事情をも能知り居申者ニ候故、此義書翰ニ及申事ニ而無之候と一旦ハ申見候へとも、此方其聞入無之候付中間ニ而拵へ、三使之書翰と号し指出候偽作と相見へ候、此訳訳官共ハ聞傳も有之、推量も可有之候故、正徳・享保共ニ此方より被仰掛候時、三使へ申達候とは申候得共、実ハ三使へハ其沙汰曾而不仕ニ而可有之と存候、ヶ様之義、江戸向之つやを思召候而不當事を被仰掛候段、元来不宜事ニ御座候、

20　一、天和信使(1)帰国の節、今度公儀より御馳走丁寧に仰せ付けられありがたき仕合わせに存じられ候との趣、三使(2)より書翰を以て殿様(3)へあて申し越されるべく候。左候らわば公儀へ指し上げられるべしとの義にて、上々官(4)を以て仰せ掛けられ候(5)所、その書翰出来いたし御記録(6)に載りおり申し候。右書翰の文体を見申し候に三使の筆力とも見えがたく、文意全く日本風義に相見え申し候。惣体(7)日本にても国使者にまかり越し、彼方丁寧に致され候時、まかり帰り主人より礼を申し遣わし候か。又は家老より先の家老へ礼を申し遣わし候事はこれあり候らえども、使者の身として我が身に当りたる事の様に礼を申し述べるべき様これなく、増して唐・朝鮮には猶々これあるまじき事に候故不審に存じおり候らえども、先例の事に候故、正徳年(8)にも右の通り上々官を以て先例かくのごとくに候段仰せ達せられ候。然る所に三使帰国の後科(9)に逢い申され候故、今には書き通しいたしがたく候と申し終に埒明き申さず、享保年(10)に至り又々右の通り仰せ掛けられ候らえども、三使不審に存じられ候由訳官(11)共申し候

に付き、右天和年の書翰[12]迄御見せなされ候所、とやかく申し候て埒明き申さず候。それに就(つ)き得(とく)と右天和年の書翰吟味仰せ付けられ候所、図書(としょ)[13]も違い様子疑わしく相見え候。天和の時分迄は訳官共の風義(ふうぎ)[14]、とかく日本人の心にさかい(逆い)申さぬ様[15]にいたし候義第一と心得おり申し候時分にて、朴同知(バクどうち)[16]などと申す者日本の事情をも能(よ)く知りおり申す者に候故、この義書翰に及び申す事にてこれなく候と一旦は申し見候らえども、此方その聞き入れこれなく候に付き中間にて拵(こしら)え、三使の書翰と号し指し出し候偽作[17]と相見え候。この訳(わけ)、訳官共は聞き伝えもこれあり、推量もこれあるべく候故、正徳・享保共に此方より仰せ掛けられ候時、三使へ申し達し候とは申し候らえども、実は三使へはその沙汰[18]曾(かっ)て仕(つかまつ)らざるにてこれあるべしと存じ候。かようの義、江戸向きのつやを思し召し候て当らざる事を仰せ掛けられ[19]候段、元来宜しからざる事に御座候。

注

（1）天和信使　天和二年（一六八二）来日。

（2）三使　通信使の正使・副使・従事官。

（3）殿様　対馬藩主宗義真(よしざね)。在位は明暦三（一六五七）～元禄五年（一六九二）。元禄十五年（一七〇二）没。退位後も実権をもち続け治世四十五年間を法名から「天龍院(てんりゅういん)時代」と称す。

（4）上々官　通信使に随行する堂上訳官。

（5）仰せ掛けられ　交渉をもちかけること。

（6）御記録　天和期信使記録『信使往復書簡』（慶應義塾三田メディアセンター所蔵）。壬戌（天和二）年十二月付通信使三使からの真文（写）が二通収録されている。

（7）惣体　全般的にみて。

（8）正徳年　正徳元年（一七一一）。

（9）帰国の後科　正徳期通信使の三使と訳官は、新井白石による国書改撰の要求に従ったため帰国後処罰された。

（10）享保年　享保四年（一七一九）。

（11）訳官　日本語通訳官（項目1注4）。ここでは享保期通信使の上々官。

（12）天和年の書翰　宗義真あて通信使三使の書翰。

（13）図書　私的印鑑。この場合は、三使が使行時に携帯する印鑑をさす。

（14）風義　風潮。

（15）さかい申さぬ様　逆らわないようにすること。

（16）朴同知　朴再興。字・仲起。同知は同枢（従二品）の別称。天和期通信使の上々官。

（17）偽作　偽造公文書。

（18）江戸向きのつや　幕府を喜ばせる世辞。

（19）当らざる事を仰せ掛けられ　まっとうでない交渉をもちかけること。

21　破船殞命使応接にかかわる訳官工作（通信使）

21　一、天和信使之時、御国漂流兼帯ニ極り候節、破船殞命ニハ使者可被指渡候と真文を以被仰達置候処、其後秋山折右衛門被指渡候時をはしめ違却いたし、此方よりハ約条之通ニ被成候と有之、彼方よりハ約条ニ違候と有之、就夫訳官共色々と辨を立申まぎらかし快ク埒明不申候付、兼々不審ニ存候ハ、若者右之真文訳官共中間ニ留置、朝廷方へ指出不申ニてハ無之候哉、朝廷方より右御国漂流之事兼帯ニすめ来候様ニとの命を蒙り、全ク其通ニ相済メ来候と帰朝之節申候へハ、其身共功も相立チ様子宜敷候所、破船殞命には使者相渡申筈ニ済メ来候と申候而ハ首尾如何敷所有之候付、破船殞命毎度有之事ニても無之、若も有之候ハ、其節如何様ニも成可申と存し、右之真文指扣置たる事有之間敷とも難申候と存居候処、享保信使江戸表ニ而右破船殞命には使者可指渡との約束有之候段被仰聞候、左候ハ、其書付見申度候と被申候付書付被遣候、天和年弥訳官共より指出したる事ニ候ハ、、右之書付彼方ニ有之筈ニ候故見申度とハ被申間敷事ニ候所、如此被申候ハ天和年ニ弥指出不申候哉と猶々不審ニ存候所、近来彼方之書物を見申候へハ、壬戌信使ノ時凡漂船ノ之泊スル二於馬島ニ一者ハ順ニ付シテ九送使ノ便ニ一以来ルノ事更ニ為ス二約定ヲ一と書付ケ有之、破船殞命と申事ハ書載無之候へハ、慥ニ天和年右之真文を中間ニ留メ置キ不指出候段分明ニ相知レたる事ニ候、享保信使鷹之事ニ付、東五郎、韓僉知へ申候ハ、此度ハケ様ニ取繕被濟置候へとも、重而信使有之候節ハ必違却ニ可及候、其節如何可致と被存事ニ候哉と申候へハ、其時迄我等生キ居申ものニても無之候故、其節ハ兎も角も成可申と、何之氣遣成様子も無之返答ニて候キ、天和信使之時之訳官共も、右韓僉知同然之心入ニ而有之たると被存候、ケ様之義も有之候故、此方にはたしかに約束相濟居候事と覚居候事ニても、若ハ訳官共中間ニていたしたる事ニてハ無之候哉、左候而ハ押出し議論ニ及ひ、却而事之敗を招キ候事も可有之哉と毎度あやふミ申事多ク候故、前後を勘弁し諸事卒爾ならさる様ニ可有之事ニ候、天和年御国漂流兼帯ニ成候事ハ、此義宜ク御濟メ被成候ハヽ、狐皮・狸皮之直段上り候様ニ相働キ可申と上々官之内より裁判を指置キ、他之筋を以慥ニ申たる者有之、其通被相究候事ニ候處、其後狐皮・狸皮之直段ハ終ニ替事無之候、是又後日のため覚居可申事ニ候、

21 一、天和信使(1)の時、御国漂流兼帯(けんたい)(2)に極(きま)(3)り候節、破船殞命(いんめい)(4)には使者指(さ)し渡されるべく候と真文(しんぶん)(5)を以(もっ)て仰せ達せられ置き候処、その後秋山折右衛門(6)指し渡され候時をはじめ違却(いきゃく)(7)いたし、此方よりは約条の通りになされ候とこれあり、彼方よりは約条(8)に違い候とこれある。それに就(つ)き訳官(9)共色々と弁(べん)を立て(10)申しまぎらかし埒明(らちあ)き申さず候に付き、兼々(かねがね)不審に存じ候は、

もしくは右の真文訳官共中間に留め置き、朝廷方[11]へ指し出し申さずにてはこれなく候や。朝廷方より右御国漂流の事兼帯にすめ(済め)来り候様にとの命を蒙り、全くその通りに相済め来り候と帰朝の節申し候らえば、その身共功も相立ち様子宜しく候処、破船殞命には使者相渡し申す筈に済め来り候と申し候ては首尾いかがわしき所これあり候に付き、破船殞命毎度これある事にてもこれなく、もしもこれあり候らわばその節いか様にもなし申すべきと存じ、右の真文指し控え置きたる事これあるまじくとも申しがたく候と存じおり候処、享保信使[12]江戸表にて右破船殞命には使者指し渡すべきとの約束これあり候段仰せ聞かされ候。左候らわばその書付[13]見申したく候と申され候に付き書付遣わされ候。天和年 弥 訳官共より指し出したる事に候らわば、右の書付彼方にこれある筈に候故見申したくとは申されまじき事に候所、かくのごとく申され候は天和年に弥指し出し申さず候やと猶々不審に存じ候所、近来彼方の書き物[14]を見申し候らえば、壬戌[15]信使の時、凡そ漂船の馬島[16]に泊する者は、九送使[17]の便に順付[18]して以て来るの事、更に約定を為す、と書き付けこれある。破船殞命と申す事は書き載せこれなく候らえば、慥に天和年右の真文を中間に留め置き指し出さず候段分明に相知れたる事に候。享保信使鷹[19]の事に付き、東五郎[20]、韓僉知[21]へ申し候は、此たびはかように取り繕い済し置かれ候らえども、重ねて信使これあり候節は必ず違却に及ぶべく候。その節いかが致すべしと存じられる事に候やと申し候らえば、その時迄我等生きおり申すものにてもこれなく候故、その節はともかくもなり申すべしと、何の気遣いなる様子もこれなき返答にて候らいき[22]。天和信使の時の訳官共も、右韓僉知同然の心入りにてこれありたると存じられ候。かようの義もこれあり候故、此方にはたしかに約束相済しおり候事と覚えおり候事にても、もしくは訳官共中間にていたしたる事にてはこれなく候や。左候ては押し出し議論に及び、却って事の敗を招き候事もこれあるべきやと毎度あやぶみ申す事多く候故、前後を勘弁し諸事卒爾ならざる様[23]にこれあるべき事に候。天和年御国漂流兼帯になり候事は、この義宜しく御済めなされ候らわば、狐皮・狸皮[24]の直段上り候様に相働き申すべしと上々官[25]の内より裁判[26]を指し置き、他の筋を以て慥に申したる者これあり。その通り相究められ候事に候処、その後狐皮・狸皮の直段は終に替る事これなく候。これ又後日のため覚えおり申すべき事に候。

注

（1）天和信使　天和二年（一六八二）来日。

（2）御国漂流　朝鮮漂流船のうち対馬に漂着したもの。

（3）兼帯　接待費削減のため使節や書契（公文書）を他船に付託すること（項目7注1）。ここではとくに対馬島に漂着した漂流民刷還使を年例送使（項目6注1）に兼帯させることで、朝鮮側で「漂民順付」と称す。

（4）破船殞命　難破により乗組員が死亡すること。
（5）真文　『朝鮮通交大紀』天和二年十月（壬戌孟冬下澣）収録。
（6）秋山折右衛門　実名・藤貞重。御徒士。元禄十年（一六九七）に破船殞命使として派遣されたが、溺死者の有無をめぐって朝鮮側との協議が二年以上にわたって難航した。
（7）違却　法規違反と見なされること。
（8）約条　天和二年（一六八二）の通信使来日時に成立した壬戌約条。年例送使以外の臨時使節（差倭）の派遣禁止と漂流民刷還の兼帯が約定された。
（9）訳官　日本語通訳官（項目1注4）。
（10）弁を立て　巧みに言いつくろうこと。
（11）朝廷方　朝鮮王朝政府（項目1注2）。
（12）享保信使　享保四年（一七一九）来日。
（13）書付　『朝鮮通交大紀』（注5）の真文。
（14）彼方の書き物　『通文館志』巻五交隣。「漂人領来差倭」の末尾「壬戌信使時」の記事。
（15）壬戌信使　天和期（注1）通信使。
（16）馬島　対馬島。
（17）九送使　寛永十九（一六四二）～元禄十五年（一七〇二）の期間、彦満送使（義真送使）が加わったため年例八送使（項目7注1）は「九送使」と称す。
（18）順付　定例送使に兼帯すること。

(19)　鷹の事　老中あて別幅に規定外の「鷹子一連」を加えたこと（項目18注5）。
(20)　東五郎　雨森芳洲の通称。
(21)　韓僉知（ハンせんち）　韓後瑗（ハンフウォン）（項目15注2）。享保期鷹の一件を画策した訳官。
(22)　候らいき　……であった。
(23)　卒爾（そつじ）ならざる様　軽率な行動をとらないように。
(24)　狐皮・狸皮　私貿易の輸出品。
(25)　上々官　通信使に随行する堂上訳官。
(26)　裁判（さいはん）　外交交渉官（項目1注14）。

22　道中人馬の請負（通信使）

22　一、正徳年ニハ所々より出候人馬共ニ余慶有之、指支候事無之、天和年も其通ニ有之たる由ニ候所、享保年にハ請負ニ成候故甚指支へ、日本之御外聞不宜候、重而信使之節者天和・正徳之例ニ被仰付候様ニ、兼而公儀へ可被仰上事ニ候、

22　一、正徳年(1)には所々より出し候人馬(2)共に余慶(よけい)これあり、指(さ)し支(つか)え候事これなし。天和年(3)もその通りにこれありたる由に候所、享保年(4)には請負(5)になり候故甚だ指し支え、日本の御外聞宜しからず候。重ねて信使の節は天和・正徳の例に仰せ付けられ候様に、兼ねて公儀へ仰せ上げられるべき事に候。

注

（1）正徳年　正徳元年（一七一一）。
（2）人馬　通信使来日時、大坂・江戸間の陸路に提供される人夫・乗馬・荷馬のこと。
（3）天和年　天和二年（一六八二）。
（4）享保年　享保四年（一七一九）。
（5）請負　享保期に限り通信使への人馬提供は商人の請負制になる。

23　朝鮮船の性能②／出船判断の誤解（通信使）

23　一、日本船と朝鮮船とは違有之候而、日本船之出しかたき日和ニても朝鮮船ハ快ク乗取候事罷成候故、此方より出船難成日和ニ候と被仰聞候而も、彼方之船将（センジャグ）ハ成程出船罷成候日和ニ候と申ニ付、毎度違却有之事ニ候故、兼々日本船・朝鮮船違候訳を前廣ニ被仰諭置度事ニ候、其上殿様御旅行船中・道中ニ御逗留被成候程公儀より之御宛行有之、御為ニ成候と彼方書物ニ記し有之由、正徳之訳官、享保之訳官何も申候、ケ様之義ニ付候而も出船成申日和ニ候へとも、わさと御滞留被成候との疑心有之候間、其御心得可被成事ニ候、

23　一、日本船と朝鮮船とは違い(1)これあり候て、日本船の出しがたき日和（ひより）にても朝鮮船は快く乗り取り候事まかりなり候故、此方より出船なりがたき日和に候と仰せ聞かされ候ても、彼方の船将（せんしょう）(2)は成程（なるほど）出船まかりなり候日和に候と申すに付き、毎度違却（いきゃく）(3)これある事に候故、兼々（かねがね）日本船・朝鮮船違い候訳を前広（まえびろ）(4)に仰せ諭（さと）し置かれたき事に候。その上殿様(5)御旅行船中・道中に御逗留なされ候程公儀よりの御宛行（あてがい）(6)これあり、御為（ため）になり候(7)と彼方書き物(8)に記しこれある由、正徳の訳官、享保の訳官何（いず）(9)れも申し候。かようの義に付き候ても出船なり申す日和に候えども、わざと御滞留なされ候との疑心これあり候間、その御心得なさるべき事に候。

注

（1）日本船と朝鮮船とは違い　朝鮮船が優れている理由として、芳洲は帆柱の構造を指摘してい

る（項目14）。

（2）船将（せんしょう）　朝鮮通信使船の責任者。

（3）違却（いきゃく）　おもわくが違って難儀すること。

（4）前広（まえびろ）に　前もって。予め。

（5）殿様　対馬藩主（宗義誠（よしのぶ））。

（6）宛行（あてがい）　手当。経費。

（7）御為（ため）になり候　（宗家の）収入になる。

（8）彼方書き物　不詳。

（9）正徳の……享保の訳官　正徳・享保期の通信使随行訳官。

24　三使の誤解（通信使）

24　一、惣体三使之心入、いつとても御国より抑制（ヨクセイ／ヲシツクル）をうけ申間敷との我意有之様ニ相見へ候故、曾而抑制ニてハ無之、日本と朝鮮とは風義之違ひ有之、朝鮮之思召ニてハ日本向ニ合不申、何とそ両国之間宜キ様ニと思召候所より被仰入事ニ候、古人之言葉ニも、使ハ従ヒレ俗ニ禮ハ従フレ宜ニと申候間、朝鮮之國體ニあつかり候儀ハ各別ニ候、其外ハ申入候趣を得と被御聞

通候様ニと、御丁寧ニ可被仰入事ニ候、

24　一、惣体三使(1)の心入れ、いつとても御国(2)より抑制をうけ申すまじきとの我意(3)これある様に相見え候故、曾て抑制にてはこれなく、日本と朝鮮とは風義の違いこれあり、朝鮮の思し召しにては日本向き(4)に合い申さず、何とぞ両国の間宜しき様にと思し召し候所より仰せ入れられる事に候。古人の言葉にも、使いは俗に従い礼は宜しきに従う(5)と申し候間、朝鮮の国体(6)にあずかり候儀は各別に候。その外は申し入れ候趣を得と御聞き通され候様にと、御丁寧に仰せ入れられるべき事に候。

注

(1) 三使　通信使の正使・副使・従事官。
(2) 御国　対馬藩。
(3) 我意　勝手な考え。
(4) 日本向き　日本人の性質。
(5) 使いは俗に従い礼は宜しきに従う　「使者は慣わしに従うが、礼は道義に従う」の意。
(6) 国体　国家の体面。

25　信使書き物の制限①（通信使）

25　一、信使之時、行中之書キ物を被禁候事天和年ニ始り、天和御記録ニ委細相見へ居中候、元来此方より被仰上候付、公儀より被仰出たる事ニて候、筆談等みたりニいたし候ハヽ、若ハ国事を漏し可申哉との恐有之事ニ候故、是ハ被禁候段其訳有之事ニ候へとも、書キ物を被禁候事ハ訳難立事ニ而、とても御指圖を守り申さぬ事ニ御座候間、御禁制被成候事重而ハ御無用ニ被成可然候、且又信使之時方々より書物之御頼ミ大分御家老中へ申来、不得已一々御請込被成候故、右書キ物之義ニ付信使屋殊外さわかしく、外之御用之妨ニ成候事甚有之候、重而信使之節書物之御頼ミ有之候ハヽ、額字ニ候ハヽ二三枚、壱枚唐紙ニ書候事ニ候ハヽ二枚か六枚か屏風用ニ成候外ハ罷成り申間敷候、其分通詞頭へ申付可置候間、彼方へ紙を被遣御書せ可被成候と被仰越、御家老中ニハ書物之事ニ御かまひ不被成候様ニ有之度事ニ候、書物之事ニ而御詰問もせい（せひ）〳〵と有之、殊ニ享保年ニ龜井隠岐守様よりハ長持一竿ニ裏打いたし候唐紙入レ被遣候而書物御望被成候故、道中・船中御国迄ニ段々御書せ被成候へとも、全ク済かね申程ニ御座候、定而御家中銘々望候分も其内ニ入申候故、如右大分ニ成りたる事と存候、何之益も無之事ニ御家老中ニも臨時之御世話を被成、幷ニ役人中之手をも被塞候段、甚

以如何敷事ニ御座候、

25 一、信使の時、行中の書き物を禁じられ候事天和年(1)に始まり、天和御記録(2)に委細相見えおり申し候。元来此方より仰せ上げられ候に付き、公儀より仰せ出せられたる事にて候。筆談等みだりにいたし候は、もしくは国事を漏し申すべくやとの恐れこれある事に候故、これは禁じられ候段その訳(わけ)これある事に候らえども、書き物を禁じられ候事は訳立ちがたき事にて、とても御指図を守り申さぬ事に御座候間、御禁制なされ候事重ねては御無用になされ然(しか)るべく候。かつ又信使の時方々より書き物の御頼み大分御家老中(3)へ申し来り、已(や)むをえず一々御請け込みなされ候故、右書き物の義に付き信使屋殊(こと)(4)の外(ほか)さわがしく、外の御用の妨げになり候事甚だこれあり候。重ねて信使の節書き物の御頼みこれあり候らわば、額字(5)に候らわば二、三枚、一枚唐紙(からかみ)(6)に書き候事に候らわば二枚か六枚か屏風用(7)になし候外はまかりなり申すまじく候。その分通詞頭(わけ)(8)へ申し付け置くべく候間、彼方へ紙を遣わされ御書かせなされるべく候と仰せ越され、御家老中には書き物の事に御かまいなされず候様にこれありたき事に候。書き物の事にて御詰間(つめま)(9)もぜひぜひとこれあり、殊に享保年(10)に亀井隠岐守(11)様よりは長持(ながもち)一竿(さお)に裏打(うらうち)いたし候唐紙入れ遣わされ候て書き物御望みなされ候故、道中・船中御国迄に段々御書かせなされ候らえども、全く済みかね申す程に御座候。定て御家中銘々(めいめい)望み候分もその内に入れ申し候故、右のごとく大分になりたる事と存じ候。何の益もこれなき事に御家老中にも臨時の御世話をなされ、幷に役人中の手をも塞がれ候段、甚だ以ていかがわしき事[12]に御座候。

注

（1）天和年　天和二年（一六八二）。

（2）天和御記録　天和期信使記録『家中江之壁書幷年寄中より諸役江相渡候覚書』（韓国国史編纂委員会所蔵）。

（3）御家老中　対馬藩家老。年寄中とも称す。

（4）信使屋　通信使の宿泊所。

（5）額字　扁額（横長の額）に書く文字。

（6）唐紙　中国渡来風の紙。色模様、金銀泥を塗ったものもある。

（7）屛風用　屛風仕立てにする紙。屛風は六枚つなぎ二点（二隻）を六曲一双、六枚つなぎ一点を六曲一隻、又は半双という。

（8）通詞頭　対馬藩朝鮮語通詞の頭役。

（9）御詰間　江戸城内で大名衆が待機する部屋。

（10）享保年　享保四年（一七一九）。
（11）亀井隠岐守　亀井茲親（これちか）。正室は対馬藩主宗義誠（よしのぶ）の姉・於六。
（12）いかがわしき事　よろしくないこと。

26　信使書き物の制限②（通信使）

26　一、詩・文章、真文役之外取次候事堅ク無用ニ可仕と、堅ク可被仰付事ニ候、外より取次候而ハ不宜訳数多有之候、

26　一、詩・文章(1)、真文役(しんぶん)(2)の外(ほか)取り次ぎ候事堅く無用に仕(つかまつ)るべしと、堅く仰せ付けられるべき事に候。外より取り次ぎ候ては、宜しからざる訳数多(わけあまた)これあり候。

注

（1）詩・文章　通信使随行員が書く漢詩や書き物。
（2）真文役(しんぶん)　「真文」は漢文のこと。朝鮮と交換される外交文書や書状・記録類などの収集・保

管・管理にあたる。正徳期（一七一一年）および享保期（一七一九年）の通信使真文役は雨森芳洲が務める。

27　日光行きと方広寺耳塚（通信使）

27　一、重而之信使には大佛ニ被立寄候事、兼而朝鮮へも被仰通置御無用ニ被成可然候、其訳ハ委細享保信使之御記録ニ相見へ候、明暦年日光へ参詣仕候様ニと被仰出候ハ、御廟(ベウ)制之華美を御見せ可被成との事と相聞へ、大佛ニ被立寄候様ニとの事も一ツハ日本ニ珍敷大佛有之と申事を御しらせ被成、一ツハ耳塚を御見せ被成日本之武威をあらはさるへくとの事と相聞へ候へとも、何も飄逸(ヘウイツ／ダテナル)なる御所見ニ候、廟制(ベウセイ)ハ節倹を主といたし候故、其楹(ハシラ)ニ丹(ニ)ぬり、其桷(タルキ)ニ刻(キサミ)候事春秋ニそしられ候へハ、御廟制之華美朝鮮人之感心いたらすへき様無之、佛之功徳ハ大小ニよるましく候処ニ、有用之財を費し無益之大佛を被作候事是又あさけり候一端ニ而、耳塚とても豊臣家無名之師(イクサ)を起し、両国無数之人民を殺害せられたる事に候へハ、其暴悪をかさねて可申出事ニ候而、いつれも華燿(クワヨウ)之資(タスケ)には成不申、却而我国之不学無識(フガクムシキ)をあらはし候のミニ而御座候、正徳年信使大佛へ被立寄候節耳塚をかこはれ、享保年ニも其例を以朝鮮人之見申さぬ様ニ被成候、是ハ誠ニ成徳(セイトク)之事たるへく候、此段も兼而新井筑後守様へ御内意被仰上、御聞通有之かこはれ候様ニ成たる事ニ候、右之次第ニ候故重而之信使ニハ、京都之止宿幷ニ大佛へ被立寄候事御止被成可然事ニ候、若も長途之始ニ候故以前より京都ニ而休息被仰付候所、川舟より直ニ旅行と申事如何哉と申訳も有之候ハヽ、幸湖水ハ日本之絶景ニ候而、其所ニ止宿いたし候ハ一行之者も悦可申事ニ候故、成申事ニ候ハヽ、高観音を信使屋ニ被成、大津ニ両日程被致休宿候様ニ被成可然候、享保年京都を昼休と公儀より被仰出、兼而朝鮮へ為被仰遣置事ニ候所、三使病氣と号し京都ニ逗留いたし候ハ、右昼休と申事訳官共都表へハ不申達事之様ニ相見へ候キ、

27 一、重ねての信使には大仏(1)に立ち寄られ候事、兼ねて(2)朝鮮へも仰せ通され置き御無用になさられ然(しか)るべく候。その訳は委細享保信使の御記録に相見え候。明暦年(3)日光へ参詣(4)仕(つかまつ)り候様にと仰せ出され候は、御廟制(びょうせい)(5)の華美を御見せなさるべしとの事と相聞え、大仏に立ち寄られ候様にとの事も一つは日本に珍しき大仏これありと申す事を御しらせなられ、一つは耳塚(みみづか)(6)を御見せなされ日本の武威をあらわさるべくとの事と相聞え候らえども、何(いず)れも飄逸(ひょういつ)なる御所見(しょけん)(7)に候。廟制は節倹を主といたし候故、その楹(はしら)(8)に丹ぬり、その桷(たるき)(9)に刻(きざ)み候事春秋(10)にそしられ(誹られ)(11)候らえば、御廟制の華美朝鮮人の感心いたらすべき様これなし。仏の功徳(くどく)は大小に

よるまじく候処に、有用(ゆうよう)の財を費し無益の大仏を作られ候事これ又あざけり候一端にて、耳塚とても豊臣(12)家無名の師(いくさ)(13)を起し、両国無数の人民を殺害せられたる事に候らえば、その暴悪をかさねて申し出るべき事に候て、いずれも華耀(かよう)の資(たすけ)(14)にはなり申さず、却(かえ)って我が国の不学無識をあらわし候のみにて御座候。正徳年信使(15)大仏へ立ち寄られ候節耳塚をかこわれ(囲われ)(16)、享保年にもその例を以(もっ)て朝鮮人の見申さぬ様になされ候。これは誠に盛徳(せいとく)(17)の事たるべく候。この段も兼ねて新井筑後守(18)様へ御内意仰せ上げられ、御聞き通しこれありかこわれ候様になりたる事に候。右の次第に候故重ねての信使には、京都の止宿幷(ならび)(19)に大仏へ立ち寄られ候事御止(や)めなされ然(しか)るべき事に候。もしも長途の始めに候故以前より京都にて休息仰せ付けられ候所、川舟より直(じか)に旅行と申す事いかがかと申す訳もこれあり候らわば、幸い湖水(20)は日本の絶景に候て、その所に止宿いたし候は一行の者も悦び申すべき事に候故、なり申す事に候らわば高(たか)観音(21)を信使屋(22)になされ、大津に両日程休宿致され候様になさられ然るべく候。享保年京都を昼休みと公儀より仰せ出され、兼ねて朝鮮へ仰せ遣わされ置たる事に候所、三使(23)病気と号し(24)京都に逗留いたし候は、右昼休みと申す事訳官(25)共都表(みやこおもて)(26)へは申し達せざる事の様に相見え候らいき(27)。

注

（1）大仏　京都方広寺。巨大な大仏があったことから大仏寺ともいう。

（2）享保信使の御記録　享保期信使記録『信使京都本能寺昼休と被仰出候処往還共止宿被仕候次第幷大仏ニ立寄間敷旨三使被及異難候付被仰諭候上立寄見物被仕候覚書』（慶應義塾大学三田メディアセンター所蔵）。

（3）明暦年　明暦元年（一六五五）。

（4）日光へ参詣　通信使の日光参詣は寛永十三年（一六三六）・同二十年（一六四三）・明暦元年（一六五五）の三回。

（5）御廟制（びょうせい）の華美　明暦度に東照大権現石廟（家康の霊廟）よりも絢爛（けんらん）豪華に造営された大猷院（だいゆういん）廟（家光の霊廟）への参詣が加わった。

（6）耳塚（みみづか）　京都方広寺前にある塚。文禄の役（一五九二～九三年）および慶長の役（一五九七～九八年）（以下、文禄・慶長の役、一五九二～九八年）のとき、朝鮮から首の代わりに持ち帰らせた耳や鼻を埋めた。

（7）飄逸（ひょういつ）なる御所見（しょけん）　周りに配慮しないあきれた考え。

（8）楹（はしら）　丸い太柱。

（9）桷（たるき）　棟（むね）から軒に渡す角材。

（10）春秋　周代（前七二二～前四八一年）の歴史書。孔子がこれに筆削して歴史批判を加えたことから五経のひとつとして重んじられる。

(11) そしられ（誹られ）　悪いこととされる。
(12) 豊臣家　豊臣秀吉とその政権。
(13) 無名の師（いくさ）　無益な戦争。文禄・慶長の役（注6）をさす。
(14) 華燿（かよう）の資（たすけ）　栄耀栄華の証。
(15) 正徳年信使　正徳元年（一七一一）来日。
(16) 耳塚をかこわれ　通信使一行の目に触れないよう耳塚を囲った。
(17) 盛徳（せいとく）　優れて立派な徳。
(18) 新井筑後守　新井白石（君美）。雨森芳洲と同じ木下順庵門下。六代将軍徳川家宣の政治顧問として、正徳期信使来日時に王号をはじめさまざまな改革を実行する。
(19) 京都の止宿　京都での宿泊。
(20) 湖水　琵琶湖。
(21) 高（たか）観音　大津三井寺の五別所のひとつ、近松寺（ごんしょうじ）の俗称。高所の眺望の良い場所にある。
(22) 信使屋　通信使の宿泊所。
(23) 三使　通信使の正使・副使・従事官。
(24) 病気と号し　病気を理由に。仮病をさす。
(25) 訳官　日本語通訳官（項目1注4）。
(26) 都表（みやこおもて）　朝鮮の王朝政府（項目1注2）。
(27) 候らいき　……であった。

28　信使道中のこと（通信使）

28　一、天和年、日本道中之列樹何も古木ニ而、枝葉を損し候体無之候を見被申候而、法令之厳粛成故ニ候と三使殊外感心被致候由ニ候、日光・大佛を以誇耀可被成と思召候而もそれニハ感心も無之、却而日本人之心付申さぬ列樹ニ感心有之候ニ而、是又朝鮮・日本志尚之所レ在ルをしるへき事ニ候、正徳年ニハ道中之乞匂人を尽ク被除候而宜ク候所、享保年ニハ盲人・比丘尼迄徘徊し見苦キ事ニ候キ、是又重而之信使ニハ、兼而公儀へ可被仰上事ニ候、

28　一、天和年(1)、日本道中の列樹(2)何も古木にて、枝葉を損し候体これなく候を見申され候て、法令の厳粛なる故に候と三使(3)殊の外感心致され候由に候。日光(4)・大仏(5)を以て誇耀(6)なられるべしと思し召し候てもそれには感心もこれなく、却って日本人の心付き申さぬ列樹に感心これあり候にて、これ又朝鮮・日本志尚(7)のある所をしるべき事に候。正徳年(8)には道中の乞匂人(9)を尽く除かれ候て宜しく候所、享保年(10)には盲人・比丘尼(11)迄徘徊し見苦しき事に候らいき。これ又重ねての信使には、兼ねて公儀へ仰せ上げられるべき事に候。

注

（1）天和年　天和二年（一六八二）。
（2）道中の列樹　杉・松・銀杏などの並木道。
（3）三使　通信使の正使・副使・従事官。
（4）日光　日光東照宮の大猷院廟（項目27注5）。
（5）大仏　京都方広寺の大仏（項目27注1）。
（6）誇耀　見せびらかすこと。
（7）志尚　こころざし。
（8）正徳年　正徳元年（一七一一）。
（9）乞匂人　乞丐（乞食）に同じ。
（10）享保年　享保四年（一七一九）。
（11）比丘尼　尼の姿をした芸人や私娼。

29　馬の使用（通信使）

29　一、享保年信使ニ相附候護衛之軍官ハ、騎馬にて無之候而ハ如何ニ候へとも、其外之上官共ハ駕籠ニ被仰付候ハ、、其身共ためニもよろしく、日本諸大名之費をも省キ候事ニ候故、訳官共へ被申談相頼候事ニ候ハ、、公儀へ可被仰上候間可被申越候、しかし慥ニ成可申哉否之義ハ不相知事ニ候間、究メ候而ハ被申間敷候と裁判方へ被仰遣候處ニ、裁判方失念被致、訳官共へ不被申聞候内ニ、最早國々江被仰付候馬割相濟ミ、令延引候故其沙汰ニ及不申候、重而ハ何とそ護衛之外ハ駕籠ニ成り候様ニ有之度事ニ候、享保年書記共乗候筈之駕籠ニ、軍官共之内書記を押のけ乗候族間々有之候、重而之信使ニハ軍官共駕籠ニ乗候先規有之候と申候而、必ハ駕籠を乞候事なと可有之哉と存事ニ候、

29　一、享保年信使(1)に相附き候護衛(ごえい)の軍官(2)は、騎馬(きば)にてこれなく候てはいかがに候らえども、その外の上官共は駕籠(かご)(3)に仰せ付けられ候らわばその身共ためにもよろしく、日本諸大名の費え(4)をも省き候事に候故、訳官共(5)へ申し談じられ相頼み候事に候らわば、公儀へ仰せ上られるべく候間申し越されるべく候。しかし慥(たしか)になり申すべくや否(いな)やの義は相知られざる事に候間、究(き)め候ては申されまじく候と裁判(さいはん)(6)方へ仰せ遣わされ候処に、裁判方失念致され、訳官共へ申し聞かされず候内に、最早(もはや)(7)国々へ仰せ付られ候馬割(8)相済み、延引せしめ候故その沙汰に及び申さず候。重ねては何とぞ護衛の外は駕籠になり候様にこれありたき事に候。享保年書記(9)共乗り候筈の駕籠に、軍官共の内書記を押のけ乗り候族(やから)間々(まま)これあり候。重ねての信使には軍官共駕籠に乗り候先規これあり候と申し候て、必ずは駕籠を乞い候事などこれあるべき

やと存ずる事に候。

注

（1）享保年信使　享保四年（一七一九）来日。

（2）護衛の軍官　三使（正使・副使・従事官）を護衛する軍官。

（3）上官共は駕籠（かご）　通常、上官へは上馬が提供される。駕籠が供されるのは上々官（訳官）・製述官（文書撰述官）・良医（医師）まで。

（4）日本諸大名の費え　諸大名は江戸へ向う通信使二百四十人分の乗馬を、介添人・鞍などの装備をつけて提供しなければならなかった。

（5）訳官　通信使に随行する日本語通訳官。

（6）裁判　通信使の迎送を担当する対馬藩の外交交渉官（項目1注14）。

（7）国々　諸大名および沿道諸国。

（8）馬割　道中使用する馬を諸大名へ割り当てること。

（9）書記　三使（注2）に配属され、通信使使行録など記録を担当する。

30　訳官への対応（倭館）

30　一、訳官之義ハ各別ニ恩賜を厚ク被成、御国之御蔭ニて無之候而ハ其身立不申候と存候様ニ被成可被置事ニ候、公儀向を思召候ヘハ、御老中方之御用人ヘハ別段之御手入を被成候同然之心持ニ御座候而、訳官共御国をおろそかニ存候様ニ罷成候而ハ甚御為ニ成り申間敷候、其内常例ニ成り不申候様ニ被成候御處置肝要ニ而御座候、参判使渡海之節木綿被下候義、最初ハ不時之恩賜ニ候所、只今ニハ常例之様ニ罷成候、ヶ様候而ハ如何敷奉存事ニ御座候、古館之時此方より被仰掛候事有之、久々埒明不申候付、訳官之内李判事と申者日本人ニ内通いたし候ハ、拙子事を東萊前ニ而散々御叱り候而、其上ニ打擲可被成候、左候ハヽ此事相濟可申と申候故其通ニいたし候所、果而其事埒明たると申候、訳官之身としてヶ様之事可申様無之義候へとも、其節迄ハ乱後之余威ニ而日本人之諸事暴戻（ボウレイ）なる仕形ニ恐レ候心強候而、よしハ其身辱を取候も此事を早ク埒明、一時之苦難を免れ申度と存候壱ツ、且ハ其砌迄ハ御商賣之次第も彼此共ニ今とハ違候而、日本人のため相働候ヘハ其身勝手ニ成候所有之候故、利得ニ目を掛ケ候心も有之、威ニ脅（オビヤカサレ）利ニ誘（ミチヒカレ）候此両端ニ而、右之内通をもいたしたるに而候、此外ニも是ニ類したる事其節迄ハいかほとも有之、李判事一人而已ニ而ハ無之候、今ニ成候而ハ餘威も無之、又相働候とても別而益を得申事も無之候へハ、判事中之心入昔には殊外違申筈ニ御座候故、恩賜之所ニ別而可被添御心事ニ候、殊御商賣方ニ而商人をしたしミ、訳官を疎し候様ニなと有之候ハヽ、御隣好之御用向ニハ必指支出来可致候故、了簡可有之事ニ御座候、近来誰ニ而候哉、小役人之内昔之仕形を聞傳へ居、東萊前ニ而訳官之鬚を取申候へハ、訳官共却而憤怒いたし、其事弥埒明かね候と申候、是ハ俗説ニ申候古流・當流之差別無之と中類ニ而、事情・時勢を分チ申さぬ不了簡たるへく候、

30　一、訳官(1)の義は各別に恩賜を厚くなされ、御国(2)の御蔭にてこれなく候てはその身立ち申さず候と存じ候様になされ置かれるべき事に候。公儀向きを思し召し候らえば、御老中方の御用人(3)へは別段の御手入をなされ候同然の心持ちに御座候て、訳官共御国をおろそか（疎か）に存じ候様にまかりなり候ては甚だ御為（ため）になり申すまじく候。その内常例になり申さず候様になされ候御処置肝要にて御座候。参判使(4)渡海の節木綿(5)下され候義、最初は不時の恩賜に候処、只今には常例の様にまかりなり候。かよう候てはいかがわしく存じ奉る事に御座候。古館の時(6)此方より仰せ掛けられ候事これあり。久々埒明（らちあ）き申さず(7)候に付き、訳官の内李（うちイ）判事（はんす）(8)と申す者日本人に内通(9)いたし候は、拙子事(10)を東萊(11)前にて散々御叱り候て、その上に打擲（ちょうちゃく）(12)なされるべく候。左候らわばこの事相済み申すべしと申し候故その通りにいたし候処、果たしてその事

埒明きたると申し候。訳官の身としてかようの事申すべき様これなき義に候らえども、その節迄は乱後の余威[13]にて日本人の諸事暴戾[14]なる仕形に恐れ候心強く候て、よしは[15]その身辱めを取り候もこの事を早く埒明け、一時の苦難を免れ申したくと存じ候一つ。かつはその砌までは御商売[16]の次第もかれこれ共に今とは違い候て、日本人のため相働き候らえばその身勝手になり候所これあり候故、利得に目を掛け候心もこれあり、威に脅やかされ利に誘かれ候この両端にて、右の内通をもいたしたるにて候。この外にもこれに類したる事その節迄はいかほどもこれあり、李判事一人のみにてはこれなく候。今になり候ては余威もこれなく、又相働き候とても別して益を得申す事もこれなく候らえば、判事中の心入昔には殊の外違い申す筈に御座候故、恩賜の所に別して添えられるべき御心事に候。殊に御商売方にて商人をしたしみ、訳官を疎じ候様になどこれあり候らわば、御隣好の御用向きには必ずや指し支え出来致すべく候故、了簡[17]これあるべき事に御座候。近来誰にて候や。小役人の内昔の仕形を聞き伝えおり、東萊前にて訳官の鬚を取り申し候らえば、訳官共却って憤怒いたし、その事弥埒明きかね候と申し候。これは俗説に申し候古流・当流の差別これなし[18]と申す類にて、事情・時勢を分かち申さぬ不了簡たるべく候。

注

(1) 訳官　日本語通訳官（項目1注4）。
(2) 御国　対馬藩。
(3) 御老中方の御用人　幕府老中の側近。対馬藩の対幕府交渉は総て用人と行う。
(4) 参判使　臨時使節（項目6注1）。
(5) 木綿　朝鮮木綿。公課として徴収されるため公木（こうぼく）ともいう（項目45注1）。
(6) 古館の時　豆毛浦（ともぼ）倭館の時代（一六〇九～七八年）。
(7) 久々埒（らちあ）明き申さず　長期間にわたり交渉事がうまく解決しないこと。
(8) 李判事（イはんす）　未詳。判事は日本語通訳官の総称。
(9) 内通　内々に話を通しておくこと。
(10) 拙子事　自分のこと。
(11) 東萊　東萊府使（項目1注3）。
(12) 打擲（ちょうちゃく）　なぐること。
(13) 乱後の余威　文禄・慶長の役（一五九二～九八年、項目27注6）後も残る威勢。
(14) 暴戻（ぼうれい）　残酷で非道なこと。
(15) よしは（縦は）　たとえ。仮に。
(16) 御商売　対馬藩営の私貿易。
(17) 了簡（りょうけん）　よく考えること。
(18) 古流・当流の差別これなし　昔と今のやり方を混同していること。

31　送使所務のこと

31　一、御時勢不宜候付、御送使御やとひ被成候事最早両度有之候、此後又左様之事有之間敷とも難申候、御所務御庫入ニ成候所御為之様ニハ相見ヘ候へとも、元来御家来へ他国より馳走いたし候食物を、上ニ被召上候と申事義理ニ當り可申様無之、其上異国人之存入も不宜、勿論御家中之難儀ハ無限事ニ而、當時ハ御為と見ヘ候而も、落着ハ甚御為ニ不罷成候と申所ニ心付無之候段慨嘆之極ニ候間、若も左様之沙汰申上候人有之候ハヽ、上よりハ叱責可被成事ニ御座候、

31　一、御時勢宜しからず候に付き、御送使(1)御やと(雇い)いなされ候事最早両度これあり候。この後又左様の事これあるまじきとも申しがたく候。御所務(2)御庫入(3)になり候所御為の様には相見え候らえども、元来御家来へ他国より馳走いたし候食物を、上(4)に召し上げられ候と申す事義理に当り申すべき様これなく、その上異国人の存じ入り(5)も宜しからず、勿論御家中の難儀は限りなき事にて、当時は御為と見え候ても、落着は甚だ御為にまかりならず候と申す所に心付きこれなく候段慨嘆の極(6)に候間、もしも左様の沙汰申し上げ候人(7)これあり候らわば、上

よりは叱責なされるべき事に御座候。

注

（1）送使　対馬藩が朝鮮へ派遣する使節（項目6注1）。
（2）所務　職務にともなう収益。この場合は使節が格に応じて朝鮮から下賜された食料などの支給物（日供物）をさす（項目6注5）。
（3）御庫入　藩庫に収納すること。
（4）上　対馬藩主（宗義誠）。
（5）落着は　結果的には。
（6）慨嘆の極　これ以上嘆かわしいことはない。
（7）左様の……人（馳走を取りあげようと）進言してくる者。

32　乱後の余威の変化／竹島一件（倭館）

32　一、古館之時分迄ハ朝鮮乱後之餘威有之候故、朝鮮人を無理を以押付置、訳官共其身難義之余り中間ニ而都之首尾よろしく取繕ひ、成かたき事も成り候様ニいたし候故、以二強狼ヲ一取リ㆑勝ヲ候を朝鮮を制御（セイギョ）するの良策と人々心得居候、新館ニ成候而ハ餘威も段々薄ク成り、無體ニ勝を取候事難成勢ニ成候へとも、餘威の薄ク成たると申所にハ心付無之、此方仕様之不宜故とのミ人々存居、竹嶋一件まて威力・恐喝（ケウカツ）（オドシカリ）を以勝を可取との趣ニ候へとも、七年を歴候而其事成申さぬのミならす、却而御外聞ニ妨ケ有之様ニ罷成候故、三十年来ハ右之風相止ミ、只今には先結構成事ニ候、しかし朝鮮人之才智ハ日本人之所及ニあらす候へハ、此後御處置不宜候ハヽ、世話ニ申候何某之木刀と申様ニ、あちらこちらに成可申恐有之候故、其所ニ心を可用事ニ候、四五十年以前迄ハ日本人刀を抜候へハ朝鮮人恐懼（ケウク）逃奔（タウホン）いたし候所ニ、最早十四五年ニも成可申哉、炭薪取ニ参候しだけ共を、軍官之内一人刀を抜キ追ちらし候者有之候、履（フンデ）㆑霜ヲ堅（カタキヒ）氷至（イタル）と申ハケ様之事ニ候故、有智之人ハ後来を慮可申事ニて候、

32 一、古館の時分(1)迄は朝鮮乱後の余威(2)これあり候故、朝鮮人を無理を以（もっ）て押し付け置き、訳官(3)共その身難義（なんぎ）の余り中間にて都の首尾(4)よろしく取り繕（つくろ）い、なりがたき事もなり候様にいたし候故、強狼（きょうろう）を以て勝を取り(5)候を朝鮮を制御（せいぎょ）(6)するの良策と人々心得おり候。新館(7)になり候ては余威も段々薄くなり、無体（むたい）(8)に勝を取り候事なりがたき勢になり候らえども、余威の薄くなりたると申す所には心付きこれなく、此方仕様（しよう）の宜しからず故とのみ人々存じおり、竹嶋一件(9)まで威力・恐喝（きょうかつ）を以て勝を取るべきとの趣（おもむき）に候らえども、七年を歴（へ）候(10)てその事なし申さ

ぬのみならず、却(かえ)って御外聞に妨げこれある様にまかりなり候故、三十年来は右の風(ふう)相止(や)み、只今には先ず結構なる事に候。しかし朝鮮人の才智は日本人の及ぶ所にあらず候らえば、この後御処置宜しからず候らわば、世話に申し候何某(なにがし)の木刀(11)と申す様に、あちらこちらになり申すべき恐れこれあり候故、その所に心を用うべき事に候。四、五十年以前迄は日本人刀を抜き候らえば朝鮮人恐懼逃奔(きょうくとうほん)(12)いたし候所に、最早(もはや)十四、五年にもなり申すべくや。炭薪(たんしん)(13)取りに参り候しだけ共(14)を、軍官の内一人刀を抜き追いちらし候者これあり候。霜を履(ふ)んで堅き氷に至る(15)と申すはかようの事に候故、有智(ゆうち)(16)の人は後来(こうらい)(17)を慮(はばか)り申すべき事にて候。

注

（1）古館の時分　豆毛浦(ともぽ)倭館の時代（一六〇九～七八年）。
（2）朝鮮乱後の余威　文禄・慶長の役（一五九二～九八年、項目27注6）後も残る威勢。
（3）訳官　日本語通訳官（項目1注4）。
（4）都の首尾よろしく　朝鮮王朝側の都合良いように。
（5）強狼を……取り候　乱暴者を楯(たて)にして勝つこと。
（6）朝鮮を制御(せいぎょ)する　朝鮮側を抑えて思うままにする。
（7）新館　草梁(そうりょう)倭館。創設は延宝六年（一六七八）。

（8）無体（むたい）　むやみ。
（9）竹嶋一件　元禄六年（一六九三）に始まる竹島（現在の鬱陵島）とその周辺地域の利権をめぐる日朝の係争。
（10）七年を歴（へ）候て（交渉のため）七年間かける。竹島一件の最終報告がなされた元禄十二年（一六九九）までのあしかけ七年間をさす。
（11）世話に……何某（なにがし）の木刀　誰のものか分からない木刀でも、武技の習いを怠けずこまめに世話をすればこちらの味方になって闘ってくれるが、世話を怠ればあちら側の武器となって襲ってくる、という意味（項目54注14）。
（12）恐懼逃奔（きょうくとうほん）　恐れおののき逃げまわること。
（13）炭薪（たんしん）　炭・マキ・タキギなどの燃料。「炭柴（たんさい）」ともいう（項目8注3）。
（14）しだけ共　『日葡辞書』に Xidaqe（しだけ）とあり、荷物など請け取りを命じられた下人のこと。
（15）霜を……氷に至る　霜が降るとやがて氷が張ることから、前兆を見て禍（わざわい）を戒めるたとえ。『易経』の「履霜（りそう）の戒（いましめ）」より。
（16）有智（ゆうち）の人　智恵ある人
（17）後来（こうらい）　行く末。将来。

33　「敵国」「藩屏」の語義

33　一、古来朝鮮之書キ物ニ敵國と有之候を、敵國とは對礼之国と申字義ニ候段其心得無之、ヶ様ニ御誠信を以隣好を被結候へとも、朝鮮には爾今舊怨を忘レ不被申日本をかたき国と被書候と相心得、又御国より朝鮮之ため日本之海賊を被防候と申事を書述候とて、對州ハ朝鮮之藩屏（ハンペイ）と成候とて此方之書キ物ニ書付ケ、藩屏と申言葉ハ家来之主人ニ對し申言葉ニ候と申所ニ心付無之候人有之候、ヶ様之事我々式粗学之人にハ今以其弊難免事ニ候、文字を得と讀分ヶ不申候而ハ、了簡も夫ニ應し申事ニ候へは、兎角御国之義他方とハ甚違候事ニ而、学問・才力之勝レ候人を御持不被成候而ハ、如何程上ニ心を御尽し被成候而も御隣好之筋難立可有之と存候、学力有之人を御取立被成候義、切要之御事ニ御座候、

33　一、古来朝鮮の書き物に敵国(1)とこれあり候を、敵国とは対礼の国と申す字義に候段その心得これなく、かように御誠信を以（もっ）て隣好を結ばれ候らえども、朝鮮には爾今（じこん）(2)旧怨（きゅうえん）を忘れ申されず日本をかたき国と書かれ候と相心得、又御国(3)より朝鮮のため日本の海賊(4)を防がれ候と申す事を書き述べ候とて、対州は朝鮮の藩屏（はんぺい）(5)となり候とて此方の書き物に書き付け、藩屏

と申す言葉は家来の主人に対し申す言葉に候と申す所に心付きこれなく候人これあり候。かようの事我々式粗学の人⑹には今以てその弊免れがたき事に候。文字を得と読み分け申さず候ては、了簡もそれに応じ申す事に候らえば、とかく御国の義他方とは甚だ違い候事にて、学問・才力の勝れ候人を御持ち⑺なされず候ては、いか程上⑻に心を御尽しなされ候ても御隣好の筋立ちがたくこれあるべしと存じ候。学力これある人を御取り立てなされ候義、切要の御事に御座候。

注

（1）敵国　「敵」は等しい、という意味。対等の国。
（2）爾今　今後も。
（3）御国　対馬藩。
（4）海賊　主に中世の倭寇。
（5）朝鮮の藩屏　朝鮮を護るための防禦塀。
（6）我々式粗学の人　「式」は卑下した意味をもつ接尾語。我々ごとき学問に未熟な者。
（7）御持ち　（家中に）召し抱えること。
（8）上　対馬藩主（宗義誠）。

34　炭薪は現物支給で（倭館）

34　一、館中へ入申候炭薪年中之数を積り立、其分米ニ而入候様ニいたし可然候と訳官共内々ニ而町人共へ申談し、右之町人其旨申上候處、館中遣用之薪ハ毎度水夫共ニきらせ可被指渡候故、是ハ御為宜事ニ候と申人も有之候へとも、相定りたる年條之御買米さへ未収ニいたし候朝鮮人ニ候へハ、炭薪之代りニ入来候米別条有之間敷とも難申、其上年條御買米之内を以炭薪之代と号し入来候様ニ有之候而ハ、畢竟不宜候との義ニ而右之沙汰相止ミ候、此義朝鮮人方より少も無如在、代り之米を入来候ニいたし候而も甚不宜事ニ候、其訳ハ館内ニて館守・裁判・送使僉官・御横目・不時之御使者を始メ、只今迄ハ炭薪を快ク遣ひ、其餘りハ留館之者共へも及候程ニ有之候所、上より何程ツ、と御究被成、炭薪被相渡候時、定而精ク其法相立可申候故、書付を以見申候時ハ成程きこへたる様ニ可有之候へとも、被取行候時朝鮮在留之人之難儀限もなき事ニ而可有之候、其上年中渡り候炭薪之数大分之事ニ候へハ、両御関所之改も手之届キ申事ニ而無之、此外ニも當時相知レ申さぬ指支へ如何程も出来可致候故、不了簡と申候而もヶ様之不了簡ハ又有之間敷候、此義も眼前之御ためと申所ニのミ心付候而、永々御為不宜と申所ニ思慮とゝき不申候故ニ候、惣体朝鮮之事ハ只今迄より利益有之

事ハ有之間敷候哉と致思慮候ハ皆々不宜候、何とそ只今迄之通、無別条相續いたし候様ニと可存事ニ御座候、

34 一、館中へ入れ申し候炭薪(1)年中の数を積り立て(2)、その分米にて入れ候様(3)にいたし然るべく候と訳官共(4)内々にて町人共(5)へ申し談じ、右の町人その旨申し上げ候処、館中遣用の薪は毎度水夫共にき（伐）らせ指し渡されるべく候故、これは御為宜しき事に候と申す人もこれあり候らえども、相定りたる年条の御買米(6)さえ未収にいたし候朝鮮人に候らえば、炭薪の代わりに入り来り候米別条これあるまじきとも申しがたく、その上年条御買米の内を以て炭薪の代と号し入れ来り候様にこれあり候ては、畢竟(7)宜しからず候との義にて右の沙汰相止み候。この義朝鮮人方より少しも如在(8)なく、代わりの米を入れ来り候にいたし候ても甚だ宜しからざる事に候。その訳は館内にて館守(9)・裁判(10)・送使僉官(11)・御横目(12)・不時の御使者(13)を始め、只今迄は炭薪を快く遣い、その余りは留館の者共(14)へも及び候程にこれあり候所、上(15)より何程ずつと御究めなされ、炭薪相渡され候時、定て精くその法相立て申すべく候故、書付を以て見申し候時は成程(16)きこえたる様にこれあるべく候らえども、取り行われ候時朝鮮在留の人の難儀限りもなき事にてこれあるべく候。その上年中渡り候炭薪の数大分の事に候らえば、両御関所(17)の改めも手の届き申す事にてこれなく、この外にも当時相知れ申さぬ指し支えいか程も出来

致すべく候故、不了簡と申し候てもかようの不了簡は又これあるまじく候。この義も眼前[18]の御ためと申す所にのみ心付き候て、永々御為宜しからずと申す所に思慮とどき申さず候故に候。惣体（そうたい）朝鮮の事は只今迄より利益[19]これある事はこれあるまじく候やと思慮致し候は皆々宜しからず候。何とぞ只今迄の通り、別条なく相続いたし候様にと存ずべき事に御座候。

注

（1）炭薪（たんしん）　炭・マキ・タキギなどの燃料（項目8注3・項目32注13）。

（2）年中の数を積り立て　年間の使用量を見積ること。

（3）米にて入れ候　朝鮮米に振り替えて受け取る。

（4）訳官　日本語通訳官（項目1注4）。

（5）町人　倭館渡航を許された対馬の商人。

（6）相定りたる年条の御買米　年間一定量輸入される朝鮮米。官営貿易では輸入用木綿（公木（こうぼく）、項目45注1）を米に振り替え（換米（かんまい）の制）、日本の京桝にして年間八千四百石（朝鮮桝で一万六千石（セキ））の朝鮮米が輸入される。

（7）畢竟（ひっきょう）　結果的に。

（8）如在（じょさい）なく　抜け目がないこと。

(9) 館守　倭館の統括者（項目3注3）。
(10) 裁判　外交交渉官（項目1注14）。
(11) 送使僉官　倭館に滞在する使節員。
(12) 横目　倭館で監視役にあたる。
(13) 不時の御使者　臨時の特使（参判使など、項目6注1）。朝鮮側でいう差倭のこと。
(14) 留館の者　その他倭館の在留者。
(15) 上　対馬藩主（宗義誠）。
(16) きこえたる様に　納得できるように。
(17) 両御関所　対馬北部の佐須奈と鰐浦の関所。
(18) 眼前　目先。
(19) 只今迄より利益　これまで得ていた以上の利益。

35　辛卯約条と交奸のこと（倭館）

35　一、深見弾右衛門館守之時、朝鮮之女両三人館内ニかこひ置候段相知レ、東萊より催促有之候付、不得已竊ニ館門を出し候時、館外ニ而捕へ拷問之上斬罪ニ行ひ、其相手を被出候様ニと名指いたし督責厳急ニ候所、館守より色々と申はつし、其内ニ年月も立候而終相手不被指出事相止ニ申候、其節右館守之仕形をよろしき處置ニ候と、國中ニて申たる事ニ候、寳永五子ノ年崔同知渡海訳官ニ罷渡候時、白水源七と申者交奸いたし候間刑法ニ可被行との義、礼曹より之書翰持渡り申上候處、已ニ弾右衛門時之訳も有之事ニ候間、訳官共を或ハしかり、或ハさとし、無何事相濟候様ニ被成可然候と申筋多ク有之候へとも、御評議被成候ハ、、兼而御聞被成候所朝鮮より御国を怨ミ被居候事数ヶ条有之、其内ニ第一ハ交奸之相手御出シ不被成候事、第二ハ新館営造之事ニ候而、重而信使有之候節江戸表ニ而直訴被致可然候と議論相極り居候故、若も西方之人三使ニ被罷渡候ハ、、御国御難義可被成候と朴僉知申たる由ニ候、左無之候而も義理を以申候時、御隣好之間彼国ニ而深ク禁しられ候事ハ、此方之者ニも其法を犯し不申候様ニと可被仰付事ニ而、上之仰を守り不申其法を犯し候者ハ、彼国同罪ニ不被行候とも相當之刑罰無之候而不叶筈之事ニ候故、右源七義彼国へ指渡し對決之上其罪分明ニ候ハ、、永々流罪ニ可被仰付との旨書付を以訳官へ被仰渡、書翰ハ御請取不被成候方可然候と御評議相究り、其通ニ被成候所、源七義故有之對決ハ無之候へとも、帰国之後一門中より田舎へ下し候様ニと被仰付候、其後正徳年三使被罷渡御同行被成候ニ付、若ハ交奸之事被申出候事も可有之哉との義にて、交奸之記録をも御持せ被成候所、江戸表辞見之節ニ成り候時右交奸之義果而被申出、此義弥同罪ニ可被行との御返答無之候ハ、、辞見ニも不罷出、公儀へ直訴可致との事上々官を以被申候へとも、兼而其處置被成為被置事ニ而、公儀へも御内意被仰上置候事ニ候故、御返答被成候ハ、右交奸之科人先年崔同知へ書付を以申渡候通永々流罪ニハ可申付候、同罪ニ可申付との御返答ハ不罷成候、此義公儀へ直訴被成候而も、とても同罪とは不仰付候事ニ而、日本国大慶之御使者ニ御渡候三使ヶ様之微事公儀へ御直訴ニ及候段不可然事とは存候得共、此方より御留メ申候而ハ對州之者をいとひ候私心ニ候哉との御疑可有之候故、御勧メ申ニ而ハ無之候へとも、其段御勝手次第ニ被成、此方より御取次キ申様ニ成とも、又ハ御馳走方へ御頼被成候と成とも可被成候と御返答被成候故、押而直訴被致候事も難成、夫より折り渡り落着永々流罪之約條ニ相究り、委細ハ信使記録ニ有之候、其節通詞之内より一人申候ハ、先年白水源七朝鮮へ被指渡候事、是程ニ無之候而も相濟ミ申事ニ候を、重キ御取扱ニ候ハ朝鮮之事情うとく被成御座候故ニ候と有體存候所、只今ニ成り存候へハ其節左様ニ被成不被置候而ハ此度ひしと動キ申さぬ様ニ罷成筈ニ候故、今日ニ至り奉感心候と申たる者有之候、是も時勢を弁へ不申、いつとても押付置候へハ相濟候とのミ存候故之事ニ而、今以得と落着キ不申候人ハ心服無之事ニ候、兎角義理を正し不申、押付置候而相濟候と存候ハ、後来之害を招キ可申事ニ候、

35　一、深見弾右衛門(1)館守(2)の時、朝鮮の女両三人(3)館内にかこい置き候段相知れ、東萊(4)より催

促これあり候に付き、やむをえず竊かに館門を出し候時、館外にて捕らえ拷問の上斬罪に行い、その相手(5)を出され候様にと名指しいたし督責厳急(6)に候所、館守より色々と申しはずし(7)、その内に年月も立ち候て終に相手指し出されず事相止みに申し候。その節右館守の仕形をよろしき処置に候と、国中(8)にて申したる事に候。宝永五子の年崔(9)同知(10)渡海訳官(11)にまかり渡り候時、白水源七(12)と申す者交奸(13)いたし候間(14)刑法に行われるべしとの義、礼曹(15)よりの書翰持ち渡り申し上げ候処、已に弾右衛門時の訳もこれある事に候間、訳官(16)共を或いはしかり(叱り)、或いはさとし(論し)、何事なく相済し候様になされ然るべく候と申す筋多くこれあり候えども、御評議なされ候は、兼ねて御聞きなされ候所朝鮮より御国を怨みおられ候事数か条これあり。その内に第一は交奸の相手御出しなされず候事。第二は新館営造の事(17)に候て、重ねて信使これあり候節江戸表にて直訴致され然るべく候と議論相極りおり候故、もしも西方の人三使(18)にまかり渡られ候らわば、御国御難義なされるべく候と朴僉知(19)申したる由に候。左これなく候ても義理を以て申し候時、御隣好の間彼国にて深く禁じられ候事は、此方の者にもその法を犯し申さず候様にと仰せ付けられるべき事にて、上(20)の仰せを守り申さずその法を犯し候者は、彼国同罪(21)に行われず候とも相当の刑罰これなく候て叶わざる筈の事に候故、右源七義彼国へ指し渡し対決の上その罪分明に候らわば、永々流罪に仰せ付けられるべしとの旨書付を以て訳官へ仰せ渡される。書翰は御請け取りなされず候方然るべく候(22)と御評議相究り、その通りになされ候所、源七義故(ゆえ)これあり対決はこれなく[23]候らえども、帰国の後一門中より田舎へ下し候様にと仰せ付けられ候。その後正徳年[24]三使まかり渡られ御同行なされ候に付き、もしくは交奸の事申し出られ候事もこれあるべきやとの義にて、交奸の記録をも御持たせなされ候所、江戸表辞見[25]の節になり候時右交奸の義果(は)たして申し出られ、この義弥(いよいよ)同罪に行わられるべしとの御返答これなく候らわば辞見にもまかり出ず、公儀へ直訴致すべしとの事上々官[26]を以て申され候らえども、兼ねてその処置なされ置かれたる事にて、公儀へも御内意仰せ上げられ置き候事ニ候故、御返答なされ候は、右交奸の科人(とがにん)先年崔同知へ書付を以て申し渡し候通り永々流罪には申し付くべく候。同罪に申し付くべしとの御返答はまかりならず候。この義公儀へ直訴なされ候ても、とても同罪とは仰せ付けず候[27]事にて、日本国大慶の御使者[28]に御渡り候三使かようの微事(びじ)公儀へ御直訴に及び候段然るべからざる事とは存じ候らえども、此方より御留(と)め申し候ては対州の者をいとい候私心[29]に候やとの御疑いこれあるべく候故、御勧(すす)め申すにてはこれなく候らえども、その段御勝手次第になされ、此方より御取り次ぎ申す様になすとも、又は御馳走方[30]へ御頼みなされ候となすともなさるべく候と御返答なされ候故、押して直訴致され候事もなしがたく、それより折り渡り落着し永々流罪の約条に相究(きま)り[31]、委細は信使記録[32]にこれあり候。その節通詞[33]の内より一人申し候は、先年白水源七朝鮮へ指し渡され候事、これ程にこれなく候ても相済み申す事に候を、重き御取り扱いに候は朝鮮の事情うとく御座なられ候故に候と有体(34)に存じ候所、只今になり存じ候えばその節左様になされ置かれず候ては此たびひしと(35)動き申さぬ様にまかりなる筈に候故、今日に至り感心奉り候と申したる者これあり候。これも時勢を弁え申さず、いつとても押し付け置き候らえば相済み候とのみ存じ候故の事にて、今以て得と落ち着き申さず候人は心服これなき事に候。とかく義理を正し申さず、押し付け置き候て相済み候と存じ候は、後来(36)の害を相招き申すべき事に候。

注

（1）深見弾右衛門　実名・平成紀。元禄元（一六八八）～三年、第二十三代館守。問題となる交奸事件（注12）が元禄三年に起きる。

（2）館守　倭館の統括者（項目3注3）。

（3）朝鮮の女両三人　二、三人とあるが取り調べの結果、粉伊・賤月・愛今という女性三名、それに斡旋者（四名）のうち二名が死罪となる。

（4）東萊　東萊府使（項目1注3）。

（5）相手　井手惣左衛門・日高利右衛門・市山伊兵衛・小嶋利右衛門の四名。いずれも帰国のうえ朝鮮渡航差止となる。

（6）督責厳急　矢継ぎ早に厳しく責め立てること。

（7）申しはずし　思惑をかわす。ごまかす。

（8）国中　対馬藩内。

（9）宝永五子の年　一七〇八年。戊子年。

（10）崔同知　崔尚嶫。字・延普。同知は同枢（従二品）の別名。倭館訓導（項目3注10）や渡海訳官使（注11）正使、正徳期通信使上々官などを務めた辣腕の日本語通訳官として知られ、訳官の最高位である知枢（正二品）まで昇進するが、享保六年（一七二一）、渡海訳官使として来日のとき密貿易の主犯を働き失脚する。

（11）渡海訳官　訳官が正使となり対馬へ派遣される外交使節のこと。宝永五年（一七〇八）の使行目的は、対馬藩主宗義方の江戸からの帰国を祝う「問慰行」と、長男彦千代誕生の祝賀使節を兼ねる。

（12）白水源七　六十人商人（貿易特権商人）白水甚兵衛の息子。宝永四年（一七〇七）の交奸事件の犯人とされるが、事実関係が不鮮明なまま対馬で流罪に処せられる。

（13）交奸　朝鮮女性の倭館連れ込み事件。倭館への女性立ち入りは総て売春行為と見なされる。

（14）刑法　朝鮮の刑法。交奸は寛文元年（一六六一）の事件以降朝鮮女性と斡旋者はすべて死刑。

（15）礼曹　朝鮮王朝政府（項目1注2）の六曹のひとつ。文教・外交などを司る。長官は判書、次官は参判（従二品）で対馬藩主と公文書を取り交わす。

（16）訳官　日本語通訳官（項目1注4）。

（17）新館造営の事　草梁倭館創設後、大規模家屋（大庁）の修理代総てが朝鮮側負担となり、担当官（監董官）となる訳官が朝鮮国と対馬藩の間で窮地に立つことが多くなったことをさす。具体的な「怨み」としては、初の東西館大庁の大修理を行った元禄十四年（一七〇一）、修理代の過大請求疑惑により訳官の朴有年（パクユニョン）（項目37注2）と朴再興（パクチェフン）が流罪に処せられている。

(18) 西方の人三使　朝鮮通信使の正使・副使・従事官。

(19) 朴僉知（パクせんち）　日本語通訳官の朴再昌（パクチェチャン）（項目13注18）。

(20) 上（かみ）　対馬藩主（宗義誠（よしのぶ））。

(21) 同罪　死罪。

(22) 書翰は……然（しか）るべく候　礼曹書翰を正式に受け取らないことを良策とする。仮に朝鮮王朝の公文書を公式な場で受け取れば幕府への報告と対馬宗氏の返書を要求されるため、これを回避する方策がとられた。

(23) 対決はこれなく　（朝鮮女性が白水源七との面識はないと証言を翻したため）対決する必要がなくなった。

(24) 正徳年　正徳元年（一七一一）。

(25) 辞見　帰国前の暇乞（いとまご）いの儀式。

(26) 上々官　通信使に随行する堂上訳官（項目1注4）。

(27) とても同罪とは仰せ付けず候　（日本の法慣習からみて幕府は）死罪を命じることは到底ありえない。

(28) 日本国大慶の御使者　第六代将軍（徳川家宣）就任という日本国慶事のために来日した使者。

(29) 私心　利己心。

（30）御馳走方　幕府の通信使接待役。
（31）約条　正徳元年（一七一一）成立の辛卯約条。倭館外での強姦のみ死罪、倭館内での交奸は流罪と、これまでの死罪一辺倒の処置が改められた。
（32）信使記録　正徳期信使記録『信使奉行信使江戸在留中毎日記』正徳元年十一月十日条（韓国国史編纂委員会所蔵）。
（33）通詞　対馬藩の朝鮮語通詞。
（34）有体　ありのまま。
（35）ひしと　しっかりと厳格に。
（36）後来　行く末。将来。

36　裁判への支給物／記録の充実と活用②（倭館）

36　一、或ル裁判へ朴僉知申候ハ、裁判之義ハ日本人とは申なから常ニ朝鮮より扶助いたし被置候故、別而朝鮮之事を大切ニ被存候筈ニ候處、其儀無之候とて朝廷方不平ニ被存候とはなし候故、裁判ニ扶助有之と申ハ如何様之事ニ候哉と相尋候ヘハ、年々代官方へ木綿何束ツヽ渡し候事知り不被申候哉と笑申たる由ニ候、如何様以前ハ裁判へ請取候所何之時分より之事ニ候哉、代官方へ請取、上之御所務ニ成り其訳しりたるもの無之候故ニ候、又或ル僉官是も朴僉知ニ申候ハ、此以前ハ僉官ことニ礼下程と申事有之候所、只今は別下程はかりニ而礼下程無之候故、古例之通可被致事ニ候と被申候へハ、朴僉知申候ハ夫ハ了簡違ニて候、此以前ハ朝鮮人より別下程をいたし候へハ、日本人より其返礼として礼下程といふ事をいたし候所其後相止ミ候、今之引判事ニ銀を賜り候ハ礼下程之かわりニ候と答申由ニ候、此外ニも只今之僉官中請取候麹米と申物以前ハ無之候所、御送使御借り被成候時、何送使之麹米ニ候と申代官方へ持来候を、代官方之海東ニも麹米と申事ハ無之候へとも、さてハ請取前之物と相聞へ候と申、それより申掛請取り候而最早三十年来之常例ニ成候、是ハ役人共ハ能存請取候へとも、其身之利益ニいたし置たる事と相聞候、惣体朝鮮之事ハ年を歴候ニ付、古式を取失ひ候事有之段自然之理ニ候故、朝鮮之事を取扱候人ハ随分慥ニ記し置可申事ニ候、

36

一、ある裁判(さいはん)(1)へ朴僉知(パクせんち)(2)申し候は、裁判の義は日本人とは申しながら常に朝鮮より扶助(3)いたし置かれ候故、別(べつ)して朝鮮の事を大切に存じられ候筈に候処、その儀これなく候とて朝廷方不平に存じられ候(4)とはなし(咄し)候故、裁判に扶助これあると申すはいか様(よう)の事に候やと相尋ね候らえば、年々代官方(5)へ木綿何束(そく)(6)ずつ渡し候事知り申されず候やと笑い申したる由に候。いか様(さま)(7)以前は裁判へ請け取り候所、何(いずれ)の時分よりの事に候や。代官方へ請け取り、上(かみ)の御所(しょ)

務(8)になりその訳しりたるものこれなく候故に候。又ある僉官(9)これも朴僉知に申し候は、これ以前は僉官ごとに礼下程(10)と申す事これあり候所、只今は別下程(11)ばかりにて礼下程これなく候故、古例の通り致されるべき事に候と申され候らえば、朴僉知申し候はそれは了簡違いにて候。これ以前は朝鮮人より別下程をいたし候らえば、日本人よりその返礼として礼下程という事をいたし候所その後相止み候。今の引判事(12)に銀を賜り候は礼下程のかわりに候と答え申す由に候。この外にも只今の僉官中請け取り候麹米と申す物以前はこれなく候所、御送使御借りなされ候時、何送使の麹米に候と申し代官方へ持ち来り候を、代官方の海東(13)にも麹米と申す事はこれなく候らえども、さては請け取り前(14)の物と相聞え候と申し、それより申し掛け(15)請け取り候て最早三十年来の常例になり候。これは役人共は能く存じ請け取り候らえども、その身の利益にいたし置きたる事と相聞え候。惣体朝鮮の事は年を歴候に付き、古式を取り失い候事これある段自然の理に候故、朝鮮の事を取り扱い候人は随分慥に記し置き申すべき事に候。

注

（1）裁判　外交交渉官（項目1注14）。
（2）朴僉知　日本語通訳官の朴再昌（項目13注18）。

（3）扶助　朝鮮からの支給物。「馳走」（項目6注4）とも称す。

（4）朝廷方不平に存じられ候　朝鮮王朝では（裁判の振る舞いを）不平に思っている。

（5）代官　倭館の貿易担当官。

（6）木綿　朝鮮木綿。単位は一束＝五十疋（項目45注1）。

（7）いか様　なるほど。確かに。

（8）上の御所務　藩主（宗義誠）の収益。

（9）僉官　倭館に滞在する使節員。

（10）礼下程　「下程」は（使節等への）日常の支給物（日供物）以外の賜物。それを仲介した者へ返礼として贈られるのが「礼下程」。

（11）別下程　もとは朝鮮の都へ上京した日本使節が、饗宴で使行員別に贈られた日供物以外の賜物のこと。「別下程ハ上京ノ時及下向送行ノ宴饗也、今雖不上京受之」（『家康公命和睦朝鮮対馬送使約条相定次第幷対馬私記』）とあり、上京が許されない近世にも支給された。

（12）引判事　現役を引退した訳官。

（13）海東　『海東諸国紀』のこと。朝鮮国王の命により一四七一年に申叔舟（項目54注7）が撰す。

（14）請け取り前　「前」は「分」の意味。（当然の）請け取り分。

（15）申し掛け　こちらから交渉すること。

37　訳官の能力の見分け方（倭館）

37　一、朴僉知事、其節朴同知・安同知同前ニ事を成し、御用ニ立候と申者ニ而訳中之三傑と申候所、朴同知事ハ日本人こそりて誉申者ニ而、朴僉知事ハ人ニより誉申も有之、又人ニよりにくミ申者も有之候、元来朴僉知ハ訳官中とのほか崇敬いたし候人ニて、若キ訳官なとハミたりニはなしもいたし申さぬ人品ニ而有之たる由ニ候、總体訳官之善悪を見申候ニハ、彼国の人之敬ミ憚り候人ハ行義端直の人としり、彼国之人したしミちかつき候ハ性質温柔之人としり、彼人の向背(キャウハイ)を以其人之高下を定メ可申事ニ而、是其大要たるへく候、日本人之議論はかりにてハ信用いたしかたく候、

37　一、朴僉知(パクせんち)[1]事(こと)、その節朴同知(どうち)[2]・安(アン)[3]同知同前に事をなし、御用に立ち候と申す者にて訳[4]中の三傑(けつ)[5]と申し候所、朴同知事は日本人こぞりて誉(ほ)め申す者にて、朴僉知事は人により誉め申すもこれあり、又人によりにくみ（憎み）申す者もこれあり候。元来朴僉知は訳官中とのほか崇敬いたし候人にて、若き訳官などはみだり（猥り）にはなし（咄し）もいたし申さぬ人品にてこれありたる由に候。総体[6]訳官の善悪を見申し候には、彼国の人の敬み憚(はばか)り候人は行義端直(たんちょく)[7]の人としり、彼

国の人したしみ（親しみ）ちかづき（近づき）候は性質温柔の人としり、彼人の向背(8)を以てその人の高下を定め申すべき事にて、これその大要たるべく候。日本人の議論ばかりにては信用いたしがたく候。

注

（1）朴僉知　朴再昌（項目13注18）。僉知は僉枢（正三品）の別称。

（2）朴同知　朴有年。字・子久。同知は同枢（従二品）の別称。延宝六年（一六七八）・元禄二年（一六八九）・同六年（一六九三）渡海訳官使（項目35注11）として来日。

（3）安同知　安愼徽。字・伯倫。延宝六年（一六七八）・元禄六年（一六九三）渡海訳官使として来日。

（4）訳　日本語通訳官（項目1注4）。

（5）三傑　三人の優れた人物。

（6）総体　全般的にみて。

（7）彼国の人……端直の人　朝鮮の人が尊敬して距離をおくのは行い正しく正直な人。

（8）向背　「胸背」。官服の胸と背につける身分を示す模様。「胸背　文官ハ鳳凰・鶴・其外鳥類ヲ以シ、武官ハ麒麟・獅々・虎ノ類ヲ以スト云、堂上三品以上双白鶴、堂下三品以下独鶴」（『象胥紀聞』）とある。

38　記録の充実と活用③（倭館）

38　一、送使僉官五日次（ヲイリ）請取候節、鱈・青魚之類一枚不足いたし候而も、役人共礼房・戸房と相争ひ見苦敷事も有之候、惣体他方へ使者ニ参候者、先より之仕形よろしく候へハ丁寧成ル事と存し、先より之仕形よろしからす候へハ疎末成事と存し、夫のミニて相止ミ、此方より兎や角可申道理ハ無之事勿論ニ候へハ、朝鮮之事も左のことく有之度事ニ候へとも、朝鮮之風義下々之者共別而廉恥の心薄く、利を貪り、馳走之一事ニても朝廷方・東萊之心にハ別事無之候所ニ、中間ニ而其数を減し其品をあしくいたし候事ニ候故、此方より何共不申候ハヽ、行々ハ散々ニ成可申哉との恐も有之、其節ニ成候而ハ何分之違却可有之も難斗候故、役人共より右之ことく古式をふまへ、相争候もしかと不仕事なから却而ましなる筋も有之候間、其内甚候義ハ被禁之、其他ハ先只今迄之仕来ニ被成被置候も可然哉と存候、日本人之覚違に而、むかしハケ様ニハ無之候を、段々馳走之品を悪敷いたし候と口々ニ申、弥左様ニ候哉否之義何を以考へ可申様も無之、其訳不憭候へハ彼方へ可被仰達様も無之候ニ付、以前之儀ハ可被成様も無之候、向後ハ彼方馳走之丁寧・不丁寧を以隣交之誠信・不誠信相知レ、異邦之事情を察し候一助ニ候間、送使僉官之記録ニ膳部之次第をも委細ニ書付候様ニと之事ニ而、宝永二年以来朝鮮へ罷渡候人銘々記録仕立指上候様ニ被仰付候、此義も此所ニ心付キ無之人は無用之事を被仰付置候様ニ存事ニ候故、此趣書付置候事ニ御座候、但送使僉官ニ罷渡候人、記録被仰付候主意を取り失イ、他人之いたし来候記録を見合自分之記録を相認、不時之事記し置不申候而不叶儀を却而記録ニ書載不仕候、此以前西館ニ居候人火災ニ逢候時、東莱より木綿を被送候、是等ハ非常之事ニ而別而記し置不申候而不叶事ニ御座候処、先規無之候とて書付置不申候故、追而記録ニ書キ入候様ニと被仰付候、ケ様之義折々可有之候間、送使僉官帰国之節崇信廳之内一人記録吟味之義被仰付置、若茂記し可申事を記し置不申候ハヽ、追而書キ入候様ニ被仰付可然候、

38　一、送使僉官(1) 五日次(2) 請け取り候節、鱈・青魚の類一枚不足いたし候ても(3)、役人共礼房(4)・戸房(5)と相争い見苦しき事もこれあり候。惣体(6) 他方へ使者に参り候者、先よりの仕形よろしく候らえば丁寧なる事と存じ、先よりの仕形よろしからず候らえば疎末なる事と存じ、それのみにて相止み、此方よりとやかく(7)申すべき道理はこれなき事勿論に候らえば、朝鮮の事も左のごとくこれありたき事に候らえども、朝鮮の風義下々の者共別して廉恥(8)の心薄く、利を貪り、馳走(9)の一事にても朝廷(10)方・東莱(11)の心には別事これなく候所に、中間にてその数を減じその品をあしく(悪しく)いたし候事に候故、此方より何共申さず候らわば、行く行く(12)は散々にな

り申すべきやとの恐れもこれあり。その節になり候ては何分の違却(13)これあるべきも斗りがたく候故、役人共より右のごとく古式をふまえ、相争い候もしかと仕らざる事ながら却ってましなる筋もこれあり候(14)間、その内甚しく候義はこれを禁じられ(15)、その他は先ず只今迄の仕来りになされ置かれ候も然るべきやと存じ候。日本人の覚え違いにて、むかし（昔）はかようにはこれなく候を、段々馳走の品を悪しくいたし候と口々に申し、弥左様に候や否やの義何を以て考え申すべき様もこれなく、その訳不慥に候らえば彼方へ仰せ達せらるべき様もこれなく候に付き、以前の儀はなさるべき様もこれなく候。向後(16)は彼方馳走の丁寧・不丁寧を以て隣交の誠信・不誠信相知れ、異邦の事情を察し候一助に候間、送使僉官の記録に膳部の次第(17)をも委細に書き付け候様にとの事にて、宝永二年(18)以来朝鮮へまかり渡り候人銘々記録仕立て指し上げ候様に仰せ付けられ候。この義もこの所に心付きこれなき人は無用の事を仰せ付けられ置き候様に存ずる事に候故、この趣書き付け置き候事に御座候。但し送使僉官にまかり渡り候人、記録仰せ付けられ候主意を取り失い、他人のいたし来り候記録を見合わせ自分の記録を相認め、不時の事(19)記し置き申さず候て叶わざる儀を却って記録に書き載せ仕らず候。これ以前西館におり候人火災に逢い候時、東萊より木綿を送られ候(20)。これ等は非常の事にて別して(21)記し置き申さず候て叶わざる事に御座候処、先規これなく候とて書き付け置き申さず候故、追って記録に書き入れ候様にと仰せ付けられ候。かようの義折々これあるべく候間、送使僉官帰国の節崇信庁[22]の内一人記録吟味の義仰せ付けられ置き、もしも記し申すべき事を記し置き申さず候らわば、追って書き入れ候様に仰せ付けられ然るべく候。

注

（1）送使僉官　倭館に滞在する使節員。

（2）五日次　五日次雑物の略。五日ごとに支給される乾物（雑物）（項目14注5）。

（3）鱈・青魚の類一枚不足いたし候ても　日供品の食品や酒は使者の格によって数量が異なり、帰国時に米に換えて一括支給される。その計算違いで揉めることが多かった。

（4）礼房　朝鮮側の「色吏」のこと。日供物や雑物を支給する下役人。日供色・釜倉色・支待色（膳部係）などがいる。

（5）戸房　朝鮮側の「庫子」のこと。米蔵担当の下役人。

（6）惣体　一般的に。

（7）とやかく　あれこれ。

（8）廉恥の心　恥を知る心。

（9）馳走　倭館へ派遣された使節に支給される供応物（項目6注5）。

（10）朝廷　朝鮮王朝政府（項目1注2）。

（11）東萊　東萊府使（項目1注3）。

(12) 行く行くは　将来は。
(13) 何分の違却　どれほどの規則違反。
(14) 相争い候も……これあり候　争うにしてもかえって明らかにしないほうが良かった場合もある。
(15) その内……これを禁じられ　やがてひどいときには（支給そのものを）禁じられてしまった。
(16) 向後　今後。
(17) 膳部の次第　朝鮮側が提供する饗応膳の一部始終。
(18) 宝永二年　一七〇五年。
(19) 不時の事　予定外のこと。
(20) 西館……木綿を送られ候　宝永五年（一七〇八）に倭館西館の一特送使屋西行廊（僉官屋）が焼失したとき、慰問のため朝鮮から公木（朝鮮木綿）三束と米五十石が贈られた。
(21) 別して　特別扱いにして。
(22) 崇信庁　対馬藩朝鮮方の中国風呼称。安政三年（一八五六）・文久四年（一八六四）・慶応三年（一八六七）の『出勤録』表紙に「崇信廳　眞文役中」と書かれた記録が長崎県立対馬歴史民俗資料館に現存しており、幕末期にもこの呼称を用いていたことが分かる。

39　斛桝のこと②（倭館）

39　一、朝鮮丸升之入り、三升五合と御勘定所之算用前ニ相極り居候、是ハ其節之御支配久遠を被慮候結構成御了簡と奉存候、此後御為と号し眼前之微益を見、萬一実数之通算用相立候様ニと被仰付候ハヽ、実ニ大害を招キ、是又落着御為ニ罷成間敷候間、若茂左様之所見申上候人有之候ハヽ、急度御叱責可被成事ニ候、尤此趣之儀ハ先年被仰付候而斛一件記録之跋文ニも書載仕置候、只今館内ニ而諸僉官を初メ皆々朝鮮之丸升を用候様ニ成り候ハヽ、三升五合を壱丸と申候ハ六十八年以来勘定所之算用前ニ而、彼国丸升之実数ニ而ハ無之候と申義人々存不申、元来朝鮮之丸升ハ京升三升五合ニ相當り候と覚居、多ハ朝鮮人より何品ニ而も請取候節、不案内成者ハ壱丸と申候を京升ニ而弐〔三〕升五合はかり請取候様ニ有之如何敷候間、金物ハ此元より被遣、丸升ハ春龜竹右衛門ニ被仰付新規ニ出来いたし、東莱火印有之候丸升を写し、向後ハ京升を相止右之丸升を以館内やり取仕候様被仰付可然と申上、其通ニ罷成たる事ニ候、竹右衛門へ被仰付丸升新規ニ致出来候訳ハ、兎角一斛之外京升二升三合請取候事、彼国之人加升と申觸し候故一度ハやかましき事可有之候、其節ハ丸升ニ而十五盃量り請取可申候と可申より外無之候所、古来彼方より火印いたし来候代官方之丸升古ク損し候間、任訳へ申談新規ニ拵へ候様ニとの事ニ付竹右衛門申談候へハ、存知之外容易ニ致出来候故後證のためニ候間、古キ丸升をも大切ニいたし代官方之蔵ニ入置候様ニと被仰付たる事ニ候、

39 一、朝鮮丸升(1)の入り(2)、三升五合と御勘定所の算用前(3)に相極りおり候。これはその節の御支配久遠(4)を慮られ候結構なる御了簡と存じ奉り候。この後御為(5)と号し眼前の微益を見、万一実数の通り算用相立て候様にと仰せ付けられ候らわば実に大害を招き(6)、これ又落着御為にまかりなるまじく候間、もしも左様の所見申し上げ候人これあり候らわば、急度(7)御叱責なされるべき事に候。もっともこの趣の儀は、先年仰せ付けられ候て斛一件記録(8)の跋文(9)にも書き載せ仕り置き候。只今館内にて諸僉官(10)を初め皆々朝鮮の丸升を用い候様になり候は、三升五合を一丸と申し候は六十八年以来勘定所の算用前(11)にて、彼国丸升(12)の実数にてはこれなく候と申す義人々存じ申さず、元来朝鮮の丸升は京升(13)三升五合に相当り候と覚えおり、多くは朝鮮人より何品にても請け取り候節、不案内なる者は一丸と申し候を京升にて三升五合はかり請け取り候様にこれありいかがわしく候間、金物は此元(14)より遣わされ、丸升は春龜竹右衛門(15)に仰せ付けられ新規に出来いたし、東萊(16)火印(17)これあり候丸升を写し(18)、向後(19)は京升を相止め右の丸升を以て館内やり取り仕り候様仰せ付けられ然るべしと申し上げ、その通りにまかりなりたる事に候。竹右衛門へ仰せ付けられる丸升新規に出来致し候訳は、とかく(20)一斛(21)の

外京升二升三合請け取り候事、彼国の人加升と申し触らし候故一度はやかましき事[23]これあるべく候。その節は丸升にて十五盃量り[24]請け取り申すべく候と申すべきより外これなく候所、古来彼方より火印いたし来り候代官方の丸升古く損じ候間、任訳[25]へ申し談じ新規に拵え候様にとの事に付き竹右衛門申し談じ候らえば、存知の外容易に出来致し候故後証[26]のために候間、古き丸升をも大切にいたし代官方の蔵に入れ置き候様にと仰せ付けられたる事に候。

注

（1）朝鮮丸升　朝鮮の一斗桝で、日本の京桝（注13）三升六合二勺八才に相当する。倭館で計量するとき日本の単位との混同を避けるため、朝鮮の一石をコロ（斛）、一斗をマル（丸）、升をトイと呼ぶ。

（2）入り　容量。

（3）御勘定所の算用前　（対馬藩）勘定所（特有の）計算分量。

（4）久遠を慮られ　将来のことを考えて。

（5）眼前　目先。

（6）万一実数の通り……大害を招き　丸升の実数（京桝で三升六合二勺八才）で計算するようにと命じれば（対馬藩側は）大いなる損害をこうむる。

（7）急度　厳しく。

（8）斛一件記録　宗家文書『斛一件覚書』（長崎県立対馬歴史民俗資料館所蔵）。宝永五年（一七〇八）から翌年にかけて雨森芳洲と勘定方の吉野五郎七が実施した倭館桝の調査記録。

（9）跋文　本の後書。

（10）僉官　倭館に滞在する使節員。

（11）三升五合を……算用前　万治三年（一六六〇）以来、対馬藩勘定方では朝鮮一丸＝三升五合（以前は三升三合三勺三才）の計算法がとられている。これは同年公作米（項目45注2）の輸入が増加して俵や縄を節約するため一俵あたり五斗三升入り（以前は五斗入り）にしたことに関連する。

（12）彼国　朝鮮国。

（13）京升　「京桝」。日本の標準桝。縦・横四寸九分（一寸＝約三・〇三センチ）、深さ二寸七分、容量六万四千八百二十七立方分。桝座が定期的に日本全国の桝改めを行い検定印が押されている。

（14）此元　対馬藩。

（15）春龜竹右衛門　芳洲等が朝鮮枡を調査した宝永六（一七〇九）～七年、倭館の三代官（官営貿易担当官）を務める。長く勘定方役人として主に輸出銀交渉にあたり、享保十八年（一七三三）に別代官（私貿易担当官）に就任。後に姓を「春日龜」に改める。

（16）東萊　東萊府（項目1注3）。

（17）火印　（検定済みの）焼き印。

（18）丸升を写し　（東萊府の火印がある）丸升と同じものを作る。

(19) 向後（きょうご）　今後。
(20) とかく　いずれにせよ。
(21) 一斛　朝鮮一石（セキ）のこと（注24）。ただし用いる斛桝はいわゆる「倭館桝」という、すり切り計量のために朝鮮斛桝より小ぶりに作られた一斛桝である。
(22) 京升二升三合　倭館桝（注21）で朝鮮斛桝より不足した分を京桝二升三合で補い、これで朝鮮一石（セキ）（一斛）分にする。
(23) 一度はやかましき事　かつて宝永六年（一七〇九）、渡海訳官使が京桝による加升（加棒ともいう）中止を求めて交渉に及んだことがあった。
(24) 十五盃量り　朝鮮一石（セキ）（一斛）＝十五斗（丸升で十五杯分）で計算される。
(25) 任訳　倭館担当の訳官。訓導（項目3注10）・別差（項目3注8）。
(26) 後証（こうしょう）　後日の証拠。

40　東萊府使の宴席欠席（倭館）

40　一、宴享之節ハ、東莱・釜山揃被罷出候義古来より之礼式ニ候処、封進宴席ハ粛拝有之事候故、東萊・釜山揃不被申候事ハ無之候へとも、茶礼上船宴ハ近来ゝともいたし候へハ釜山壱人ニ而相濟候様彼方よりもいたしなし、僉官中も一ツハ早ク相濟候様ニといそき、又ハ乾物（コンブリ）ニ候へハ勝手ニなり候と存、いやしき所見より少之利益ニ心を掛乾物ニ而相濟候様ニいたし候、ヶ様候而ハ後来ニ成候ハヽ、東萊出参無之様ニ罷成ニ而可有之候、毎度被加點検、東萊出参有之候様ニ僉官中礼式を相争可申之旨被仰渡、不得已宴席無之候節ハ排床（ハイシャウ）（センブ）ニ而相濟メ、乾物ニ而請取候事相止メ候様ニと御下知可被成事ニ候、捷解新語を見申候得者、古館之時之事と相見へ、宴席之節東萊・釜山ハ礼式之通宴席ニ被罷出候所、其節之正官病氣ニ托し宴席ニ罷出間敷と申候故、訳官共色々と説キさとし候言葉相見へ居申候、其節迄ハ何成共朝鮮人へ無理を申掛ヶ手柄之様ニ覚たる風義ニ候故、如何様左様之事可有之と存候、左候へハ近来東萊出参不被致候様ニ成候も、本ハ此方より付ヶ申たる癖（クセ）と存候、此外ニもよろしからさる事を仕出し、此方より付ヶ申たる癖数多有之様ニ相見へ、氣毒成事共ニ御座候、

40 一、宴享の節は、東萊(1)・釜山(2)揃（そろ）いまかり出られ候義古来よりの礼式に候処、封進（ふうしん）宴席(3)は粛拝（しゅくはい）(4)これある事に候故、東萊・釜山揃い申されず候事はこれなく候らえども、茶礼（されい）(5)上船宴は近来ややともいたし候らえば釜山一人にて相済し候様彼方よりもいたしなし、僉官（せんかん）(6)中も一つは早く相済し候様にといそぎ、又は乾物（かんぶつ）(7)に候らえば勝手になり候と存じ、いやしき（卑しき）所見（しょけん）(8)より少しの利益に心を掛け乾物にて相済し候様にいたし候。かよう候ては後来（こうらい）(9)になり候らわ

ば、東萊出参これなき様にまかりなるにてこれあるべく候。毎度点検を加えられ、東萊出参これあり候様に僉官中礼式を相争い申すべきの旨仰せ渡され、やむをえず宴席これなく候節は排床(10)にて相済め、乾物にて請け取り候事相止め候様にと御下知なさるべき事に候。捷解新語(11)を見申し候らえば、古館の時(12)の事と相見え、宴席の節東萊・釜山は礼式の通り宴席にまかり出られ候所、その節の正官(13)病気に托(14)し宴席にまかり出るまじきと申し候故、訳官(15)共色々と説きさとし（諭し）候言葉相見えおり申し候。その節迄は何なり共朝鮮人へ無理を申し掛け手柄(16)の様に覚えたる風義に候故、いか様(17)左様の事これあるべしと存じ候。左候らえば近来東萊出参致されず候様になり候も、本は此方より付け申したる癖(18)と存じ候。此外にもよろしからざる事を仕出かし、此方より付け申したる癖数多これある様に相見え、気の毒なる(19)事共に御座候。

注

（1）東萊　東萊府使（項目1注3）。

（2）釜山　釜山僉使。釜山鎮の長官。「僉使　正三品従三品モ有之、其勤所ニヨリ一階二階ノ違有之、海辺一鎮ノ大将ト云所ヲ鎮ト云」（『象胥紀聞』）とある。

（3）封進宴席　朝鮮国王への封進物を呈上し、粛拝（注4）後に宴享を行う接待儀礼。

（4）粛拝　朝鮮国王の象徴である殿牌への拝礼儀式。

(5) 茶礼上船宴　帰国前の接待儀式。「出宴席」ともいう。

(6) 僉官　倭館に滞在する使節員。

(7) 乾物　干物の総称で朝鮮語が訛って「コンブリ」と称す。生ものと違って一括支給に適しており、三食分を五日ごとに支給する「雑物」に用いられた。『隣語大方』巻一に「宴享を直に乾物で受取」の日本語に「下行」（宴享儀礼を行わず支給品だけを賜る略式の儀礼）の語をあて乾物＝下行と同義語扱いしている。底本以外の他系統本は総て「下行」とあり（原文編参照）、近世後期には「下行」が一般的であったようだ。

(8) いやしき所見　ケチな考え。

(9) 後来　将来。

(10) 排床　「排」は供える。「床」は食膳。饗応膳を供えること。

(11) 捷解新語　粛宗二年（一六七六・延宝四）康遇聖編。十巻。朝鮮で編纂された日本語学習書。

(12) 古館の時　豆毛浦倭館の時代（一六〇九～七八年）。

(13) 正官　使船の正使。

(14) 病気に托し　病気を理由に。仮病を使って。

(15) 訳官　日本語通訳官（項目1注4）。

(16) 無理を申し掛け　無理難題を交渉する。

(17) いか様　いかにも。

(18) 癖　良くない習慣。

(19) 気の毒なる事　恥ずかしいこと。

41　使節員の名代

41 一、僉官ニ名代を遣し候事、此以前一旦禁しられ候段承及候所、近来ハひたと名代之義相願被指許候、ヶ様之義も御国ハ一定之御法式無之、氣毒成事ニ御座候、

41 一、僉官(1)に名代(2)を遣わし候事、これ以前一旦禁じられ候段承り及び候所、近来はひたと(3)名代の義相願い指し許され候。かようの義も御国は一定の御法式これなく、気の毒なる事(4)に御座候。

注

(1) 僉官　倭館へ派遣される使節員。
(2) 名代　代理人。
(3) ひたと　突然。にわかに。

（4）気の毒なる事　困ったこと。

42　朝鮮に救済を求めるのは恥

42 一、周急又ハ救災と申候而彼方より米を被贈、書翰之文句ハ彼方より被心付候事之様ニも相見へ候へとも、実ハ此方より内意を被仰掛其通ニ成たる事ニ而、憐を異国ニ御乞被成候義まことに可恥の事ニ御座候、三十年来ハヶ様之義少も無之候、向後弥無之様ニ有之度事ニ御座候、

42 一、周急（しゅうきゅう）(1)又は救災と申し候て彼方(2)より米を贈られ、書翰の文句は彼方より心付けられ(3)候事の様にも相見え候らえども、実（まこと）は此方より内意を仰せ掛けられ(4)その通りになしたる事にて、憐（あわれ）みを異国に御乞いなされ候義まことに恥ずべきの事に御座候。三十年来はかようの義少しもこれなく候。向後（きょうご）(5)弥（いよいよ）これなき様にこれありたき事に御座候。

注

（1）周急（しゅうきゅう）　窮迫を助けること。
（2）彼方　朝鮮国。
（3）心付けられ　（朝鮮側から）強い関心をもたれた。
（4）内意を仰せ掛けられ　内々の意向をもちかけて。
（5）向後（きょうご）　これより後。

43　「礼儀の邦」の意味

43　一、朝鮮を礼義之邦なりと唐より申候は、外之夷狄ハやゝともいたし候へハ唐ニ叛キ申候所、朝鮮ハ代々藩王之格を失不被申、事（ツカフル）レ大（タイ）ニ之礼義正ク候との事ニ而礼義之邦と申たる事ニ而、事々礼義ニかなひたる邦と申訳ニ而ハ無之候、しかる所に朝鮮人之壁ニ唾（ツハキ）し、人の前ニ而溺器（ニヤウキ・シユビン）を用候類を見申候而、礼義之邦ニ不似合仕形ニ候と申候ハ、禮義之邦と申本語を了簡不仕言葉ニて候、勿論朝鮮ハ古式を考へ、中華之禮法を取行候事、外之夷狄ニハまさり候故、日本人之曽而心付キ無之事而已多候所、文盲成ル人ハ却而おかしき事之様ニ存し、誠ニ可恥之事ニ御座候、ケ様之所可用心事ニ御座候、

43　一、朝鮮を礼義の邦なりと唐より申し候は、外の夷狄(1)はややともいたし候らえば唐に叛き申し候所、朝鮮は代々藩王の格(2)を失い申されず、大に事うる(3)の礼義正しく候との事にて礼義の邦と申したる事にて、事々礼義にかないたる邦(4)と申す訳にてはこれなく候。しかる所に朝鮮人の壁に唾きし、人の前にて溺器(5)を用い候類を見申し候て、礼義の邦に似合わざる仕形に候と申し候は、礼義の邦と申す本語(6)を了簡仕らざる言葉(7)にて候。勿論朝鮮は古式を考え、中華の礼法を取り行い候事、外の夷狄にはまさり（勝り）候故、日本人の曾て心付きこれなき事のみ多く候所、文盲なる人(8)は却っておかしき事(9)の様に存じ、誠に恥ずべきの事に御座候。かようの所心を用うべき事に御座候。

注

(1) 夷狄　中華（中国）周辺の諸国。
(2) 藩王の格　藩属国としての位置。
(3) 大に事うる　「事大」は弱小のものが強大なものに従い仕えること。
(4) 事々礼義にかないたる邦　総ての礼儀の規範に合っている国。
(5) 溺器　尿瓶。

（6）本語（ほんご）　もとの言語。
（7）了簡仕らざる（りょうけんつかまつらざる）　理解できていない。
（8）文盲なる人　漢文の知識のない者。
（9）おかしき事　奇異なこと。

44　買米の未収（倭館）

44　一、御買米之義三十年以前より廿ヶ年程之間、未収二万俵余ニ及ひ埒明不申、其間ニ代官ニより未収を能取立候と御座候而御褒美を蒙り候も有之、又未収取り立墓（果）取不申候とて首尾不宜も有之候得共、兎角未収之数減し不申候故、未収・本前之差別なく正月より極月迄館内へ入来候米之数を、十ヶ年之間一ヶ年に何程ツヽニ候哉考見候様ニと御勘定所へ被仰付御吟味有之候處、十ヶ年之間いつの歳ニても大形壱万六千俵之内ニは入候へとも、壱万六千俵より上ニ立出候事ハ一年も無之候、左候へハ未収と存し請取候へハ本前を夫たけ減し、本前と存し請取候へハ未収と名つけ候米それたけ不入来、彼方にハいつとても壱万六千俵を以或ハ未収米と名つけ持来、或ハ本前と申持来候事ニ候を、此方には其心附キ無之、朝鮮人之侮弄をうけ、朝三暮四之内ニ而年を暮したるニ而候、御商賣之方ニも此心持必ハ可有之事ニ候、元来右三十年以前より御買米ニ未収之出来候訳ハ、去ル丁丑ノ年只今よりハ卅三年以前朝鮮国大飢饉ニ候故、御買米を相止メむかしのことく木綿を入候様ニと都より指圖有之、各官より木綿を東萊へ納候ニ付、木綿を入レ可申との事ニ候へとも、日本人請取可申様無之、其訳都へ相達し、翌戊寅ノ年前々之通米を入レ、前年丁丑之分も米ニて入候様ニと指圖有之候付、丁丑年各官より入来候木綿東萊庫ニ有之候を、其後京商安錫徴と申者引請ケ、米ニいたし館ニ入候様ニと東萊より被申付候所、安錫徴方ニ而不埒ニ成候より、丁丑一ヶ年分入来可申米無之、夫より段々未収ニ成たる事ニ候、右丁丑年飢饉ニ付木綿を各官よりをさめさせられ候より違却いたし未収ニ成候との義ハ、其砌朴僉知日本人ニ咄し申たる事ニ候へとも、朝鮮人之申分ニ候故弥実事ニ候哉否と人々疑候事ニ御座候得共、三十年来彼國之書キ物ニ相見へ候前後之様子を以考見候へハ、朴僉知申分成程実事ニて候、朝鮮人之申候事元来虚偽多ク有之候へとも、其人・其事・其勢を以能々察し不申候ハヽ、必ハ真実なる事を虚偽と心得、虚偽なる事を真実と心得申候事可有之、此所切要なる事ニて候、三十年以前より之未収ハ瀧六郎右衛門裁判之時東萊へ直ニ申達し、一旦ハ皆濟有之候所、近来ハ又々未収出来いたし候、心を可用事ニ候、

44　一、御買米(1)の義三十年以前より二十か年程の間、未収(2)二万俵余に及び埒明き申さず(3)、その間に代官(4)により未収を能く取り立て候と御座候て御褒美を蒙り候もこれある。又未収取り立て果か取り申さず候とて首尾宜しからず(5)もこれあり候らえども、とかく(6)未収の数減じ申さず候故、未収・本前(7)の差別なく正月より極月(8)迄館内へ入り来り候米の数を、十か年の間一か年に何程ずつに候や考え見候様にと御勘定所へ仰せ付けられ御吟味これあり候処、十か年の間いつの歳にても大形一万六千俵の内には入り候らえども、一万六千俵より上に立ち出し候事は一年もこれなく候。左候らえば未収と存じ請け取り候らえば本前をそれだけ減じ、本前と存じ請け取り候らえば未収と名づけ候米それだけ入り来らず、彼方にはいつとても一万六千俵を以てあるいは未収米と名づけ持ち来り、あるいは本前と申し持ち来り候事に候を、此方にはその心附きこれなく、朝鮮人の侮弄(9)をうけ、朝三暮四(10)の内にて年を暮したるにて候。御商売(11)の方にもこの心持ち必ずはこれあるべき事に候。元来右三十年以前より御買米に未収の出来り候訳は、去る丁丑(12)の年只今よりは三十三年以前(13)朝鮮国大飢饉(14)に候故、御買米を相止めむかし(昔)のごとく木綿(15)を入れ候様にと都(16)より指図これあり、各官(17)より木綿を東萊(18)へ納め候に付き、木綿を入れ申すべきとの事に候らえども、日本人請け取り申すべき様これなく、その訳都へ相違し、翌戊寅(19)の年前々の通り米を入れ、前年丁丑の分も米にて入れ候様にと指図これあり候に付き、丁丑年各官より入り来り候木綿東萊庫にこれあり候を、その後京商(20)安錫徴(21)と申す者引き請け、米にいたし館に入れ候様にと東萊より申し付けられ候所、安錫微方にて不埒(22)になり候より、丁丑一か年分入り来り申すべき米これなく、それより段々未収になりたる事に候。右丁丑年飢饉に付き木綿を各官よりおさめさせられ候より違却(23)いたし未収になり候との義は、その砌朴僉知(24)日本人に咄し申したる事に候らえども、朝鮮人の申す分に候故弥実事(25)に候や否やと人々疑い候事に御座候らえども、三十年来彼国の書き物に相見え候前後の様子を以て考え見候らえば、朴僉知申し分成程実事にて候。朝鮮人の申し候事元来虚偽多くこれあり候らえども、その人・その事・その勢を以て能々察し申さず候らわば、必ずは真実なる事を虚偽と心得、虚偽なる事を真実と心得申し候事これあるべく、この所切要(26)なる事にて候。三十年以前よりの未収は瀧六郎右衛門(27)裁判(28)の時東萊へ直に申し達し、一旦は皆済(29)これあり候所、近来は又々未収出来いたし候。心を用うべき事に候。

注

（1）御買米　公木（朝鮮木綿）を代替した公作米（項目45注2）。

（2）未収　未納分。年間の輸入規定（朝鮮枡一万六千石）に達しない分が累積したもの。

（3）埒明き申さず　なかなか処理できない。

（4）代官　貿易担当官。

（5）又未収……首尾宜しからず　再度未収米の取り立てがはかどらずに成り行きがよろしくない。
（6）とかく　いずれにせよ。
（7）本前　「前」は分量。本来輸入されるべき量。
（8）極月　十二月。
（9）侮弄をうけ　ばかにされ侮られること。原本左に「ナブリ」（嬲る＝もてあそぶ）とある。
（10）朝三暮四　当座しのぎに適当にあしらわれること。中国の狙王が猿にトチの実を朝三つ、暮れに四つ与えたところ、少ないと猿が怒ったので、朝四つ暮れ三つとしたら喜んだという『荘子』の故事に由来する。
（11）御商売　藩営の私貿易（項目1注9）。
（12）丁丑の年　元禄十年（一六九七）。
（13）三十三年以前　奥書の年（享保十三年・一七二八）が「只今」であれば、正しくは三十一年前になる。
（14）朝鮮国大飢饉　粛宗二十一年（元禄八年・一六九五）頃から朝鮮は飢饉が連続していた。
（15）木綿　朝鮮の上質木綿。公課に徴収されることから公木という（項目45注1）。
（16）都　朝鮮王朝政府（項目1注2）。
（17）各官　倭館へ米・木綿を納入する官庁。慶尚道東部地域に「下納邑」（十七邑）が指定されている。
（18）東萊　東萊府使（項目1注3）。

(19) 戊寅（ぼいん）の年　元禄十一年（一六九八）。
(20) 京商　漢城（ソウル）商人。
(21) 安錫徴（アンソンミ）　不詳。
(22) 不埒になり　不都合なことが起きる。
(23) 違却　規則違反。
(24) 朴僉知（バクせんち）　日本語通訳官の朴再昌（バクチェチャン）（項目13注18）。
(25) 実事（じつじ）　まこと。
(26) 切要（せつよう）　きわめて大切なこと。
(27) 瀧（たき）六郎右衛門　実名・平方相。享保元（一七一六）～二年、渡海訳官使の迎送裁判（さいはん）を務める。
(28) 裁判（さいはん）　外交交渉官（項目1注14）。
(29) 皆済（かいさい）　借り分を完納すること。

45　公作米の歴史（倭館）

45　一、木綿四百束之公作米壱万六千俵ニ成候ハ、其いにしへ看品之替りニ入来候千百束之木綿皆々八升木長サ四十尺有之候を入来候所、其後段々木綿悪敷成五升木三十五尺有之候を入来候付、點退（テンタイ）と申候而是をゑり除ケ請取不申、年々此事之争論相止ミ不申彼方甚難義ニ存し、天啓甲子ノ時ハ彼国木花不出来候而宜キ木綿才覚難成候間、何とそ五升木三十五尺有之候木綿を代官方へ請取、重而木花宜候節前々之通之木綿相渡候様ニ被成被下候へと、書簡を以懇望被致候事も有之候處、折節千百束余之内を四百束米ニ換へ可申と之相談初(始)り、此分米ニ換へ候へハ残りハ五升木三十五尺有之候を渡し候而も點退いたし候事も無之、便利成事ニ候と被存悦ひ候而被指許たる勢と相見へ申候、其砌迄ハ乱後之餘威有之、日本人之勢強ク彼国之恐も甚キ時分ニ候故、日本人之右木綿善悪之事ニ付目をいからかし、色をあかめ、大声をあけ訳官共を責付ケ候事を、彼国之書物ニ大イニ肆（ヘウ）ニス二咆哮（ハウカウ）ヲ一と書キ付有之候、咆哮とは虎のほゆる事ニ而、此字を以日本人之怒り候体を表し候ハ、畜生ニたとへたる言葉にてわる口ニハ候へとも、其時迄ハ日本人を虎のことくおそろしき者と彼国の人心得居候段、此文字ニ而相知レ居申候、ケ様之時勢ニ候故、四百束之木綿米ニ換り惣木綿之請取渡しニ、何之やかましき事も無之候を悦ひ被申筈之事ニ候、夫より最早六十八九年相立チ、今ニハ乱後之餘威も無之、日本人ハ年々柔弱ニ成彼国之恐は年々薄ク、其上二三十年以来ハ五升木三十五尺之内ニ價布（カッブィ）同前之木綿入来候而も此以前咆哮いたし候模様も無之、少ハ相争候而も落着ハ請取置候様ニ有之候、彼国只今之了簡ニハ公作米を相止メ千百束余之木綿、ミな／＼五升木三十五尺之木綿ニ而相濟度と被存筈之事ニ候、殊ニ此方より被遣候看品之内、銅・鑞・胡椒・丹木之類國家之經用ニ何之益も無之、其價として遣候ハ私貿易之直段よりハ十倍ニ而、朝鮮之大なる損ニ成候と彼国之書物ニ書付有之候へハ、元来看品をも止メ申度筈之事ニ候所、増而木綿を米ニ換候事ハ猶々氣毒ニ被存筈之事ニ候故、兎角一度ハ此義ニ付、やかましき事出来可致哉と、後来をはかり候へハ誠ニ寒心不少事ニ候、是迄ハ年限相満候時裁判を以御乞被成候へハ、最初ハ米を入候事成不申との返答ニ而、其後ハ又五年と年限を立被指許、米を相止メ可申と最初被申候ハ口くせの様ニ相見へ候へとも、実情やめ申度と被存候を、先ハ訳官共中間ニ而取扱候而、無別条連續いたし候事と相見へ申候、此後訳官中取扱候心入無之、無分別人有之候か、朝廷方ニ是非相止メ可申と議論を立候強抑之人有之時ハ無心元事候故、朝鮮幹事之人ハ常ニ心ニ掛ケ可申事ニ候、

45　一、木綿(1)四百束の公作米(2)一万六千俵になり候は、そのいにしえ(古)看品(3)の替りに入り来り候千百束の木綿皆々八升木長さ四十尺(4)これあり候を入り来り候所、その後段々木綿悪しくなり五升木三十五尺(5)これあり候を入り来り候に付き、点退(6)と申し候てこれをえり(撰り)取り申さず、年々この事の争論相止み申さず彼方甚だ難義に存じ、天啓甲子(7)の時は彼国木花(8)不出来候て宜しき木綿才覚なりがたく候間、何とぞ五升木三十五尺これあり候木綿を代官方(9)へ請け取り、重ねて木花宜しく候節前々の通りの木綿相渡し候様になされ下され候らえと、書

箇(10)を以(もっ)て懇望致され候事もこれあり候処、折節(おりふし)千百束余(11)の内を四百束米に換え申すべしとの相談始まり(12)、この分米に換え候らえば残りは五升木三十五尺これあり候を渡し候ても点退いたし候事もこれなく、便利なる事に候と存じられ悦び候て指(さ)し許されたる勢と相見え申し候。その砌(みぎり)迄は乱後の余威(13)これあり、日本人の勢強く彼国の恐れも甚しき時分に候故、日本人の右木綿善悪の事に付き目をいからかし、色をあかめ(14)、大声をあげ訳官共(15)を責め付け候事を、彼国の書物(16)に大いに咆哮(ほうこう)を肆(ほしいまま)にすと書き付けこれあり候。咆哮とは虎のほゆる事にて、この字を以て日本人の怒り候体(てい)を表し候は、畜生にたとえたる言葉にてわる口(悪)には候らえども、その時迄は日本人を虎のごとくおそろしき者と彼国の人心得おり候段、この文字にて相知れおり申し候。かようの時勢に候故、四百束の木綿米に換り惣木綿の請け取り渡しに、何のやかましき事もこれなく候を悦び申さる筈の事に候。それより最早六十八、九年相立ち、今には乱後の余威もこれなく、日本人は年々柔弱になり彼国の恐れは年々薄く、その上二、三十年以来は五升木三十五尺の内に価布(かふ)(17)同前の木綿入り来り候てもこれ以前咆哮いたし候模様もこれなく、少しは相争い候ても落着(18)は請け取り置き候様にこれあり候。彼国只今の了簡には公作米を相止め千百束余の木綿、みなみな(皆々)五升木三十五尺の木綿にて相済したくと存じられる筈の事に候。殊に此方より遣わされ候看品の内、銅(19)・鑞(ろう)(20)・胡椒(こしょう)(21)・丹木(たんぼく)(22)の類(たぐい)国家の経用に何の益もこれなく、その価として遣わし候は私貿易の直段(ねだん)よりは十倍にて、朝鮮の大いなる損になり候と彼国の書物(23)に書き付けこれあり候らえば、元来看品をも止め申したき筈の事に候所、増て木綿を米に換え候事は猶々（なおなお）気の毒(24)に存じられる筈の事に候故、とかく(25)一度はこの義に付き、やかましき事出来（しゅったい）致すべきやと、後来をはかり(26)候らえば誠に寒心少なからざる事に候。これ迄は年限相満ち候時裁判（さいはん）(27)を以て御乞いなされ候らえば、最初は米を入れ候事なし申さずとの返答にて、その後は又五年と年限を立て指し許され、米を相止め申すべしと最初申され候は口ぐせの様に相見え候らえども、実情(28)やめ申したくと存じられ候を、先（まず）は訳官共中間にて取り扱い候て、別条なく連続いたし候事と相見え申し候。この後訳官中取り扱い候心入れこれなく、分別なき人これあり候か、朝廷方(29)に是非相止め申すべしと議論を立て候強抑（ごうよく）(30)の人これある時は心元（こころもと）なき事に候故、朝鮮幹事の人(31)は常に心に掛け申すべき事に候。

注

（1）木綿　朝鮮木綿の上級品は公課として徴収され、公貿易（朝鮮政府との貿易）の決済品とされたことから「公木（こうぼく）」と称す。単位は一束＝五十疋。

（2）公作米（こうさくまい）　「公木を米に作（か）える」という意味で公木から代替された米。対馬藩では御買米（おかいまい）と称し、換米（かんまい）の制（項目34注6）で日本の京枡にして年間八千四百石（こく）輸入される。

（3）看品（かんぴん）　公貿易の輸出定品。銅・鑞（注20）・丹木（注22）・水牛角（黒角）など。

（4）　八升木長さ四十尺　一升＝経糸八十本（筋）。経糸六百四十本（筋）、長さ四十尺を一疋とする上質木綿。
（5）　五升木三十五尺　経糸四百本、長さ三十五尺の木綿。対馬藩はこれを「平木綿」（略して平木）と称す（『分類紀事大綱』）。
（6）　点退　劣悪な支給品をはねのけて受け取らないこと。
（7）　天啓甲子　寛永元年（一六二四）。
（8）　木花　綿花。
（9）　代官　貿易担当官。
（10）　書簡　天啓四年六月東莱府使金緻の書（韓国国史編纂委員会所蔵『對馬島宗家関係文書』書契目録、No.122　および『朝鮮通交大紀』巻六所収）。
（11）　千百束余　官営貿易（封進百三十束余、公貿易千束余）による輸入公木（価木）の総計。
（12）　相談　慶安四年（一六五一）に公木三百束を朝鮮枡で米一万二千石（俵）とし、後の万治三年（一六六〇）に百束を追加して公木四百束を米一万六千石（俵）とした。いずれも年限を五年としたため、裁判（項目1注14）が交渉して更新した。
（13）　乱後の余威　文禄・慶長の役（一五九二〜九八年、項目27注6）後の威勢。
（14）　目をいからかし　怒りで目を大きく見開くこと。
（15）　訳官　日本語通訳官（項目1注4）。
（16）　彼国の書物　『通文館志』巻五交隣。万治三年（一六六〇）、寺田市郎兵衛（橘成般）が東莱

府使に公木の増加交渉を迫る様子を「大いに咆哮を肆にす」と記している。

(17) 価布　労役や役務代わりに農民から上納された布。粗悪布が多い。

(18) 落着　決着。

(19) 銅　公貿易（朝鮮政府との貿易）の輸出定品。年間二万九千斤余。

(20) 鑞　錫のこと。公貿易の輸出定品。年間一万五千斤余。

(21) 胡椒　東南アジア産品。封進（朝鮮国王への献上品）の輸出定品。年間四千四百斤。

(22) 丹木　蘇木（スオウ）とも書き、染料として用いる。東南アジア産品。封進・公貿易の輸出定品。年間六千百斤余。

(23) 書物　『通文館志』巻五交隣。「銅鑞蘇椒等の物、国家の経用に益なきところ、折價の直則ち並べて皆私商の売買の十倍す」とある。

(24) 気の毒　気が進まないこと。

(25) とかく　いずれにせよ。

(26) 後来をはかり　将来のことを考える。

(27) 裁判　外交交渉官（項目1注14）。

(28) 実情　真実の心情。

(29) 朝廷　朝鮮王朝政府（項目1注2）。

(30) 強抑　「強欲」。ひどい欲張りのこと。原文ふりがな「ゼウノコワキ」は「性の強き」。

(31) 朝鮮幹事の人　朝鮮関係に従事する役人。

46　公作米年限裁判（倭館）

46　一、御買米之年限分明ニ裁判を以御乞被成候ハ、白水杢兵衛裁判ニ被仰付罷渡り候時より始り候、最初御買米始り候時より段々年限有之候事不存人かちニ候へとも、成程此方古キ書キ物之内ニ其趣相見へ居、毎度年限有之たるニまかひ無之候、殊ニ杢兵衛被指渡候節ハ、猶々年限無之とは難被仰遣訳有之、委細御実録ニ相見へ候故略之候、

46　一、御買米(1)の年限(2)分明に裁判（さいはん）(3)を以（もつ）て御乞いなされ候は、白水杢兵衛（しろすもくべえ）(4)裁判に仰せ付けられまかり渡り候時(5)より始まり候。最初御買米始まり候時より段々年限これあり候事存ぜざる(6)人がち（勝）(7)に候らえども、成程（なるほど）此方古き書き物(8)の内にその趣（おもむき）相見えおり、毎度年限これありたるにまがい（紛い）これなく候(9)。殊（こと）に杢兵衛指（さ）し渡され候節は、猶々（なおなお）年限これなしとは仰せ遣わされがたき訳（わけ）これあり、委細御実録(10)に相見え候故これを略し候。

注

（1）御買米　公木（こうぼく）から代替された公作米（こうさくまい）（項目45注2）。

(2) 年限　五年。
(3) 裁判（さいはん）　外交交渉官（項目1注14）。公作米の年限延期交渉のため派遣される裁判を「公作米年限裁判」と称す。
(4) 白水（しろす）杢兵衛（もくべえ）　実名・藤直良。元禄十二（一六九九）～十三年、公作米年限裁判を務める。
(5) 渡り候時　元禄十二年（一六九九）。
(6) 御買米始まり候時　慶安四年（一六五一）。
(7) 人がち（勝ち）　人が多すぎる。
(8) 古き書き物　阿比留（あびる）惣兵衛編『善隣通書』。
(9) まがい（紛い）これなく候　間違いない。
(10) 御実録　『天龍院公実録』元禄十二年六月条。

47　故意の漂着は紛争のもと（倭館）

47　一、御国船右道・左道へ漂流いたし候時、古来彼方之馳走何程と定りたる事無之、問情（ムンゼグ）ニ参り候別差指圖ニ而見合相渡し、多寡有之候所、訳官中願ニ而別差問情ニ参候事相止ミ候故、水夫共より馳走之事申掛候時、其所之役人指圖を受可申人無之、水夫共申次第ニ相渡し候故、段々申掛ヶ二三年後ニハ大分ニ成り、其旨任訳より度々館守へ相訴へ候所、折節味木弥三郎罷渡致下乗候時、水夫共馳走之事を申掛ケ、心ニ叶不申候とて萬戸を棒を以たゝき候故、彼方軍官共指揃ひ水夫共を打擲いたし、其内ニハ半死半生ニ成たる者も有之候、此砌杉村采女殿参判使ニ而御渡被成候付、右之次第御聞届被成、任訳館守之相談を以漂流馳走之格式相定り、一冊ツヽ船頭ニ御渡被成、向後右之外請取不申候様ニと為被仰付事ニ候、右二三年之間ハ漂流いたし候へハ馳走を過分にとり候益有之候付、年中一二艘ならてハ直ニ乗取候船無之、尽クわさと漂流いたし候、右之馳走水夫のミ請取候ニても無之、一船ニ乗組候侍中迄も意外之米を大分所務いたし候故、誰ありて急度申上候者も無之、ヶ様ニハ有之間敷事ニ候と二三年之間沙汰はかりニ而相濟、漸参判使渡海之時相改り候、此後若又ミたりニ漂流船多ク成り候ハヽ、上よりハ御氣を被付、其弊端之所ニ由テ出ル一を御吟味被成、早速ニ御處置可被成事ニ候、

47　一、御国船(1)右道・左道へ漂流(2)いたし候時、古来彼方の馳走(3)何程(いかほど)と定りたる事これなし。問情(もんじょう)(4)に参り候別差(べつさ)(5)指図(さしず)にて見合わせ(6)相渡し、多寡(たか)(7)これあり候所、訳官中(8)願にて別差問情に参り候事相止(や)み候故、水夫共(9)より馳走の事申し掛(か)け(10)候時、その所の役人指図を受け申すべき人これなく、水夫共申し次第に相渡し候故、段々申し掛け(11)二、三年後には大分になり、その

旨任訳(12)よりたびたび館守(13)へ相訴え候所、折節(14)味木弥三郎(15)まかり渡り下乗(16)致し候時、水夫共馳走の事を申し掛け、心に叶い申さず候とて万戸(17)を棒を以てたたき候故、彼方軍官共(18)指し揃い水夫共を打擲(19)いたし、その内には半死半生になりたる者もこれあり候。この砌杉村采女(20)殿参判使(21)にて御渡りなされ候に付き、右の次第御聞き届けなされ、任訳館守の相談を以て漂流馳走の格式相定り(22)、一冊ずつ船頭に御渡しなされ、向後(23)右の外請け取り申さず候様にと仰せ付けられたる事に候。右二、三年の間は漂流いたし候らえば馳走を過分にとり候(24)益これあり候に付き、年中一、二艘ならでは直に乗り取り候船これなく(25)、尽くわざと漂流いたし候。右の馳走水夫のみ請け取り候にてもこれなく、一船に乗り組み候侍中(26)迄も意外の米を大分所務(27)いたし候故、誰ありて急度申し上げ候者もこれなく(28)、かようにはこれあるまじき(29)事に候と二、三年の間沙汰(30)ばかりにて相済し、漸く参判使渡海の時相改り候。この後もし又みだりに漂流船多くなり候らわば、上(31)よりは御気を付けられ、その弊端の由りて出る所を御吟味なされ(32)、早速に御処置なさるべき事に候。

注

（1）御国船　対馬の船、とくに朝鮮渡航船のこと。

（2）右道・左道へ漂流　慶尚道の右道と左道（注16）。日本船が倭館のある釜山浦以外の浦口に着くことを「欠乗」「脇乗」と称し漂着扱いになる。
（3）馳走　漂着地から倭館へ航行するまで支給される乗組員への雑物。米・油・塩・魚など食料品が多い（項目6注5）。
（4）問情　事情聴取。
（5）別差　倭館勤務の日本語通訳官（項目3注8）。
（6）見合わせ　おおよそを見はからって。
（7）多寡　多いときと少ないとき。
（8）訳官中　総ての日本語通訳官（項目1注4）。
（9）水夫　漂着船の乗組員。
（10）馳走の事申し掛け　雑物支給について（強引に）要求する。
（11）段々　次から次へ。
（12）任訳　倭館勤務にあたる日本語通訳官、訓導（項目3注10）・別差のこと。
（13）館守　倭館の統括者（項目3注3）。
（14）折節　ちょうどその時節。
（15）味木弥三郎　大小姓格。正徳三年（一七一三）、朝鮮漂流民の送還使者。
（16）下乗　慶尚道右道（主に巨済・玉浦・加徳・知世浦など）へ漂着すること。左道（主に機張）への漂着は「上乗」と称す。
（17）万戸　水軍の武官。「一鎮ノ大将、正四品ヨリ六品マテモ有之ト云」（『象胥紀聞』）とあり、

「哨探将」とも称す（『草梁話集』）。

(18) 軍官　慶尚道左水営配下の水軍。

(19) 打擲（ちょうちゃく）　殴る蹴るの乱暴。

(20) 杉村采女（うねめ）　実名・平真長。正徳三年（一七一三）、徳川家宣の薨去（こうきょ）を告げる告訃（こくふ）参判使（さんばんし）（大計使）正使として倭館へ渡る。同使の都船主（使者方）を雨森芳洲が務める。

(21) 参判使（さんばんし）　臨時の特使。

(22) 漂流馳走の格式相定り　正徳三年（一七一三）上級役人・下役人・水夫の三等級別に漂流時の雑物支給額が規定された。

(23) 向後（きょうご）　これより後。

(24) 馳走を過分（かぶん）にとり　（漂流時の臨時支給により）通常の支給より余計に受け取ること。

(25) 年中一、二艘……船これなく　漂着が年間一、二艘しかなければ、現地へ出向いて直接支給物を受け取ろうという船などない。

(26) 意外　思いがけない。

(27) 所務（しょむ）　収益にすること。

(28) 誰ありて……これなく　誰も厳しいことを申し上げない。

(29) かようにはこれあるまじき事　このように（わざと漂着して雑物を受け取るようなことを）してはいけないこと。

(30) 沙汰（さた）　指図（さしず）。命令。

（31）上(かみ)　対馬藩主（宗義誠(よしのぶ)）。
（32）その弊端(へいたん)……御吟味(ぎんみ)なされ　そうした悪習が行われるようになった経緯と結果を調査されるように。

48　倭館住民の外出／館内の空き地（倭館）

48　一、日本漂流人有之候時、館守多太浦又牛厳浦へ被罷越候事、彼岸ニ館内之人古館へ参り候事、遠見嶽へ日本人上り候事、ヶ様之類朝鮮人不好事ニ候へとも、日本人之足をくひり候様ニ成り候而ハ如何ニ候故、いつ迄も古式之通ニ有之度事ニ候、且又館内閑曠(カンクワウ)之地物替ニいたし彼方へ取戻し度と之義、やゝともいたし候へハ訳官共申事ニ候、是又決而被指許間敷事ニ候、其訳御実録ニ有之候故略之候、

48　一、日本漂流人これあり候時、館守(1)多太浦(2)又牛厳浦(3)へまかり越され候事。彼岸(ひがん)(4)に館内の人古館(5)へ参り候事。遠見嶽(6)へ日本人上(のぼ)り候事。かようの類(たぐい)朝鮮人好まざる事に候らえども、日本人の足をくびり候様になり候てはいかがに候故(7)、いつ迄も古式の通りにこれありたき事

に候。かつ又館内閑曠(かんこう)の地(8)物替(ものがえ)(9)にいたし彼方へ取り戻したきとの義、ややともいたし候らえば訳官(10)共申す事に候。これ又決して指(さ)し許されまじき事に候。その訳(わけ)御実録(11)にこれあり候故これを略し候。

注

（1）館守　倭館の統括者（項目3注3）。
（2）多太浦　倭館近くの釜山浦の港（項目14注13）。
（3）牛厳浦　倭館近くの港。倭館の人は「牛岩浦(うあんかい)」と称す。対馬以外の日本人漂流民は倭館に入れず、ここで取り調べを受けて日本へ送還される。
（4）彼岸(ひがん)　春秋の彼岸会(ひがんえ)。この時期だけ日本人墓地のある古倭館（注5）行きが許される。
（5）古館　豆毛浦(ともぼ)にあった古倭館。
（6）遠見嶽　倭館北の亀峯山に遠見番所があるためここを「高遠見(たかとおみ)」と称す。一帯は金井山脈にあり、秋の紅葉の時期を中心に倭館住民の登山ルートになっている。
（7）日本人……いかがに候　日本人を館内に閉じ込め外出させないことはよろしくない。
（8）閑曠(かんこう)の地　不用の空き地。
（9）物替(ものがえ)　品物と交換すること。
（10）訳官　日本語通訳官（項目1注4）。

（11）御実録『天龍院公実録』元禄十四年（一七〇一）十二月条。

49　交奸は倭館衰微の元凶（倭館）

49　一、朝鮮人之嫌申候事をかまひ不申、日本人之不埒を不相改候而落着日本人之難義ニ成候事有之候、ヶ様之義も心得居可申事ニ候、彼国よりハ交奸を深ク被禁候所、館内之者其法を守り不申候付、最初館近邊ニ有之候百姓家を尽取拂ひ一ツ屋ニ遷し、其後呼崎之石垣不堅固候所より女を呼入候段相知レ、彼方より石垣を築可申とて俵主税館守之時人夫多勢ニ而石を運ひ候所、折節参判使在留之時ニて無用ニいたし候様ニと下知有之候付、呼崎之石垣を築候事ハ相止メ遥ニ引取り、三方ニ石垣を築キ、坂の下ニ新門を建候より館内へ朝鮮人入来候事不自由ニ成り、其後白水源七交奸之事有之候より坂の下之百姓家尽ク取拂ひ、訓導等之居所はかり残し置候様ニ成り候、いつれも館内之手番には不宜事而已ニ候、惣体一時之勝を主とし、後来を不慮候ハ日本人之風義、當時は穏便ニいたし置、後来之勝を取候ハ朝鮮之深計ニ而、智慮之優劣無是非事ニ候、兼々交奸之禁を厳密ニ被成候ハヽ、百姓家を取拂ひ候事無之筈ニ候へとも、左無之候故今ニハ館所人倫絶へたる所ニ有之、館中衰微之一端と成りたるニ

て候、

49　一、朝鮮人の嫌い申し候事をかまい申さず、日本人の不埒[1]を相改めず候て落着[2]日本人の難義になり候事これあり候。かようの義も心得おり申すべき事に候。彼国よりは交奸[3]を深く禁じられ候所、館内の者その法を守り申さず候に付き、最初館近辺にこれあり候百姓家を尽く取り払い一つ屋[4]に遷し、その後呼崎[5]の石垣不堅固に候所より女を呼び入れ候段相知れ、彼方より石垣を築き申すべしとて俵主税[6]　館守[7]の時人夫多勢にて石を運び候所、折節参判使[8]在留の時にて無用にいたし候様にと下知[9]これあり候に付き、呼崎の石垣を築き候事は相止め遥に引き取り、三方に石垣を築き、坂の下[10]に新門[11]を建て候より館内へ朝鮮人入り来り候事不自由になり、その後白水源七[12]交奸の事これあり候より坂の下の百姓家尽く取り払い、訓導[13]等の居所[14]ばかり残し置き候様になり候。いずれも館内の手番[15]には宜しからざる事のみに候。惣体一時の勝を主とし、後来[16]を慮らず候は日本人の風義。当時は穏便にいたし置き、後来の勝を取り候は朝鮮の深計[17]にて、智慮の優劣是非[18]なき事に候。兼々交奸の禁を厳密になされ候らわば百姓家を取り払い候事これなき筈に候らえども、左これなく候故今には館所人倫絶えたる所[19]にこれあり、館中衰微の一端となりたるにて候。

注

（1）不埒（ふらち）　道徳・礼儀にはずれたよろしくない振る舞い。

（2）落着　最終的に。

（3）交奸（こうかん）　倭館への女性連れ込み。

（4）一つ屋　旧草梁村の通称。かつて浜辺に一、二軒しか家がなかったことに由来する。

（5）呼崎　倭館東南角にある山。対馬から来る船はこの下をまわって倭館の港に入る。

（6）俵主税（たわらちから）　俵五郎左衛門のこと。実名・藤方元。宝永二（一七〇五）～四年、第三十二代館守を務める。

（7）館守　倭館の統括者（項目3注3）。

（8）参判使（さんばんし）　臨時の特使。この時は宝永二年（一七〇五）の立儲使（りっちょし）（将軍養子の決定報告）。正使は杉村頼母（たのも）（実名・平真弘）。

（9）下知（げち）　指図（さしず）。命令。

（10）坂の下　倭館に派遣される日本語通訳官（訓導・別差）の居所の通称（項目10注2）。

（11）新門　宝永六年（一七〇九）建立。通称「設門」。

（12）白水（しろす）源七交奸の事　宝永四年（一七〇七）に起きた交奸事件（項目35注12）。

（13）訓導（くんとう）　倭館担当の日本語通訳官（項目3注10）。

（14）居所　訓導の詰め所。後に雨森芳洲が「誠信堂（せいしんどう）」と命名する。

（15）手番（てつがい）　仕事の都合。

（16）後来（こうらい）　将来。
（17）深計（しんけい）　「心計」。心中の考え。胸算用（むなざんよう）。
（18）是非（ぜひ）なき事　言うまでもないこと。
（19）人倫（じんりん）絶えたる所　無人の場所。

50　闌出のこと（倭館）

50　一、東萊入と申事を、東萊と（を）打果に参候事之様ニも相心得、又ハ生て帰り申さぬ事之様ニも相心得、東萊入いたし候而ハ是非其事之埒を明ケ不申候而ハ不叶事之様ニも相心得候、是ハ了簡違ニ而御座候、事之品ニより宴席之次手ニ参會いたし候分ニてハ委細ニ難申尽、訳官を以申遣候而ハ意味難相達候間、兎角東萊へ罷越、面上ニ委曲可申入候と申御用之義、必ハ可有之事ニ候、其節ハ兼而届置東萊入可致事ニ而、日本向を以申候へハ、田代之役人柳川又ハ久留米ニ罷越、彼方之役人ニ對談いたし候同然之事ニ御座候、左候へハ面談之上其事之埒明候事も有之、又ハ埒明不申事も是又有之筈之事ニ而、東萊へさへ参候へハ何事ニても相濟候義と相心得可申様も無之、ミたりニ打果可申様も無之候、其内境を犯し彼方へ参候事ハ元来容易ニハいたす間敷事ニ候故、東莱へ可及面談ほとのことニても無之候所ニ、東莱へ参候事ハ訳官共難儀かり候事と存し、訳官ニいた手を當テ其事を埒明させ可申との計策ニ而、東莱入可致なと〻申候ハ不了簡たるへく候、

50　一、東莱入(いり)(1)と申す事を、東莱を打ち果し(2)に参り候事の様にも相心得、又は生きて帰り申さぬ事の様にも相心得、東莱入いたし候ては是非その事の埒(らち)を明け(3)申さず候ては叶わざる事の様にも相心得候。これは了簡違い(4)にて御座候。事の品により宴席の次手(ついで)(5)に参会いたし候分にては委細に申し尽しがたく、訳官(6)を以(もっ)て申し遣わし候ては意味相違しがたく候間、とかく東莱へまかり越し、面上(めんじょう)(7)に委曲(8)申し入れるべく候と申す御用の義、必ずはこれあるべき事に候。その節は兼ねて届け置き東莱入致すべき事にて、日本向き(9)を以て申し候らえば、田代(たじろ)(10)の役人柳川(11)又は久留米(12)にまかり越し、彼方の役人に対談いたし候同然の事に御座候。左候らえば面談の上その事の埒明き候事もこれあり、又は埒明き申さざる事もこれ又これある筈の事にて、東莱へさえ参り候らえば何事にても相済み候義と相心得申すべき様もこれなく、みだりに打ち果し申すべき様もこれなく候。その内境を犯し彼方へ参り候事(13)は元来容易にはいたすまじき事に候故、東莱へ面談に及ぶべきほどの事にてもこれなく候所に、東莱へ参り候事は訳官共難儀がり(14)候事と存じ、訳官にいた(痛)手を当てその事を埒明けさせ申すべしとの計策

にて、東萊入致すべきなどと申し候は不了簡たるべく候。

注

（1）東萊入　倭館の者が集団で東萊府へ押しかけること。
（2）東萊を打ち果し　東萊府使（項目1注3）を討ち取ること。
（3）埒を明け　決着をつける。
（4）了簡違い　考え違い。
（5）宴席の次手　宴享を開いた機会に。
（6）訳官　日本語通訳官（項目1注4）。
（7）面上（東萊府使に）直接会うこと。
（8）委曲　込み入ったこと。
（9）日本向き　日本の慣例。
（10）田代　肥前国基肄郡・養父郡の対馬藩飛地領の通称。対馬から代官が派遣される。
（11）柳川　筑後国。外様大名立花氏の居城がある。
（12）久留米　筑後国。外様大名有馬氏の居城がある。
（13）境を犯し彼方へ参り候事　日本人の立入り区域を越えて朝鮮国内へ入ること。これを朝鮮側で「闌出」と称し約条で禁じている。

（14）難儀がり　迷惑に感じさせること。

51　国による罪と罰の相違（倭館）

51　一、館内へ朝鮮人盗ニ入候時、急度死罪ニ被申付候様ニと毎度館守より任訳へ申渡し候而も其通ニハ不被執行、落着いひしらけに成候事有之候、元来盗ニも輕重有之候所、其差別無之、是非ニ死罪ニ被行候様ニと申候ハ此方之無理ニ而御座候、交奸之者彼方ニ而ハ死罪被致候得共、此方ニ而ハ永々流罪ニ被仰付候同然之事ニ而、國々之法式有之事ニ候故、向後盗を捕候ハヽ、縄下ニいたし、訳官ニ相渡、盗之輕重ニ應し彼国国法之通被致處置候様ニと館守より可被申事ニ御座候、朝鮮国之内ニ而盗いたし候者ハ其罪を糺し、館内ニ而盗いたし候者ハ指許し候と申事ハ決而無之筈ニ而、萬一訳官共方ニ而私をいたし可申ハ難斗候へとも、東萊以上之人之耳ニ入候而ハそのまゝニ而可被指置哉との氣遣ハ曾而無之事ニ而候、

51　一、館内へ朝鮮人盗みに入り候時、急度（きっと）[1]死罪に申し付けられ候様にと毎度館守[2]より任訳[3]へ申し渡し候てもその通りには執（と）り行われず、落着[4]いいじらけ[5]になり候事これあり候。元

来盗みにも軽重これあり候所、その差別これなく、是非に死罪に行われ候様にと申し候は此方の無理にて御座候。交奸(6)の者彼方にては死罪致され候らえども、此方にては永々流罪(7)に仰せ付けられ候同然の事にて、国々の法式これある事に候故、向後(8)盗みを捕え候らわば縄下(9)にいたし、訳官(10)に相渡し、盗みの軽重に応じ彼国国法の通り処置致され候様にと館守より申さるべき事に御座候。朝鮮国の内にて盗みいたし候者はその罪を糺し、館内にて盗みいたし候者は指し許し候と申す事は決してこれなき筈にて、万一訳官共方にて私(11)をいたし申すべきは斗りがたく候らえども、東萊(12)以上の人の耳に入れ候てはそのままにて指し置かれるべきやとの気遣いは曾てこれなき事にて候。

注

(1) 急度　厳しく。
(2) 館守　倭館の統括者（項目3注3）。
(3) 任訳　倭館勤務にあたる日本語通訳官、訓導（項目3注10）、別差（項目3注8）のこと。
(4) 落着　結局。
(5) いいじらけ　「言い白け」。言い争って旗色が悪くなること。
(6) 交奸　倭館への女性連れ込み。

（7）彼方にては死罪……永々流罪　交奸は発覚すると朝鮮側は死罪、日本側は流罪と処分が違っていた。正徳元年（一七一一）の辛卯約条（項目35注31）でこれが是正される。
（8）向後　今後。
（9）縄下　捕えて身体を縛ること。
（10）訳官　日本語通訳官（項目1注4）。
（11）私をいたし　自分の利益のため不法を行うこと。
（12）東莱以上の人　東莱府使（項目1注3）以上の高位の者。

52　朝鮮を侮るな

52　一、東五郎廿二歳之時、御奉公ニ被召出江戸ニ罷有候所、在勤之面々咄被申候ハ、朝鮮人ほと鈍なるものハ無之候、炭唐人と申炭を持来候者有之候所、若も炭を不持来候へハ其手ニ印判いたし、明日持来候へといひ付候へハ、翌日ハ必炭を持来り右之印判を除ケくれ候様ニと申候、大勢之事ニ候へハとれと申覚も無之事ニ而、殊ニ其印判を手前ニ而洗落し候而も相済事ニ候所、必ハケ様いたし、おかしき事ニ候と被申候故、東五郎存候ハ鈍なるニてハ有之間敷候、定而爾今乱後之餘威強キ故ニ而可有之候と存居候所、其後三十六歳之時朝鮮言葉稽古として彼地へ罷渡候所、或ル日町代官之内前々之仕形を覚居候者有之、炭唐人之炭を不持来候をしかり、上着之袖を縄に而くゝり可申といたし候へハ、右之朝鮮人殊外立腹いたし、傍ニ全別将と申訓導方之書手居申候所、是又目を怒らし、我国の人をはつかしめ候ハ如何様成事ニ候哉と散々ニ申候故、右之町代官愧縮(ギシク)いたし相止メ候、此一事ニ付候而もわつか十四五年之内ニ風義ヶ様ニ変し候、大概壬辰乱後、萬松院様御一代より光雲院様御初年迄ハ、怖(オソレ)レ之(コレヲ)たるニ而候、光雲院様中比より天龍院様御初年迄ハ、避(サケ)レ之(コレヲ)(17)たるニて候、天龍院様中比より以後ハ、狃(ナレ)レ之(コレニ)たるニて候、怖(オソレ)レ之ヲ避(サケ)レ之ヲ候時ハ彼方下手ニ成り、狃(ナレ)レ之ニ候時ハ強キハ上手ニ成り、弱キハ下手ニ成り候筈之事ニ候、天龍院様御代中比迄ハ、まだ狃(ナレ)る事の浅ニ候所、今日ニ至り候而ハ狃(ナレ)ること深ク成り候間、此後ハ乗(ノシ)レ之ニ凌(シノグ)レ之ヲと申候而威柄(イヘイ)彼方ニ移り、此方ハ却而卑屈(ヒクツ)いたし候様ニ成り可申時勢ニ候故、以二正大ヲ一為シレ心ト、以二理義ヲ一為シレ務(メト)、前後をはかり處置可致事ニ候、不レ畏(オソレ)二強禦(ケウキヨ)ヲ一不レ侮(アナドラ)二鰥寡(クワンクワ)ヲ一、剛(コワキモ)亦不レ吐(ハカ)柔(ヤワラカナルモ)亦不レ茹(クラハ)と申候ハ、世ニ處するの道を申たる言葉ニ候へとも、朝鮮と御隣交之際ニハ此心得可為切要候、

52 一、東五郎二十二歳の時、御奉公に召し出され(1)江戸にまかりあり候所、在勤の面々咄(はな)し申され候は、朝鮮人ほど鈍なるものはこれなく候。炭唐人(すみとうじん)(2)と申し炭を持ち来り候者これあり

候所、もしも炭を持ち来らず候らえばその手に印判いたし、明日持ち来り候らえといい付け候らえば、翌日は必ず炭を持ち来り右の印判を除けくれ候様にと申し候。大勢の事に候らえばどれと申す覚えもこれなき事にて、殊にその印判を手前(3)にて洗い落し候ても相済む事に候所、必ずはかようにいたし、おかしき事に候と申され候故、東五郎存じ候は鈍なるにてはこれあるまじく候。定て爾今乱後の余威強き故にてこれあるべく候(4)と存じおり候所、その後三十六歳の時朝鮮言葉稽古として彼地へまかり渡り候(5)所、ある日町代官(6)の内前々の仕形(7)を覚えおり候者これあり。炭唐人の炭を持ち来らず候をしかり（叱り）、上着の袖を縄にてくくり申すべしといたし候らえば、右の朝鮮人殊の外立腹いたし、傍に全別将(8)と申す訓導方の書手(9)おり申し候所、これ又目を怒らし、我が国の人をはずかしめ（辱め）候はいか様なる事に候やと散々に申し候故、右の町代官愧縮(10)いたし相止め候。この一事に付き候てもわずか十四、五年の内に風義かように変じ候。大概壬辰乱(11)後、萬松院(12)様御一代より光雲院(13)様御初年迄は、これを怖れたるにて候。光雲院様中比より天龍院(14)様御初年迄は、これを避けたるにて候。天龍院様中比より以後は、これに狃れたる(15)にて候。これを怖れ、これを避け候時は彼方下手になり、これに狃れ候時は強きは上手になり、弱きは下手になり候筈の事に候。天龍院様御代中比迄は、まだ狃れる事の浅きに候所、今日に至り候ては狃れること深くなり候間、この後はこれに乗してこれを凌ぐと申し候て威柄(16) 彼方に移り、此方は却って卑屈(17)いたし候様になり申すべき時勢に候故、正大[18]を以て心と為し、理義[19]を以て務めと為し、前後をはかり処置致すべき事に候。強禦[20]を畏れず鰥寡[21]を侮らず、[22]剛も亦吐かず柔らかなるも亦茹わず[23]と申し候は、世に処するの道を申したる言葉に候らえども、朝鮮と御隣交の際にはこの心得切要たるべく候。

注

（1）東五郎……召し出され　雨森芳洲は元禄二年（一六八九）、木下順庵の推挙により宗家に仕えた。

（2）炭唐人　倭館へ炭を搬入する者。炭小屋（炭幕）が倭館北の離れた所にあり、ここへ出かけることは「闌出」（不法外出）扱いになるため搬入専従の人夫がいた。

（3）手前　自分。

（4）定て……これあるべく候　明らかに今は文禄・慶長の役（一五九二～九八年）後の威勢が強いからにほかならない。

（5）三十六歳の時……まかり渡り候　雨森芳洲は元禄十六年（一七〇三）、「学文稽古」（学問と漢文の勉強）の名目で倭館へ留学し朝鮮語を修得した。

（6）町代官　代官（貿易担当官）のうち商人身分の者。

（7）前々の仕形　かつての（乱暴な）やり方。

（8）全別将　別将は万戸（項目47注17）配下の正六品の役人。

(9) 訓導方の書手　日本語通訳官訓導（項目3注10）配下の記録係。二名常駐。
(10) 愧縮　恥じて恐縮すること。
(11) 壬辰乱　文禄・慶長の役の朝鮮表記。
(12) 萬松院様　宗義智。永禄十一（一五六八）〜元和元年（一六一五）。
(13) 光雲院様　宗義成。慶長九（一六〇四）〜明暦三年（一六五七）。就封は元和元年（一六一五）。
(14) 天龍院様　宗義真。寛永十六（一六三九）〜元禄十五年（一七〇二）。就封は明暦三年（一六五七）。
(15) 狃れたる　なつく。
(16) 威柄　勢いと権力。
(17) 卑屈　気力なく品性が卑劣なこと。
(18) 正大　意志・言行が正々堂々としていること。
(19) 理義　正しい道理。
(20) 強禦　悪強く武勇に優れた者。
(21) 鰥寡　「矜寡」。身よりのない老人。
(22) 強禦……侮らず　『孔子』の不レ畏二強禦一不レ侮二矜寡一より。「強者を恐れず弱者を侮るな」の意味。
(23) 剛も……茹ず　『詩経』の柔則茹レ之剛則吐レ之（柔きは則ち之を茹い剛は則ち之を吐く）を

逆に並べたもの。「安易な方法だけをとるな」の意味。

53　竹島一件後の変化／訳官使破船一件

53　一、古館最初之時分、訳官共ニ對し東萊ハ裁判同前之人ニ候と申たるもの有之候由、是ハ不敬とも可申、又ハ文盲なるとも可申候、惣体其節ハ乱後引移り之事ニ候故、東萊之事を館守なとへ被仰遣候御年寄中之書状控、たまさか殘り居候を見申候而も、多クハ東萊と相基之様ニ相見へ、訳官共ハ御出入之町人之如キ御挨拶と相見へ、甚尊大成事ニ候、是ハ過キ申たるニ而御座候、其後竹嶋之事起り候而、朝鮮之存入何分ニ可有之候哉、隣交諸事異変ハ有之間敷哉と、人々危懼之心を懐キ候より東萊を殊外あかめ候而、能々承候へハ東萊ハ三品之人ニ候故、殿様よりハ高階ニ候へハ、慮外らしく可申事ニ無之候とて、半主人之事を申様ニ申たる人も有之候、御国ハ土地・人民を御代々被相傳候侯伯之格之御身ニ候へハ、東萊ニ比較いたすへき様無之候と申所ニ心附キ無之候段、是ハ不及ニ而御座候、惣体義を以事を制し不申候へハ、彼方驕傲ニ候へハ其勢を畏レ候而此方卑屈いたし、彼方卑屈いたし候へハ其弱をあなとり、此方驕傲ニ成候事人情之常弊ニ候故、彼方ハ如何様ニ変し候とも、此方ハ其權度(ト)をみたし不申候様ニ有之度事ニ御座候、韓同知破船いたし候時、ひとへニ裁判不念故ニ候付、裁判事屹と可被仰付事ニ候と訳官共申候而、情意叵(ガタキ)レ測(ハカリ)模様ニ候故、兎角重キ御叱り無之候而ハ朝鮮之思入不可宜と館内よりも申来り、御国ニても一廉に被仰付可然事ニ候と申候而、媚(コビ)を異邦ニ取候所見多有之候所、左傳之内ニ有之候寧(ムシロ)以レ國ヲ斃(タオルトモ)不レ可レ従ッ也と申語を被引、此方より被仰遣候ハ、海上之義ハ風ニより潮ニより父子之間ニても咫尺(シセキ)を隔テ、互ニ相救申候事成申さぬものニ候へハ、此度韓同知破船いたし候事裁判被存たる事ニ而無之候、若も裁判を科ニ行不申候ハヽ、隣交断絶いたすへきと有之候而も、左傳之本語のことく決而御許容不被成事ニ候間、此旨訳官へ急度被申聞候様ニと被仰遣候、其後ハ浮言も段々相止ミ候、諸事此心持ニ有之度事ニ御座候、兎角以レ義ヲ自守候時ハ、ミたりニ躁惑(ソウワク)畏(イ)縮(シク)いたし候事ハ無之筈ニ候、

53　一、古館最初の時分(1)、訳官(2)共に対し東萊(3)は裁判(さいはん)(4)同前(どうぜん)の人に候と申したるものこれあり候由。これは不敬とも申すべく、又は文盲なるとも申すべく候。惣体(そうたい)その節は乱後引き移りの事(5)に候故、東萊の事を館守(6)などへ仰せ遣わされ候御年寄中(7)の書状控(ひかえ)、たまさか残りおり候を見申し候ても、多くは東萊と相碁(そうご)(8)の様に相見え、訳官共は御出入の町人の如き御挨拶と相見え、甚だ尊大なる事に候。これは過ぎ申したるにて御座候。その後竹嶋の事(9)起り候て、朝

鮮の存じ入り何分にこれあるべく候や、(10)隣交諸事異変はこれあるまじきやと、人々危懼(11)の心を懐き候より東萊を殊の外あがめ候て、能々承わり候らえば東萊は三品の人(12)に候故、殿様よりは高階(13)に候らえば、慮外(14)らしく申すべき事にこれなく候とて、半ば主人の事を申す様に申したる人もこれあり候。御国(15)は土地・人民を御代々相伝えられ候侯伯(16)の格の御身に候らえば、東萊に比較いたすべき様これなく候と申す所に心附きこれなく候段、これは及ばずにて御座候。惣体義を以て事を制し申さず候らえば、彼方驕傲(17)に候らえばその勢を畏れ候て此方卑屈致し、彼方卑屈いたし候らえばその弱きをあなどり〔侮り〕、此方驕傲になり候事人情の常弊(18)に候故、彼方はいか様に変じ候とも、此方はその権度(19)をみだし申さず候様にこれありたき事に御座候。韓同知(20)破船いたし候時(21)、ひとえに〔偏〕裁判不念(22)故に候に付き、裁判事屹(23)と仰せ付けられるべき事に候と訳官共申し候て、情意測り叵き(24)模様に候故、とかく重き御叱りこれなく候ては朝鮮の思い入れ宜しくべからずと館内よりも申し来り(25)、御国にても一廉(26)に仰せ付けられ然るべき事に候と申し候て、媚を異邦に取り候所見多くこれあり候所、左伝(27)の内にこれあり候寧ろ国を以て斃るとも従うべからざる也(28)と申す語を引かれ、此方より仰せ遣わされ候は、海上の義は風により潮により父子の間にても咫尺(29)を隔て、互に相救い申し候事なし申さぬものに候らえば、此たび韓同知破船いたし候事裁判存じられたる事にてこれなく候。もしも裁判を科に行い申さず候らわば隣交断絶致すべきとこれあり候ても、左伝の本語のごとく決して御許容なされざる事に候間、この旨訳官へ急度（きっと）申し聞かされ候様にと仰せ遣わされ候。その後は浮言も段々相止（や）み候。諸事この心持ちにこれありたき事に御座候。とかく義を以て自ら守り候時は、みだり（猥り）に躁惑畏縮（そうわくいしゅく）(30)いたし候事はこれなき筈に候。

注

（1）古館最初の時分　豆毛浦（ともぼ）倭館（古倭館）が創設された十七世紀初めの頃。
（2）訳官　日本語通訳官（項目1注4）。
（3）東萊　東萊府使（項目1注3）。
（4）裁判（さいはん）　外交交渉官（項目1注14）。
（5）乱後引き移りの事　文禄・慶長の役（一五九二〜九八年）後間もない頃のこと。
（6）館守　倭館の統括者（項目3注3）。
（7）御年寄　対馬藩の家老。
（8）相棊（そうご）　「相互」の当て字。ここでは「対等」の意味。
（9）竹嶋の事　元禄六年（一六九三）に起きた竹島一件（項目32注9・10）。
（10）朝鮮の存じ入り……候や　朝鮮側の思惑は（これから）どうなるのだろうか。
（11）危懼（きく）　危ぶみ恐れること。
（12）三品の人　東萊府使は正三品または従三品。

(13) 殿様よりは高階　対馬藩主（従四位下）よりも高位。
(14) 慮外（りょがい）　意外なこと。思いもよらないこと。
(15) 御国　対馬藩。
(16) 侯伯（こうはく）の格　国持大名格。この頃の対馬藩は十万石格。
(17) 驕傲（きょうごう）　奢りたかぶること。
(18) 常弊（じょうへい）　常に変わらぬ弊害。
(19) 権度（けんど）　つり合い。
(20) 韓同知（ハンどうち）　韓天錫（ハンチョンソク）。字・聖初。同知は同枢（従二品）の別名。元禄十六年（一七〇三）に渡海訳官使（項目35注11）正使となるが破船のため対馬沖で遭難死。
(21) 破船いたし候時　元禄十六年（一七〇三）、渡海訳官使一行（百八名）が嵐による破船で遭難死した事件。
(22) 裁判不念（ぶねん）　訳官迎送使の裁判を務めた山川左衛門の不注意。裁判は別船に乗船していたため遭難を免れた。
(23) 屹（きつ）と　「屹度」「急度」。厳罰に処すること。
(24) 情意測（はか）り回（がた）き模様　（水難事故の遺族の）感情は測りがたい様子。
(25) 館内（ひとかど）よりも申し来り　（激昂した遺族が倭館を襲撃した旨）館守から報告があった。
(26) 一廉（ひとかど）　相応（の処罰）。
(27) 左伝（さでん）　左丘明（伝）による『春秋左氏伝』の略。『春秋』（中国の史書。前四八〇年頃成立）

の解釈書「春秋三伝」のなかで最も文学性に富む。

(28) 寧(むし)ろ……従うべからざる也　いっそ国が滅亡することになろうとも（異国に媚を売るような施策に）従うべきでない、という『左伝』の一節。

(29) 咫尺(しせき)　近い距離。

(30) 躁惑畏縮(そうわくいしゅく)　騒がしく惑い、あるいは畏(おそ)れて気持が縮むこと。

54　「誠信」とは実意なり／記録の充実と活用④

54　一、誠信之交と申事人々申事ニ候へとも、多ハ字義を分明ニ不仕事有之候、誠信と申候ハ実意と申事ニて、互ニ不レ欺カ不レ争ハ、真実を以交り候を誠信とは申候、朝鮮とまことの誠信之交を可被取行と思召候ニ成候而ハ、送使をも尽ク御辞退被成、すこしも彼国之造作ニ御成不被成候時ならてハまことの誠信とハ難申、其訳彼国之書藉を見申候へハ底意之所レ在相知レ申候、しかし此段容易ニ成申事ニても無之、只今迄仕来候事ハ彼国よりも容易ニ相改可申とも被申間敷候間、何とそ仕来ハ先其通ニ被成被置、此上ニ実意御取失ひ無之候様ニ被成度事ニ候、日本ノ人ハ其性獷悍ニシテ難ニ以レ義ヲ屈シ一と申叔舟之文ニも相見へ候而、彼国之弊竇(ヘイトウ)大分ニ候へとも、送使接待を初メ爾今無別条連續いたし候ハ獷悍之性を恐レられ候より事起りたるニ而御座候、乱後之餘威今には甚薄ク成候へハ、此後對州之人従前武義之習ひを失ひ惰慢之心ニ成候ハヽ、必ハ前ニ申候通何某の木刀と申ことく成行可申故、朝鮮幹事之人ハ其心得肝要之事に御座候、兎角朝鮮之事情を精ク知り不申候而ハ、事ニ臨ミ何之了簡可仕様も無之、浮言・雑説ハいかほと有之候而も益無之候故、經国大典・考(攷)事撮要等之書、幷阿比留惣兵衛仕立候善隣通交、松浦儀右衛門仕立候通交大記(紀)、及分類記(紀)事・紀事大綱を常ニ熟覧いたし、前後を考へ處置いたすへき事ニ候、

享保拾三戊申年十二月廿日　　雨森東五郎

54　一、誠信の交わりと申す事人々申す事に候らえども、多くは字義を分明に仕らざる事これあり候。誠信と申し候は実意(1)と申す事にて、互に欺かず争わず、真実を以て交わり候を誠信とは申し候。朝鮮とまことの誠信の交りを取り行われるべしと思し召し候になり候ては、送使(2)をも尽く御辞退なされ、すこしも彼国の造作(3)に御なりなされず候時ならではまことの誠信とは申しがたく、その訳彼国の書籍(4)を見申し候らえば底意のある所相知れ申し候。しかし

此段容易になし申す事にてもこれなく、只今迄仕来(しきたり)(5)候事は彼国よりも容易に相改め申すべくとも申されまじく候間、何とぞ仕来は先ずその通りになされ置かれ、この上に実意御取り失いこれなく候様になされたき事に候。日本の人はその性獷悍(こうかん)(6)にして義を以て屈しがたしと申叔舟(シンスクチュ)(7)(8)の文にも相見え候て、彼国の弊竇(へいとう)(9)大分に候らえども、送使接待を初め爾今(じこん)別条なく連続いたし候は獷悍の性を恐れられ候より事起りたるにて御座候。(10)乱後の余威(11)今には甚だ薄くなり候らえば、この後対州の人従前(じゅうぜん)(12)武義の習いを失い惰慢(たまん)(13)の心になり候らわば、必ずは前に申し候通り何某(なにがし)(14)の木刀と申すごとくなり行き申すべき故、朝鮮幹事の人(15)はその心得肝要の事に御座候。とかく(16)朝鮮の事情を精(くわ)しく知り申さず候ては、事に臨み何の了簡仕るべき様もこれなく、浮言・雑説はいかほどこれあり候ても益これなく候故、経国大典(17)、攷事撮要(18)等の書、幷(ならびに)阿比留(あびる)惣兵衛仕立(19)(した)て候善隣通交(20)、松浦儀右衛門(21)仕立て候通交大紀(22)、及び分類紀事・紀事大綱(23)を常に熟覧いたし、前後を考え処置いたすべき事に候。

享保十三戊申(ぼしん)(24)年十二月二十日

雨森東五郎

注

(1) 実意　本意。誠の心。
(2) 送使　対馬藩が派遣する使節（項目6注1）。
(3) 造作（ぞうさ）　費用がかかること。具体的には使節に支給される馳走（項目6注5）や倭館の改築経費など朝鮮側の負担。
(4) 彼国の書籍　『通文館志』巻五交隣。たとえば差倭（さわ）（臨時使節）への負担について「亶（まこと）に往くを厚くし来るを薄くするの典を用い、其の供豊かにて其の賜優る」とあり、大国が小国を憐れむ朝貢体制を朝鮮側の「底意」とみる。
(5) 仕来（しきたり）　以前からの慣例。
(6) 獷悍（きょうかん）　野蛮で荒々しいこと。
(7) 申叔舟（シンスクチュ）　一四一七～七五年。朝鮮王朝における最高位の領議政を務める。嘉吉三年（一四四三）通信使書状官として来日し、『海東諸国紀』（一四七一年）の著者としても知られる。
(8) 文　『海東諸国紀』序。原文は「習性は強悍（こうかん）にして剣槊（けんさく）に精（たくみ）なり（中略）、之（これ）を撫するに其の道を得ば、則ち朝聘は礼を以（もっ）てし、其の道を失えば、則ち輒（たちま）ち肆（ほしいまま）に剽窃（ひょうせつ）せん」。
(9) 弊竇（へいとう）　弊害。
(10) 爾今（じこん）別状なく……御座候　（朝鮮側の負担が大きいにもかかわらず）これまで変わらず（接待などが）連続しているのは、（倭寇や朝鮮の役など）乱暴な性格が恐れられていることに発端している。

(11) 乱後の余威　文禄・慶長の役（一五九二～九八年、項目27注6）後の威勢。
(12) 従前　以前からの。
(13) 惰慢　怠り、なまけること。
(14) 何某の木刀　武技を怠らなければこちらの味方となるが、怠ればあちらの武器になって襲ってくる、という意味（項目32注11）。
(15) 朝鮮幹事の人　朝鮮関係に従事する役人。
(16) とかく　いずれにせよ。
(17) 経国大典　崔恒・金國光等共編。世祖（在位一四五五～六八年）の特命により編纂を開始し、増補・改訂により一四八五年に完成。朝鮮王朝の基本的法典。
(18) 攷事撮要　一五五四年、魚叔権が編纂し、一六三六年、崔鳴吉が増編。接待倭人事例など事大交隣についての記事や、日常生活に必要な一般常識を掲載した朝鮮王朝時代の日用小百科全書。
(19) 阿比留惣兵衛　諱・恒久。？～宝永七年（一七一〇）。元禄六年（一六九三）に始まる竹島一件（項目32注9・10）の交渉役を務める。この時、対馬に交渉記録が欠如することを痛感し元禄十一年（一六九八）、藩命により『善隣通書』三十四冊をまとめる。初めて慶長六年（一六〇一）から元禄九年（一六九六）までの日朝外交文書が収録された。
(20) 善隣通交　五巻。完成年代は宝永期（一七〇四～一一年）。『善隣通書』（注19）の検索の便をはかるための抄録増補版として阿比留惣兵衛が編纂した。
(21) 松浦儀右衛門　諱・允任。号・霞沼。延宝四（一六七六）～享保十三年（一七二八）。元禄元

年（一六八八）に十三歳で宗義真（よしざね）に仕え、五十三歳で亡くなるまで雨森芳洲と共に対馬の名儒者として知られた。

(22) 通交大紀　正式な書名は『朝鮮通交大紀』。全十巻。享保十年（一七二五）松浦儀右衛門（注21）撰。応安元（一三六八）～正徳六年（一七一六）に高麗・朝鮮王朝と日本との間で交わされた外交文書集。巻九・十に、天正十八年（一五九〇）に来日した通信使副使・金誠一（キムソンイル）の日本紀行文『海槎録』が収録されている。

(23) 分類紀事・紀事大綱　対馬藩朝鮮方の紀事大綱取立役が、日朝間の出来事を書状・日記・記録類から抜粋した史料集。これをもとに年代や項目別に『分類紀事大綱』が編纂される。初回の『分類紀事大綱』は享保六年（一七二一）に本編三十八巻が完成。朝鮮方の越常右衛門が中心となり、寛永十一年（一六三四）から正徳三年（一七一三）の記事が収録された。さらに享保十二年（一七二七）には附録二巻が追加完成し、ここには本編にない一四八二年の朝鮮の告身（官職辞令書）をはじめ対馬の旧家に伝来する古文書類が収録され、中世から近世初期にかけての貴重な史料集となっている。

(24) 享保十三戊申（ぼしん）年　一七二八年。

原文編

この「原文編」は、底本（芳洲会本）と文章・文字が最も異なる「斎藤本」との相違を番号を付して「　」内に示し、その部分についての「鷹田本」（鷹）、「蔵瀬寛政本」（寛）、「蔵瀬天保本」（天）、「韓国本」（韓）の表記を下に示した。底本および他系統写本については、「はじめに」を参照。

1　一、朝鮮交接之儀ハ第一人情事勢を知り候事肝要ニ而候其内筋々を分チ①諸事了簡②可致事ニ候筋々と申候ハ是ハ朝廷方之了簡③ニ阿つ可り候事是ハ東萊之了簡ニ出候事是ハ訳官共者可らひニ候事是ハ商人共仕形ニ候事と夫々ニ分チ④候而思慮を加へ宜ニ應し處置い多し候を筋々を分ツ⑤と盤申候堂とへハ御買米之義又ハ⑥宴享等之義ハ両国誠信之上ゟ約條⑦相究り⑧彼国朝廷ニ知レ居候⑨事ニ候故御米之⑩快ク入来候哉否又ハ宴享⑪例式之通ニ有之候⑫哉否之義ハ朝廷方東萊之了簡⑬ニ阿つ可り候事ニ而御商賣⑭之儀ハ利分有之合方よろしく候へハ荷物を持来り合方不宜候へハ荷物を持来不申専ラ商人之仕形ニ有之事ニ候然所⑮ニ御買米又ハ宴席等之儀ニ付急度可申立事ニ候而⑯も御商賣⑰ニ指支⑱可申哉与存候而扣之若又商物持来り候事不足ニ候可⑲又ハ⑳時節遠ひ候得者東萊へ申達し何とそ御商賣㉑順便ニ成り候様ニと存候類ハ筋を分チ申さぬ不了簡ニ而候此以前㉒偽舩之事有之候時㉓最初ハ厳ク㉔被仰掛候御了簡㉕之様ニ相見へ候處其後御商賣㉖ニ㉗支可申哉と裁判㉘方ゟ申来り候ニ付㉙其沙汰大槩ニ而相止ミ候ケ様之類㉚其筋之分チ無之人情事勢ニうときと可申候惣体㉛日本内之事ニ候へハ是ハ商人ニ申候㉜事是ハ町奉行へ申候㉝事是ハ御老中方へ申入候事と申差別自然と其勘弁人々有之事㉞ニ候へとも朝鮮之事ニ成候へハやゝともい多し候得ハ混雑い多し候故其所ニ心を用可申事ニ候

芳洲会本　斎藤本

(1)「分チ」…「分て」　薦「分ケ」　寛「分」　天韓「分チ」
(2)(3)「了簡」…「量簡」　薦寛天韓「了簡」
(4)「ニ分チ」…「を分」　薦「分チ」　寛「分」　天韓「ニ分」
(5)「分ツ」…「分ル」　薦「分ツ」　寛天韓「分」
(6)「又ハ」…「亦ハ」　薦「亦ハ」　寛「亦者」　天「又ハ」　韓「ま多ハ」
(7)「約條」…「約定」　薦寛天「約条」　韓「約條」
(8)「究り」…「極候」　薦「極り」　寛韓「究」　天「極」
(9)「知レ居候」…「知与ハ申」　薦天「知レ居申」　寛「相知居申」　韓「知レ居申候」
(10)「米之」…「買米」　薦「買米」　寛天「買米之」　韓「買米の」
(11)「宴享」…「宴席」　薦寛天韓「宴席」
(12)「有之候」…「被成」　薦寛天韓「有之候」
(13)「了簡」…「量簡」　薦寛天韓「了簡」
(14)「商賣」…「商買」　薦「商買」　寛「買米」　天韓「商賣」
(15)「所ニ」…「處」　薦「處ニ」　寛韓「處」　天「所ニ」
(16)「ニ候而」…「ニ而」　薦寛天韓「ニ候而」
(17)「商賣」…「商買」　薦韓「商買」　寛「買米」　天「商賣」
(18)「指支」…「差支」　薦寛天韓「差支」

(19)「可」…「歟」 薦「歟」 寛韓「哉」 天「可」
(20)「又ハ」…「亦者」 薦寛天「又ハ」 韓「満多盤」
(21)「商賣」…「商買」 薦「商買」 寛天韓「商賣」
(22)「此以前」…「以前」 薦寛韓「以前」 天「此以前」
(23)「時」…「節」 薦寛天韓「時」
(24)「厳ク」…「厳敷」 薦天「厳敷」 寛「厳鋪」 韓「厳ク」
(25)「了簡」…「量簡」 薦寛天韓「了簡」
(26)「其後御商賣」…「御商買」 薦寛韓「御商賣」 天「其後御商賣」
(27)「支」…「碍」 薦寛天韓「支」
(28)「裁判」…「裁半」 薦寛天韓「裁判」
(29)「候ニ付」…「候付」 薦寛「候付」 韓「候ニ付」 天（欠字）
(30)「之類」…「類」 薦寛天韓「之類」
(31)「惣体」…「惣躰」 薦寛韓「惣躰」 天「惣体」
(32)「ニ申候事」…「江申㕝」 薦「ニ申候事」 寛韓「ニ申事」 天「江申候事」
(33)「候事」…「㕝」 薦天韓「候事」 寛「事」
(34)「勘弁人々有之事」…「勘弁無之候而人々不叶㕝」 薦天「勘弁人々有之事」 寛「勘弁人々在之事」 韓「勘辨人々有之候事」

2　一、商賣(1)之事商人之数(2)を定メ御国と貿易い多し候様ニと朝廷方ゟ許し被置たる事ニ候故(3)或ハ商人之事ニ付可申達訳有之(4)候可又ハ別開市を望候(5)可又ハ人參等ニてくらう(6)をい多し候事ハ朝廷ゟ是又禁し被置多る事ニ候故姦曲無之様ニと申達候類ハ各別之事ニ候荷物を大分持来候様ニなと丶下知を頼ミ候事ハ誠ニ無益之事ニ候彼方合方よ路しく候へハ分明ニ刑罰を蒙り候事ニ候へとも潜商之族尓今不断候を以見候得ハ彼方合方よ路し可ら須候へハ如何程朝廷東萊より被申付候とて利益無之商賣(7)を可致様無之候故商賣(8)之儀ハ朝廷方(9)東萊之阿つ可り被申事尓て無之候古来歴々(10)之内商賣(11)ニ加り被居候と申咄も有之公儀之荷物と申持来候事今とても有之候故商賣之儀ハ朝廷方東萊之阿つ可り被申候事ニ而無之候(12)とハ被申間敷と申筋(13)も可有之候是又混雑之所見ニ候間(14)能々可有勘弁事御座候

芳洲会本　　斎藤本

(1)「商賣」…「商買」　薦「商買」　寛天韓「商賣」
(2)「之数」…「を類」　薦寛天韓「之類」
(3)「たる事ニ候故」…「候様」　薦「多る事ニ候故」　寛「堂る事ニ候故」　天「たる事ニ候故」　韓「堂る事ニ候ゆへ」
(4)「訳有之」…「在之」　薦寛天韓「訳有之」

（5）「可」…「歟」　薦天韓「可」　寛「歟」
（6）「てくらう」…「手くら」　薦「てくら」　寛天「手くら」　韓「而くら」
（7）（8）「商賣」…「商買」　薦「商買」　寛天韓「商賣」
（9）「朝廷方」…「朝廷」　薦寛天韓「朝廷」
（10）「古来歴々」…「古来之暦々」　薦寛「古来之暦々」　天「古来ハ歴々」　韓「古来之歴々」
（11）「商賣」…「商買」　薦「商買」　寛天韓「商賣」
（12）「無之候」…「無之」　薦寛天韓「無之候」
（13）「筋も」…「筋」　薦韓「筋」　寛「筋ニ而」　天「筋茂」
（14）「ニ候間」…「候而」　薦「候而」　寛「候間」　天「へ候間」　韓「ニ候間」

3

一、撤供撤市（テツケウテツシ）(1)い多し候へハ對州之人ハ嬰兒（エイジ）の乳（チ）を絶（タチ）(2)候ことくニ候と彼国之人常ニ申事ニ而此方ニい多手を阿て候第一之上策と存居申候小川又三郎舘守之時舘内之者銀奉（ウンボギ）(3)と申朝鮮人を殺し中川ニ志づめ置候を朝鮮人共右之死骸を取出し候段東萊へ相聞若も其相手を日本人出し不申候ハヽ、撤供撤市（テツケウテツシ）(4)い多し候様ニと被申付候傳令別差呉判事懐中い多し居見せ申候其節訓別(5)より不申出候内ニ(6)舘内ゟ右之科人之事申出候者有之早速舘守被召捕候故右(7)之傳令を出し候ニも(8)不及候キ此後ニても(9)御国ゟ不埒成義被仰掛(10)候可又ハ不埒成被成方有之候ハヽ、成程御商賣(11)

之支(12)ニ成候事も可有之候得共可被仰立事越被仰直(13)候時無體ニ撤供撤市(テツケウテツシ)(14)い多須へき様無之候日本人之儀ハ御商賣を性命のことく第一切要(15)ニい多し候と申事能々存居候故間尓盤訳官共計策ニ而開市を志ぶらせ候而見せ候事若も有之候とも左様之節ハ前々も申候通其筋を分チ事之大小輕重を勘弁し弥(16)開市ニ相碍ル事ニ候哉否と申了簡(17)肝要之事ニ候

芳洲会本　斎藤本

（1）「撤供撤市(テツケウテツシ)」…「撤供撤市」　薦寛天韓「撤供撤市」
（2）「嬰兒(エイジ)の乳(チ)を絶(タチ)候」…「嬰児之乳を絶」　薦「嬰兒ノ乳を絶(タツ)」　寛「嬰兒之乳越絶」　天「嬰児之乳を絶候」　韓「嬰児の乳を絶候」
（3）「銀奉(ウンボギ)」…「銀奉(ウンボク)」　薦「雲奉(ウンボク)」　寛「銀奉(ウンボク)」　天「銀奉(ウンボギ)」　韓「銀奉(ウンホク)」
（4）「撤供撤市(テツケウテツシ)」…「撤供撤市」　薦寛天韓「撤供撤市」
（5）「訓別」…「訓差」　薦「別差」　寛「訓導別差」　天「訓別」　韓「導差」
（6）「候内ニ」…「内」　薦「候内に」　寛「候内尓」　天「候内」　韓「候内ニ」
（7）「右之」…「右」　寛天韓「右之」　薦（欠字）
（8）「ニも」…「ニ者」　薦「ニ茂」　寛天「ニも」　韓「而も」
（9）「ニても」…「迚も」　薦天「とても」　寛「迚も」　韓「登ても」
（10）「仰掛」…「仰懸」　薦寛天「仰掛」　韓「仰揃」
（11）「商賣」…「商買」　薦「商買」　寛天韓「商賣」

(12)「支」…「閊」　薦「支」（右朱書入「差」）　寛「差支」　天韓「支」
(13)「仰直」…「仰立」　薦天韓「仰立」　寛「仰直」
(14)「撤供撤市（テッケウテッシ）」…「撤供撤市」　薦寛天韓「撤供撤市」
(15)「第一切要」…「切要」　薦天韓「第一切要」　寛「切要」
(16)「弥」…「愈」　薦天「いよ〳〵」　寛韓「弥」
(17)「了簡」…「量簡」　薦寛天韓「了簡」

4　一、御買米之儀朝廷ニてハ別事無之候へとも東萊又ハ訳官共申合せ中間ニ而滞らせ候事毎々有之由ニ候利を貪り候ハ華夷（クワイ）(1)同然(2)之事ニ而廉明（レンメイ）(3)之役人常ニ可有之ニても無之候(4)故此所氣を付ケ可申事ニ候

芳洲会本　斎藤本
(1)「華夷（クワイ）」…「華夷」　薦「華夷（ミヤコ）」　寛天「華夷」　韓「華（ミヤコ）」
(2)「同然」…「同前」　薦寛天韓「同前」
(3)「廉明（レンメイ）」…「廉明」　薦「廉明（スクナル）」　寛天韓「廉明」
(4)「無之候」…「無之」　薦寛韓「無之」　天「無之候」

5　一、御買米ニ沙石(1)もミを雑ヘ又ハ水を和し持来候事専釜山役人監官等牌（カングワンドグハイ）(2)之仕形与相聞ヘ候間此後又左様之事候ハヽ、舘内之役人共申合せ宴享之節右之米を俵な可ら東莱前へ持出テ訴候様ニ致し候義第一之處置と存候得共舘内ニ而米を請取候ニ(3)斛之外ニ(4)小舛を加へ候義来歴(5)有之仕来多る事と盤相見へ候得共分明ニ其訳志連可多き所有之候故東莱申分ニ(6)加舛有之候故右之仕形ニ候段役目之者共申候間加舛を相止メ候様ニなとゝ有之時辨論ニ屈し可申哉与之恐有之候仍是右之義終ニ申上(7)たる事無之候斛舛之義も大要ハ其筋相立チ斛一件記録ニ委細記し置候(8)間此後加舛之訳(9)弥分明ニ成候ハヽ、其節(10)こそ右之通東莱へ直訴致させ候仕形可然候

芳洲会本　斎藤本

(1)「沙石」…「砂石」　薦韓「沙石」　寛「砂石」　天（文欠）

(2)「監官等牌（カングワンドグハイ）」…「監官等牌等」　薦寛「監官等牌等」　天「監官等牌等（カングワントグバイ）」　韓「公作米西館米等」

(3)「請取候ニ」…「受取候節」　薦寛天韓「請取候節」

(4)「外ニ」…「外」　薦寛天韓「外」

(5)「来歴」…「来暦」　薦寛「来暦」　天韓「来歴」

(6)「申分ニ」…「申分」　薦寛「申分」　天「申分ンニ」　韓「之分」

（7）「申上」…「申達」　薦寛天韓「申達」
（8）「候間」…「候」　薦寛天韓「候」
（9）「弥」…「愈」　薦寛天韓「弥」
（10）「こそ」…「ハ」　薦「ハ」　寛天韓「者」

6　一、送使ニ罷渡り候ハ貿易の多めニ罷渡候事と相心得可申候朝鮮之書ニハ商舩と有之送使之外別段之御用有之被指渡（1）候ハ使者と申事ニ候送使ニ罷渡候人多クハ何事ニ付罷渡候と申事曾而其心付キ（2）無之ひとへニ馳走をうけ候ため罷渡候と存居候族有之氣毒成事ニ候公儀へ前々ゟ被仰上候ハ両国誠信之訳を以年中ニ弐十五舩（3）ツ、被指渡（4）候と（5）被仰上置（6）商舩与申事ハ終ニ被仰上無之候精キ御尋無之候ハ、此方ゟ商舩と申事被仰上候ニハ及申間敷候

芳洲会本　斎藤本
（1）「指渡」…「罷渡」　薦寛天韓「差渡」
（2）「心付キ」…「心得」　薦寛韓「心得」　天「心付キ」
（3）「弐十五舩」…「二拾五舩」　薦「弐十五舩」　寛天韓「弐拾五舩」
（4）「指渡」…「差渡」　薦寛韓「差渡」　天「差越」

（5）「と」…「者」　薦韓「与」　寛天「と」
（6）「置」…「置候」　薦寛天韓「置候」

7　一、兼帯送使之事ハ(1)御内證之御約束ニ而公儀へ相知レ候事ニてハ無之候志可し御尋有之候時彼方願ニま可せ弊を省候多め数十年兼帯ニい多し来候と被仰上候ハヽ別事有之間敷候御国漂舩を兼帯ニ被成候も同然(2)之心持ニ候但此等之事義理ニ當り(3)多る事ニても無之候故光明(クワウメイ)正大(セイタイ)(4)之人君上ニ御立被成候節ハ必ハ相改り申ニて可有之候

芳洲会本　斎藤本
（1）「事ハ」…「義」　薦天「義ハ」　寛韓「儀者」
（2）「同然」…「同前」　薦寛天「同前」　韓「同然」
（3）「當り」…「中り」　薦「中り」　寛「中」　天韓「當り」
（4）「光明正大(クワウメイセイタイ)」…「光明正大」　薦寛天韓「光明正大」

8　一、日本へ唐人共商賣(1)ニ叅候而も糧米炭柴(リヤウマイタンサイ)(2)を給し馳走被成候事も(3)無之候所貿易のため

罷渡候送使を彼方ゟ馳走被致候訳ハ胡人之開市のため中国ニ来候ハ遠人(4)を綏(5)春ると申事(6)ニ而驛馬を給し糧食を具ら連候段宋史ニも相見へ朝鮮も其例ニ準しら連たるニて候彼方ニとり候而ハ寛大之處置ニて此方ニとり候而ハ心尓安し可多き事ニて候

芳洲会本　斎藤本

(1)「商賣」…「商買」　薦「商買」　寛天韓「商賣」
(2)「糧米炭柴」…「糧米炭柴」　薦寛天韓「糧米炭柴」
(3)「事も」…「叓」　薦寛天韓「事」
(4)「遠人」…「遠人」　薦寛天韓「遠人」
(5)「綏」…「綊」　薦「綊」（右朱書入「綏」）　寛「綊」　天韓「綏」
(6)「申事」…「申」　薦寛天「申」　韓「申候て」

9　一、彼地(1)へ罷渡候人定りたる日数之馳走をうけ日数之外ニ出候へハ乗越迄請取可申とい多し候所(2)ニ色々之用事ニ託し日数之内ニ帰国い多し候儀甚(3)以不聞事ニ候此儀ハ決而被指許間(4)敷事ニ候若も不得已(5)用事有之帰国い多し候者ハ逗留之日数多け馳走をうけ相残候分ハ辞退い多し候へと急度可被仰付事ニ候ヶ様之儀朝鮮ハ別段之事之様(6)ニ相心得(7)へ歴々(8)ニても日数之内ニ帰国可致と存候族間ニハ有之不義之名を残し御国之風義悪敷候と朝鮮人存込候而ハ上之御外聞不宜候と申所ニ心付無之候段[9]可嘆之事ニ候三十年[10]来者其弊相止ミ候へとも其以前迄ハ[11]御家中扶助のためと有之被遣間敷キ別使を被遣毎度論談ニ及候事[12]有之畢竟ハ上之御ため不宜事ニ候

芳洲会本　斎藤本

(1)「彼地」…「彼方」　薦寛天韓「彼地」
(2)「所ニ」…「處」　薦「處」　寛「処」　天韓「所ニ」
(3)「甚以」…「甚」　薦寛天韓「甚以」
(4)「指許」…「差許」　薦寛天「差免」　韓「差許」
(5)「不得已」…「不得止」　薦寛「不得止」　天韓「不得已」
(6)「様ニ」…「様」　薦「様」(右朱書入「ニ」)　寛「様」　天韓「様ニ」
(7)「心得へ」…「心得」　薦寛天韓「心得」
(8)「歴々」…「暦々」　薦天韓「歴々」　寛「暦々」
(9)「候段」…「段」　薦寛天韓「候段」
(10)「三十年」…「三拾年」　薦「卅年」　寛天「三拾年」　韓「三十年」
(11)「以前迄ハ」…「已前迄」　薦「已前迄」　寛天韓「以前迄」
(12)「論談ニ及候事」…「論談及亊」　薦「論談ニ及事」(右朱書入「候」)　寛「論談ニ及事」　天「及論談候事」　韓「論談ニ及候事」

10 一、送使僉官ミ多りニ坂之下訳官之宅へ參候義不宜事ニ[1]候

(1) 芳洲会本 斎藤本「事ニ」…「事」 薦天韓「事ニ」 寛「叓ニ」

11 一、朝鮮ニ[1]相務候御役人舘守裁判一代官ハ勿論之事ニ[2]候其外ニハ隣交之義ニ付通詞[3]より切要成役人ハ無之候人ニ寄候而[4]ハ言語さへよく通候へハ相済候と存候へとも聊以左様ニてハ無之候人柄もよ路しく才角(覚)[5]有之義理を辨へ上之事を大切ニ存候者ニて無之候而ハ誠の御用ニ立候通詞と盤難申必定害ニハ成候[6]とも利益有之間敷候故随分とも[7]其人を御撰被成候義肝要之御事尓て[8]且又只今之通[9]御宛行輕ク候而ハ畢竟御為ニ不罷成事ニ[10]候右通詞之義至而切要成ル役人ニ候と申訳一々ニハ難申尽候

(1) 芳洲会本 斎藤本「ニ」…「江」 薦天「ニ」 寛韓「尓」
(2)「事ニ」…「事」 薦寛天韓「事ニ」

(3)「通詞」…「通辞」　薦寛天韓「通詞」
(4)「而」…「得」　薦寛天韓「而」
(5)「才角（覚）」…「才覺」　薦寛天韓「才覚」
(6)「成候」…「成」　薦「成」（右朱書入「候」）　寛「成」　天韓「成候」
(7)「随分とも」…「随分」　薦寛天韓「随分」
(8)「尓て」…「候」　薦「ニ而」　寛韓「ニ候」　天「ニ而候」
(9)「通」…「通詞」　薦寛「通詞」　天「通通詞」　韓（文欠）
(10)「事ニ」…「事」　薦寛天「事ニ」　韓（文欠）

12　一、通詞取次い多し候節訳官共と中間ニ而申合候事を人ニ寄り何事を申候哉此方之申分を直ニ彼方へ達し彼方被申①候事を直ニ此方②へ申候へハ相済候所ニ仕形難心得③候と不審を立候人有之候是ハ通詞共中間ニ而申合勿論不宜事も可有之候へとも事ニ寄り甚宜キ事も有之候故一槩ニ疑可申事尓て無之候ヶ様之義も人情事勢ニ心を用申候④人ハ自然と相知申事ニ⑤候已ニ正徳信使之時何日ニ御首途被成候与被仰遣候を三使尓盤其日⑥御出船被成候事と相心得⑦弥⑧出船之覚悟ニ候段⑨相聞候故其日ハ御首途被成候而出船ハ今暫間可有之之旨⑩被仰遣候へハ却而被仰分之様ニ被存是非出船可致との事ニ而⑪裁判通詞を以被仰論候而も承引無之前日ニ成り御用人被遣候而も快キ返答無之晩景ニ成り上々官を以御屋鋪へ出船之義被申上仁位孫右衛門取次ニ而何とそ明日出船仕度存候[12]と懇望向之口上ニ相聞へ候故東五郎申候ハ以前[13]より之信使諸事　殿様へ御ま可せ被申候様子[14]無之此度之信使茂先頃朝鮮出船之砌護行之御使者ニかまひ無之殊[15]信使屋之様子を見申候所今早[16]ゟ段々鍋釜迄[17]船ニ乗せ候体[18]ニ候へハ只今之口上中々懇望向之口上ニてハ[19]無之是非明日致出船候間左様[20]ニ御心得被成候様ニ与之望[21]之口上ニ而可有之候此方様ニハ懇望之口上之様ニ被思召容易ニ御返答被成明日ニ至り直ニ出盘被致候様ニ有之候而ハ御外聞残所[22]無之事ニ候間通詞を御呼被成三使ゟ之口上まつ春くニ申上候様ニ被仰付可然候と[23]申山城弥左衛門御呼被成候[24]ニ付東五郎弥左衛門へ申候ハ皆達事之敗[25]ニ成不申候様ニと大切ニ被存取繕連候段[26]成程左様可有之事ニ候得共今日之義ハ大切之事ニ候間上々官共申候口上之趣まつ春くニ無遠慮被申上可然候と申候へハ左候ハヽ上々官申聞候三使ゟ之口上ハ順も弥可宜之旨[27]船将共申候ニ付明日[28]弥致出船候間　殿様ニハ跡より御仕舞被成次第御出船可被成候との趣[29]に御座候と申候故夫ゟ驚入らせら連御家中一統夜之内ニ長壽院へ相詰メ翌早[30]三使押而出船被致[31]候ハヽ、指留候様[32]ニと被仰付多る事ニ候ヶ様之義ハ通詞之[33]申分を聞候而も可加了簡[34]事ニ候右之外送使僉官朝鮮之事勢不案内之上[35]ゟ當らさる事を譯官へ被申候時中間ニ而宜ク取扱ひ又ハ訳官共申分ニより送使僉官ゟ早速返答難成可有之と存候事ハ訳官方[36]を於さへ置相應ニ送使僉官江申候而當座を繕候事茂有之候ヶ様之儀ニ付候而も兎角通詞之義ハ切要之役人ニ而候

芳洲会本　斎藤本

（1）「彼方被申」…「被申」　薦「彼方被申」（右朱書入「ゟ」）　寛「彼方よ里申」　天「彼方ゟ申」　韓「彼方申事」
（2）「此方へ」…「此方」　薦寛韓「此方へ」　天「此方江」
（3）「心得」…「得心」　薦天韓「心得」　寛「得其意」
（4）「申候」…「候」　薦韓「申候」　寛天「候」
（5）「事ニ」…「事」　薦韓「事ニ」　寛「叓ニ」　天「事ニ而」
（6）「其日」…「其日越」　薦寛天韓「其日」
（7）「相心得」…「被心得」　薦天「被心得」　寛「被得心」　韓「心得」
（8）「弥」…「愈」　薦天韓「弥」　寛「愈」
（9）「ニ候段」…「尓」　薦寛韓「ニ」　天「ニ候段」
（10）「之旨」…「旨」　薦寛天韓「旨」
（11）「ニ而」…「ニ候ハ、」　薦寛天韓「ニ而」
（12）「存候」…「候」　薦寛天「存候」　韓「存」
（13）「以前」…「已前」　薦「已前」　寛天韓「以前」
（14）「申候」…「申」　薦寛天韓「申候」
（15）「殊」…「殊ニ」　薦「殊ニ」（右朱書入「も」）　寛天「殊ニ」　韓「殊尓」
（16）「今早」…「今朝」　薦「今早」（右朱書入「朝」）　寛天「今朝」　韓「今早」

（17）「迄」…「等迄」　薦寛天韓「迄」
（18）「体」…「躰」　薦寛「躰」　天韓「体」
（19）「ニてハ」…「ニ而」　薦寛天韓「ニ而」
（20）「左様ニ」…「左様」　薦韓「左様ニ」　寛天「左様」
（21）「与之」…「と」　薦「与之」　寛「と」　天「と之」　韓「登之」
（22）「残所」…「残候所」　薦「残ル所」　寛「残所」　天「残処」　韓「残處」
（23）「可然候」…「可然」　薦寛天韓「可然」
（24）「候ニ」…「候」　薦「候」　寛天韓「候ニ」
（25）「之」…「ニ」　薦寛天韓「之」
（26）「候段」…「段」　薦天韓「候段」　寛「し段」
（27）「弥可宜之旨」…「宜可在之旨」　薦「宜ク可有之間」（右朱書入「候旨」）　寛「宜有之候間」
天「好く可有之旨」　韓「宜鋪可然候旨」
（28）「弥」…「愈」　薦寛天韓「弥」
（29）「候との」…「との」　薦「与の」（右朱書入「候」）　寛「候との」　天韓「与之」
（30）「翌早」…「翌朝」　薦「翌早」（右朱書入「朝」）　寛韓「翌早」　天「翌早朝」
（31）「押而出船被致」…「出船被致」　薦「出帆被致」　寛「被致出船」　天「押而被致出帆」　韓
「出舘被致」
（32）「指留候様ニと」…「差留候様ニ」　薦「差留候様ニ与」　寛「指留候様ニと」　天「差留候様

ニと」 韓「差留候様ニ登」
(33)「通詞之」…「通詞ニ」 薦寛韓「通詞之」 天「通詞」
(34)「了簡」…「量簡」 薦寛天韓「了簡」
(35)「事勢」…「事」 薦寛韓「事」 天「事勢」
(36)「訳官方」…「訳官之方」 薦「譯官之方」 寛天「訳官之方」 韓「訳官方」

13 一、日本与朝鮮とハ諸事風義違ひ嗜好(1)も夫ニ應し違ひ候故左様之所ニ勘弁無之日本(2)之風義を以朝鮮人へ交候而ハ事ニより喰違候事多ク有之候右何日ニ首途と被仰遣候事も日本尓ハ首途と乗船との(3)違ひ有之候得共朝鮮ニハ首途と申事可有之様も無之殊ニ首途ハミちを者しむると書堂る文字ニ候得者文字之上ニても乗船之事と相見へ(4)候所より右之喰違ひ出来多るニ而候(5)是故享保信使之節ハ御出船之(6)日限を兼而被仰入首途之義ハ不被仰入候此外ニも日本ニて宜キと存候事(7)を朝鮮人ハ不宜と相心得日本ニ而不宜と存候事を朝鮮人ハ宜(8)候と存候事限（カギリ）茂(9)無之事ニ候故朝鮮幹事（カンズ）(10)之人ハケ様之所尓心を用可申事ニ候朝鮮ハ専ラ中華を学候風義(11)ニ候故書物之上ニ而得与(12)唐之風義を合点い多し候へハ十ニ八九(13)迄ハ朝鮮之風義も推而(14)知レ申事ニ候兎角学問無之候而ハ此義も(15)難成事ニ候日本ニ而ハ歴々(16)之輿（ヨ）夫（フ）(17)寒天(18)ニも尻をまくり鑓持挾箱持ハ假鬚（カシユ）を塗（ヌ）(19)り足拍子を取り候而定而朝鮮人之心ニ里つ者なると存可申可と思候へハ朝鮮人之心ニハ尻をまくり候を無禮と見假鬚を塗り候ハ㒵形なる事(20)と存し足拍子を取り候ハ労役を招キ候不調法なる事ニ候と内々ニ而笑候より外ハ(21)無之又朝鮮人之心尓盤其身共の喪を(22)務哭（ツトメコク）泣（キフ）(23)い多し候体(24)日本人見申候而ハ感し可申と存候へハ介くハ阿さ介り候様(25)ニ有之候此類尓て日本朝鮮志尚（シシヤウ）(26)之阿る所(27)を察し可申事ニ候此以前國王之庭ニハ何を種へ被置候哉と尋候人有之朴僉知返答(28)ニ麦を種へ被置候と申候得ハ扨々下国(29)に候と手を打笑多る人有之候定而草花の類少ニても不被種置候事ハ有之間鋪候へとも國王之御身ニ而稼穡（カショク）(30)を御忘連無之と申候ハヽ古来人君之美徳（ビトク）(31)ニい(32)多須事ニ候故定而日本人感し可申と存右之ことく答候所ニ却而日本之嗤り(33)を受申候諸事此心得可有之事ニ候

芳洲会本　斎藤本

(1)「嗜好」…「嗜好（スキ）」　薦寛天「嗜好」　韓「嗜好（スキコノミ）」

(2)「日本」…「人本」　薦寛天韓「日本」

(3)「との」…「之」　薦「之」（右朱書入「ト」）　寛天「与之」　韓「との」

(4)「相見へ」…「相聞」　薦韓「相見へ」　寛天「相見」

(5)「ニ而候」…「と相聞申候」　薦寛天韓「ニ而候」

(6)「御出舩之」…「御出舩」　薦「御乗舩」（右朱書入「出」「之」）　寛「御出盘之」　天「御上舩

之」　韓「御出舩之」
(7)「事を」…「叓」　薦天「事を」　寛「事越」　韓「事」
(8)「宜候」…「宜」　薦寛天韓「宜」
(9)「限（カギリ）」…「限」　薦寛「限」　天韓「限り」
(10)「幹事（カンズ）」…「幹叓」　薦寛天韓「幹事」
(11)「ニ」…「ニ而」　薦寛天韓「ニ而」
(12)「得与」…「与得」　薦寛「得与」　天「得と」　韓「得度」
(13)「九」…「九ッ」　薦天韓「九ッ」　寛「九」
(14)「推而」…「押而」　薦「推而」　寛天「推て」　韓「推与」
(15)「学問無之候而ハ此義も」…「学文無之而ハ此義」　薦「学問無之候而ハ此義も」　寛天「学問無之候而者此儀も」　韓「学問無之候而盤此義も」
(16)「歴々」…「暦々」　薦天韓「歴々」　寛「暦々」
(17)「輿夫（ヨフ）」…「輿夫」　薦寛天韓「輿夫」
(18)「寒天」…「寒氣」　薦寛天韓「寒氣」
(19)「假鬒（カシユ）を塗（ヌ）り」…「假鬒を塗り」　薦寛天「假鬒を塗り」　韓「假り鬒ヲ塗り」
(20)「事」…「候事」　薦寛天韓「事」
(21)「外ハ」…「外」　薦寛韓「外」　天「外者」
(22)「人之心尓盤」…「人ハ」　薦「人之心ニハ」　寛「人之心ニ盤」　天「人之心ニ者」　韓「之心

尓盤」
(23)「務哭泣(ツトメコクキフ)」…「つと免哭泣」　薦寛「勤哭泣」　天「務致哭泣」　韓「務泣(下)哭(上)」
(24)「体」…「躰」　薦寛「躰」　天韓「体」
(25)「候へハ介くハ阿さ介り」…「候得共遣つくハ嘲り」　薦「候へハ結句ハ嘲り」(右朱書入「共」)　寛「候へ者結句盤嘲り」　天「候得者けつく阿さ介り」　韓「候得者けく盤嘲り」
(26)「志尚(シシヤウ)」…「志尚」　薦寛天韓「志尚」
(27)「所」…「候所」　薦寛天韓「所」
(28)「返答ニ」…「返答」　薦寛天韓「返答ニ」
(29)「扨々下國に」…「下國ニ而」　薦「扨々下国ニ」　寛「扨々下国ニて」　天「扨々下国ニ」　韓「扨々下國ニ」
(30)「稼穡(カショク)」…「稼穡」　薦寛天韓「稼穡」
(31)「美徳(ビトク)」…「美徳」　薦寛天韓「美徳」
(32)「い多須」…「致る」　薦「致ス」　寛「い多し候」　天「致」　韓「い堂し」
(33)「唵り」…「嘲」　薦韓「嘲り」　寛天「嘲」

14

一、日本朝鮮嗜好風義之逮候所ニ(1)日本之嗜好風義を以朝鮮人之事を察し候而ハ必ハ了簡(2)

遠ニ成可申候不調法成ル人ハ江戸向之公儀合を以朝鮮を(3)取捌キ可申与存候人も有之是ハ猶々(4)笑止なる事ニて(5)候五日次雑物なと請取候ニ日本向之ことく味春く者つミにてハ叅申さ怒事ニ候と(6)利得の方ニハ成程其心得人々有之事ニ候へとも禮義作法の事ニ成り候而ハ毎度日本之風義を以朝鮮之事を處置い多し可申与存候故折々了簡(7)遠有之事ニ候其外(8)朝鮮人之ミ多りニ言葉ニ(9)阿ら者し不申候を見申候而朝鮮人ハ(10)於路可なるものと心得朝鮮人之長袖ニ而立廻り候を見申候而朝鮮人ハぬるき者(11)と心得訳官共ハ中ニ立候役人ニ而候故毎度双方取繕候所より虚言を申候を見申候而朝鮮ハうそをつき申国と心得候類いつ連も不了簡多る遍く候朝鮮人之ミ多りニ言葉(12)ニ阿ら者し不申候ハ前後をふまへ多る智慮の深ニ而お路可なると盤(13)被申間敷候其上古今之書傳ニも通し居申候故下々とても智慮之深浅中々(14)日本人之及申事ニて(15)ハ無之候長袖ニ而立廻り日本人之こきりめき堂る様ニハ見へ不申候へとも何事そと申候得者仕形存之外春るとなる事(16)ニ候此以前歴々(17)之内早舩ニ乗り押而多太浦へ被叅候を一夜之内ニくさりを以舩を中ニつり阿げ殊外(18)難義被致候事も有之其外信使之時見申ニ(19)一吹(20)ニ而發足之觸を聞二吹ニ而そ路ひ三吹ニて出行被致候ニ一人(21)も後レ候者無之舩の乗り下り(22)とても同前(23)ニ候故七ッ立六ッ立と被仰合定り候へハ彼方ニハ春こしも遅り候事無之候日本人ハ髪を結ひ手洗(24)をし股引脚半(25)をし刀脇指をさし印籠巾着をさげ可申とい多し候内ニ七ッ立ハ六ツ(26)ニ成り六ツ立ハ五ツ(27)ニ成り候故初ハ(28)朝鮮人之方埒明可祢可申候間刻限(29)を前廣ニ被仰合候(30)方可然与有之候へとも其後ハ三使之

方まち可祢ら連候様子ニ見へ申[31]候付刻限を阿りていニ被仰合候様ニ成り[32]候事人々能[33]存居申事ニ候訳官共ハ中ニ立申者ニ候故折々間遠なる事を申候も是又自然之勢ニ而日本人とても中ニ立候而事[34]を取扱候人ハ自然与左様[35]ニ有之ものニ候朝鮮国ミな〳〵うそをつき候様ニ有之候而ハ其国立可申様も無之事ニ而うそをつき候人も有之候ハ末世の習[36]にていつ連の国ニも免（マヌカレ）〔ユルサ（消）〕[37]連可多き悪俗ニ[38]候へとも挙国（キヨコク）ミ[39]なうそつき可申様ハ無之事ニ候故[40]勘弁可有之事ニ候此外銘々[41]の国風よろしきと存候ハ華夷同前之事ニ候へとも朝鮮人ハ日本人と言葉之上ニても相争不申様ニい多し候を主意と[42]立居申候故毎度其国之事を謙遜い多し候所ニ日本人ハ却而我國の事を常尓自慢[43]のミい多し酒之一事ニても日本の酒ハ三国一ニ候故皆達も左様ニ[44]可被存候と本こり候而朝鮮人之返答ニ成程左様ニ存候と申候得者[45]弥其通之事与相心得へ了簡[46]も無之人ニ候与内心尓盤[47]阿さ介り候所ニ心付キ無之候日本の酒を三国一ニ候と朝鮮人存候事ニ[48]候ハ、皆共聚會之節日本酒こそ才角（覚）[49]い多したへ可申處ニ左無之候ハ日本人之口合ニ者日本酒よ路しく朝鮮人之口合ニハ朝鮮酒よ路しく唐人之口合ニハ唐酒よ路しく紅毛夷（オランダ）[50]之口合ニハ阿刺吉（アラキ）ちんたよ路しく候段自然之道理ニ而候此以前[51]訳官共叅會之節阿りていを申候様ニと申相尋[52]候所[53]我々ハたへつけ居申候故よろしく存候と申も有之又日本酒よろしく[54]ハ候得共胥ニつ可へ多クたへ候尓盤朝鮮酒よろしく候と申も有之[55]御国の[56]上戸と申内ニ京酒を好ミ不申却而御国之薄尓こりを好ミ候同然[57]之心持ニ候左候へハ此方ニよろしく存候とて彼国もよろしく存[58]ニて可有之と心得可中事ニ而無之候是ハ微事ニて何之用ニ立申さ怒事ニ候へともヶ様之事ニ付日本朝鮮嗜好風義之不同[59]候事を察し候一助[60]と存書付置申候且又日本ニハ[61]提灯蠟燭有之夜行ニハ是より外便利なる事無之候を朝鮮人共舘内之提灯を借候事[62]ハい多し候へとも其国ニ而拵へ候事ハ無之候を見申候而分明ニよろしきと存候事を学不申候ハ鈍キ風義ニ候と存候事有之候朝鮮之舩之ことく日本舩を拵へ候ハヽ、帆檣(ハンシヤウ)[63]之費も無之帆の取さ者きも心易ク[64]舩之上も穏ニ開キ走りも快ク可致事ニ候得共曾而学可申[65]とい多し候人[66]も無之新羅の舩よろしく候[67]ニ付是を借り米を者こ者せら連候と中事三代實録ニ相見へ呉国の舩を借り我國之米を者こび堂ると中事於可しき事ニ候へとも豪傑明智之人ニて無之候得者其国之故習(コシウ)[68]を変し候事[69]古今共ニ[70]難成事と相見へ候故彼国の事斗可申事ニて[71]ハ無之候其内提灯之有無ハ輕(シナレ)キ事ニ而舩ハ性命の安危ニ阿つ可り候物ニ候へハ他国のよき事を学ひ不申儀尓ふきニ究り[72]候ハヽ、同し尓ふき内ニも日本ハ別而大なる尓ふきにて可有之候御国之義ハ他方とハ[73]遠申候故日本舩朝鮮舩作り様之遠ニ而信使被召連候節指支へ[74]候事有之候[75]付舩の[76]形呉形なる様ニ有之候得共朝鮮舩之心持ニ舩を御つくらせ被成度思召候と公儀へ被仰上候ハヽ、無用ニ仕候得とハ被仰出間敷候故前以五年も七年も朝鮮舩之通ニ小舟を御造せ被成試い多し見候様ニと御舩頭中へ被仰付[77]弥宜キニ相究り[78]候時公儀へ被仰上御召舩を始メ朝鮮舩のことく[79]被成候事成申間敷[80]ものニても無之候尤上ま者り之義ハ早舩尓相類候様ニ被成候時[81]甚呉形なる様[82]ニも見へ申間敷候朝鮮舩之通ニ候得者乗能候と此以前[83]御舩頭之内ニ為中人も有之殊ニ朝鮮舩ハ各別慥ニ候与中人外ニも間尓盤有之候故無用之事な可ら書付置候(84)志可し五年も七年も御試有之たる以後(85)ならてハ容易ニ御究被成可多き事ニ而殊ニ只今(86)ハ日本舩朝鮮舩其形甚逺(87)候へとも檣を弐つ立テ朝鮮舩ニ類し候様ニ成候ハ、潜商之防尓盤不宜事可有之候故容易ニハ難成事ニ御座候

（1）芳洲会本「嗜好風義之逺候所ニ」…斎藤本「嗜好之風義逺候所」 薦「嗜好風義之逺候處ニ」 寛「嗜好風儀之逺候所尓」 天「嗜好風儀之逺候所ニ」 韓「嗜好風儀逺ひ候所ニ」
（2）「了簡」…「量簡」 薦寛天韓「了簡」
（3）「を」…「之」 薦寛天韓「を」
（4）「猶々」…「尚々」 薦寛韓「尚々」 天「猶々」
（5）「ニて」…「ニ」 薦寛天「ニ而」 韓「ニ」
（6）「候と」…「候」 薦「候与」 寛「候と」 天「候」 韓「候登」
（7）「了簡」…「量簡」 薦寛天韓「了簡」
（8）「外」…「外(ホカ)」 薦寛天韓「外」
（9）「言葉ニ」…「言葉越」 薦「言葉に」 寛韓「言葉ニ」 天「詞尓」
（10）「朝鮮人ハ」…「朝鮮人ハ扨々」 薦「朝鮮人も」（右朱書入「ハ」） 寛「朝鮮人ハ」 天韓「朝鮮人者」

(11)「者」…「物」　薦寛天「者」　韓「もの」
(12)「言葉ニ」…「言越」　薦「言ハを」　寛「言を」　天「詞尓」　韓「言越」
(13)「被申」…「見申」　薦「見申」（右朱書入「被」）　寛天韓「見申」
(14)「日本人」…「日本」　薦寛天韓「日本人」
(15)「ニてハ」…「ニ」　薦天「ニ而ハ」　寛「ニ而」　韓「ニ而者」
(16)「事」…「候叓」　薦寛天韓「事」
(17)「以前歴々」…「已前暦々」　薦「已前歴々」　寛「以前暦々」　天韓「以前歴々」
(18)「殊外」…「殊外ニ」　薦寛天「殊外」　韓「殊の外」
(19)「ニ」…「候ニ」　薦寛天「ニ」　韓「候ニ」
(20)「一吹」…「周羅一吹」　薦寛天「周羅一吹」　韓「喇叭（シユライ）一吹」
(21)「一人も」…「一人」　薦韓「一人」　寛天「壱人も」
(22)「下り」…「上り」　薦寛天韓「下り」
(23)「同前」…「同然」　薦寛天韓「同前」
(24)「手洗をし」…「手水を致し」　薦「手水ヲ致し」　寛「手水をい堂し」　天「手水を仕ヒ」　韓「手洗をし」
(25)「し」…「致シ」　薦「致し」　寛「い多し」　天「仕」　韓「し」
(26)「六ツ」…「六ツ立」　薦寛天韓「六ツ立」
(27)「五ツ」…「五ツ□（立）」　薦寛天韓「五ツ立」

(28)「初ハ」…「始ハ」　薦「始ハ」　寛「始メ盤」　天「初」　韓「初盤」
(29)「刻限を」…「刻限」　薦寛韓「刻限」　天「刻限を」
(30)「候方」…「方」　薦寛韓「候方」　天（欠字）
(31)「見へ申」…「在之」　薦寛韓「有之」　天「見へ申」
(32)「成り」…「被成」　薦「なり」　寛天「被成」　韓「成」
(33)「能」…「克」　薦寛韓「能」　天「能々」
(34)「立候而事を」…「立」　薦「立候而」（右朱書入「事を」）　寛「立候て」　天「立候而事を」　韓「立候而事越」
(35)「左様ニ」…「左様」　薦天韓「左様ニ」　寛「左様尓」
(36)「習」…「風俗」　薦「習イ」　寛天「習」　韓「習らひ」
(37)「免連（マヌカレ）」（右「ユルサ」消）…「免レ」　薦天「免レ」　寛「免」　韓「免く」
(38)「ニ」…「ニ而」　薦「ニ而」　寛「ニて」　天韓「ニ」
(39)「挙国（キョコク）」…「挙國」　薦「挙テレ國」　寛「挙国」　天「国挙」　韓「挙國」
(40)「うそつき可申様ハ無之事ニ候故」…「宇楚越つ起可申様無之候得ハ」　薦「うそを付可申様ハ無之事ニ候故」　寛「う楚を津起可申様ハ無之事ニ候故」　天「う楚を徒き可申様ハ無之事ニ候故」　韓「うそつ起可申様者無之事ニ候ゆへ」
(41)「銘々の」…「銘々」　薦寛天韓「銘々之」
(42)「立」…「相立」　薦寛韓「相立」　天「立」

(43)「常尓自慢」…「自慢」　薦「常ニ自慢」（右朱書入「々」）　寛韓「常ニ自慢」　天「常々自慢」
(44)「左様ニ」…「左様」　薦寛天「左様ニ」　韓「左よふ尓」
(45)「弥」…「愈」　薦天韓「弥」　寛「愈」
(46)「心得へ了簡」…「心得量簡」　薦寛天韓「心得了簡」
(47)「尓盤」…「者」　薦寛天「ニハ」　韓「尓盤」
(48)「候と朝鮮人存候事ニ」…「候与存」　薦「候与朝鮮人存事ニ」　寛「朝鮮人存候叓ニ」　天「と朝鮮人存候事ニ」　韓「候与朝鮮人存候事ニ」
(49)「才角（覚）」…「才覚」　薦寛天韓「才覚」
(50)「紅毛夷（オランダ）」…「紅毛夷人」　薦寛天韓「紅毛夷」
(51)「以前」…「已前」　薦韓「已前」　寛天「以前」
(52)「と申相尋」…「と尋」　薦「与相尋」　寛「相尋」　天「と相尋」　韓「登相尋」
(53)「所」…「所尓」　薦韓「処ニ」　寛「處」　天「所ニ」
(54)「よろしくハ」…「宜」　薦「宜ク」　寛「宜盤」　天「宜ハ」　韓「宜」
(55)「申も有之」…「申」　薦「申」（右朱書入「も有之」）　寛「申も在之」　天「申も有之」　韓「申も有之候」
(56)「御国の」…「御国」　薦「御国」（右朱書入「之」）　寛天「御国」　韓「御國」
(57)「同然」…「同前」　薦寛韓「同前」　天「同然」
(58)「存」…「存候」　薦寛天韓「存候」

(59)「嗜好風義の不同」…「嗜好之風義不同」　**薦寛天韓**「嗜好風儀之不同」
(60)「一助」…「一筋」　**薦寛天韓**「一筋」
(61)「ニハ」…「ニ」　**薦**「ニ」（右朱書入「ハ」）　**寛天韓**「ニ」
(62)「借候事」…「借申候」　**薦**「借候事」　**寛天**「借り候支」　**韓**「借り候事」
(63)「帆檣（ハンシャウ）」…「帆檣」　**薦寛天韓**「帆檣」
(64)「心易ク」…「心安」　**薦**「心安ク」　**寛**「心易く」　**天**「心安く」　**韓**「心や春く」
(65)「可申」…「候」　**薦寛天韓**「可申」
(66)「人」…「人（ヒト）」　**薦天韓**「人」　**寛**「者」
(67)「よろしく候ニ」…「宜ニ」　**薦**「宜ク候付」　**寛**「宜鋪候ニ」　**天韓**「宜候ニ」
(68)「故習（コシウ／シナレ）」…「故習（シナレ）」　**薦**「仕習レ」（右朱書入「故」）　**寛**「故習」　**天韓**「故習（シナレ）」
(69)「事」…「支ハ」　**薦寛天**「事」　**韓**「事者」
(70)「共ニ」…「共」　**薦天**「共ニ」　**寛**「ともニ」　**韓**「とも」
(71)「ニてハ」…「ニ而」　**薦**「ニ而ハ」　**寛**「尓て」　**天韓**「ニ而」
(72)「究り」…「極り」　**薦天韓**「極り」　**寛**「幾王満り」
(73)「他方とハ」…「他国と」　**薦**「他国と」　**寛**「他悲与」　**天**「他国与」　**韓**「他國登」
(74)「指支へ」…「差支」　**薦寛天韓**「差支」
(75)「候付」…「付」　**薦**「候付」　**寛**「候故」　**天韓**「候ニ付」
(76)「形」…「形ヲ」　**薦天韓**「形」　**寛**「形チ」

(77)「弥」…「愈」　薦天韓「弥」　寛「愈」
(78)「究り」…「極り」　薦寛天韓「極り」
(79)「ことく」…「ことくニ」　薦「如ク」　寛「ことくニ」　天「如く」　韓「如くニ」
(80)「成申間敷」…「被成申間敷候」　薦「成り申間敷」　寛「成申満し具」　天「成間敷」　韓「成申満し起」
(81)「候時」…「候ハヽ」　薦寛天韓「候ハヽ」
(82)「様」…「候様」　薦寛天「様」　韓「やふ」
(83)「以前」…「已前」　寛天韓「以前」　薦（文欠　右朱書入「已前」）
(84)「候」…「申候」　薦寛天韓「候」
(85)「以後」…「已後」　薦寛天韓「以後」
(86)「只今」…「唯今」　薦寛「唯今」　天韓「只今」
(87)「甚遠」…「遠」　薦「甚遠イ」　寛「甚遠」　天「甚タ遠」　韓「甚遠ひ」

15　一、信使之時公儀御代官の事書付朝鮮人方へ遣し候時韓僉知申候ハ代官と有之候而ハ甚輕ク相聞へ候間外の官名ニ書キ替へ候へと申候是ハ舘内ニて代官与申候ハ輕キ役人ニ候故如此申たるニて候夫故御代官衆御預り之場所ヲ被聞合何之郡守と書付被遣候諸事ニ此心得可有

之事ニ候(3)

（1）「へと」…「様ニと」　蕙「様ニ与」　寛天「様ニと」　韓「様ニ登」

芳洲会本　斎藤本

（2）「諸事ニ」…「諸事」　蕙寛天韓「諸事ニ」

（3）「可有之」…「可在」　蕙天韓「可有之」　寛「有之遍く」

16　一、御家老中六位之官服被着候事正徳年ニ始り候此義其訳有之候而之事ニ(1)候故此後不相替候様(2)ニ有之度事ニ(3)候

芳洲会本　斎藤本

（1）「事ニ」…「事」　蕙寛天韓「事ニ」

（2）「候様」…「様」　蕙天韓「候様」　寛「様」

（3）「事ニ」…「事」　蕙寛「事ニ」　天「亊ニ」　韓「之事ニ」

17　一、天和信使之時先例ニま可せ岡崎迄御使番(1)を被遣候処何之官ニて(2)候哉と三使被相尋候

処日本ニてハ宰相侍従諸大夫なと申候て禁裏ゟ被仰付候を官と心得居候のミニて唐朝鮮ニ而官と申候ハ元来今之役と申事ニ候と申心得無之候故無官之人ニ候と通詞共答候付(3)公儀之禄を食ミ御使を務候人を無官なると申候ハ不思議なる事ニ候と三使殊外疑ひ被申たる(4)由ニ候夫故正徳享保之信使ニハ若官を被相尋(5)候ハ、其役儀を以答候様ニと通詞共へ被仰付候信使之時斗にても無之御国之人送使僉官ニわ多り候時必ハ御国ニて何之官ニ候哉と相尋候事有之候左様之節ハ役義相務候人ニ候ハ、其役(6)を以答候御番一通り務居候人ニ候ハ、宿衛(シュクエイ)(7)之官ニ候と答申候様ニ(8)通詞共へ可被仰付事ニ候士(9)以上之務候を官と申士以下之務候を役と申(10)其分レ日本も昔ハ(11)分明ニ有之候所武家之支配ニ成候より官と可申人をも役と唱へ候様ニ成りたる事ニ候

芳洲会本　斎藤本

(1)「岡崎迄御使番」…「岡崎の御使者」　薦寛韓「岡崎之御使番」　天「岡崎迄御使番」
(2)「ニて」…「尓」　薦寛天韓「ニ」
(3)「付」…「時」　薦「付」　寛天韓「ニ付」
(4)「被申たる」…「被申」　薦韓「被申多る」　寛「被申堂る」　天「被申たる」
(5)「相尋」…「尋」　薦寛天韓「相尋」
(6)「役」…「役義」　薦寛天韓「役」
(7)「宿衛(シュクエイ)」…「宿衛」　薦寛天韓「宿衛」
(8)「ニ」…「ニ登」　薦寛天韓「ニ」

（9）「以上」…「已上」　薦寛天韓「以上」
（10）「申」…「申候」　薦寛天韓「申」
（11）「日本も昔ハ」…「昔ハ日本も」　薦天「昔ハ日本も」　寛「昔者日本も」　韓「昔盤日本も」

18　一、重而信使之節第一氣毒ニ候ハ鷹之事ニ而(1)委細ハ享保信使之御記録(2)ニ記し有之候分明ニ訳官共中間ニ而い多し候段相知レ居申事ニ候ヘハ享保之例を彼方へ可被仰掛様決而無之事(3)ニ候何とそ前廣ニ公儀へ被仰上可然事ニ候有體(4)ニ被仰上可然筋有之候ハ、無其上事ニ候左無之御取繕不被成候而不叶事ニ候ハ、鷹之義生キ物之事ニ候ヘハ勿論余慶(5)をも持来候へとも長途之内おち申候可(6)又ハ病鷹ニ成り候而ハ(7)如何ニ候故此度鷹ハ(8)指出し(9)可申候得共別幅ニハ書載不仕筈ニ御座候間(10)左様ニ御聞置可被下候と兼而御老中方(11)へ御届被成鷹さへ指出(12)候様ニ被成候ハ、是非先規之通別幅ニ載せ(13)候様ニとも有之間敷候哉鷹被指出(14)候様ニ被成候事(15)ハ其時如何様ニも處置有之事ニ候故只今書載い多し置候ニ不及候

芳洲会本　斎藤本
（1）「而」…「候」　薦「候」　寛韓「候者」　天「候」
（2）「御記録」…「記録」　薦天韓「御記録」　寛「記録」

(3)「決而無之」…「無之」 薦「無之」（右朱書入「決て」） 寛韓「無之」 天「決而無之」
(4)「有體」…「在躰」 薦寛天韓「有躰」
(5)「余慶」…「余計」 薦「余慶」 寛「余計」 天韓「餘計」
(6)「可」…「歟」 薦天「可」 寛韓「歟」
(7)「而ハ」…「間」 薦「而ハ」 寛「てハ」 天「而ハ」 韓「て盤」
(8)「鷹ハ」…「者」 薦寛「ハ」 天「鷹ハ」 韓「鷹盤」
(9)「指出し」…「差出」 薦寛天韓「差出」
(10)「御座候間」…「候間」 薦「候」（右朱書入「御座」） 寛「候故」 天韓「候間」
(11)「老中方」…「老中」 薦寛天韓「老中」
(12)「指出」…「差出」 薦寛天韓「差出」
(13)「載せ」…「書載」 薦寛韓「書載」 天「載セ」
(14)「指出」…「差出」 薦寛天韓「差出」
(15)「候事ハ」…「候ハ、」 薦「候」（右朱書入「事ハ」） 寛韓「候」 天「候事者」

19 一、正徳享保両度之信使ハ朝鮮人と重キ論談有之候時佐役之人必ハ御相談ニ相加り始終を能存居申候故其後記録御仕立被成候節朝鮮人と論談有之候重キ事之分ハ佐役之人より書付

日本のこころ
221

竹久夢

描いて、旅して、恋を

編＝別冊太陽編集部

夢二の肉筆画と版画の代表作
め、デザイン作品や装幀、詩歌、
などとともに最新の知見を盛り
で、幅広い作品の魅力と画家の生
紹介する。生誕130年記念出版。

2500円＋税

おとなの「旅」の道案内
太陽の地図帖 027

諸星大二郎『暗黒

編＝太陽の地図帖編集部

諸星大二郎の代表作『暗黒神話』にまつわる古代遺跡と壮大な諸星ワールドを旅する。40年ぶりに訪れる諏訪ルポやロングインタビューも収録。文＝中沢新一、瀧音能之、鏡リュウジほか。

1200円＋税

の価格はすべて2014年7月現在の本体価格です。別途
ご注文はお近くの書店へ。または平凡社サービスセンター
http://www.heibonsha.co.jp

台湾現代史

二・二八事件をめぐる歴史の再記憶

何義麟

戦後すぐの1947年、台湾では民間人を政府が過酷に弾圧、多数の死者を出した二・二八事件が起きた。事件をめぐる認識の対立と史実を対話的に再検討しつつ、台湾の現代史を叙述する。

2800円＋税

イメージ人類学

ハンス・ベルティンク
訳＝仲間裕子

美術史を広くイメージの学として構想し直したベルティンクの理論的主著。美術作品、考古学・人類学遺産、映画や広告、あらゆるイメージを対象とする学のパースペクティヴを説いた名著。

4800円＋税

持続可能な社会をめざして

「未来」をつくるESD

編＝飯吉厚夫

環境、開発、災害、貧困など地球規模の諸問題を解決へと導く希望の概念、ESD(Education for Sustainable Development：持続可能な開発のための教育)。その入門となる論考集

1800円＋税

ソボちゃん いちばん好きな人のこと

有吉玉青

2刷出来！

小説『紀ノ川』のモデルになった有吉佐和子の母・秋津。生涯佐和子を支え、孫娘の著者を導いてくれた「ソボちゃん」。最愛の人との、甘やかで痛切な日々を通して綴られる、有吉家の物語。

1500円＋税

東洋文庫852

交隣提醒

雨森芳洲

校注＝田代和生

日韓関係最悪と言わ
き、朝鮮との「誠心の交わ
代の外交思想の名著。厳密な校訂と
注・解説を加え、最も信頼できる形で刊行。

1300円＋税

平凡社ライブラリー815

【新装版】レズビアン短編小説集

女たちの時間

ヴァージニア・ウルフほか

編訳＝利根川真紀

幼なじみ、旅先での出会い、姉と妹。言えなかった思い、ためらいと勇気……見えにくいけれど確実に紡がれてきた「ありのままの」彼女たちの物語。多くのツイートに応え待望の再刊！

1500円＋税

平凡社ライブラリー816

ラスネール回想録

十九世紀フランス詩人＝犯罪者の手記

ピエール＝フランソワ・ラスネール

訳＝小倉孝誠・梅澤礼

ユゴー、ドストエフスキーの作品やルパンのモデルとなり、ブルトン、ワイルドらの関心を引き、『天井桟敷の人々』にも登場する知的で洗練された伝説の犯罪者の獄中記、本邦初訳！

1800円＋税

たいせつなわすれもの

森村泰昌

ヨコハマトリエンナーレ2014開催を記念して、アートディレクターの森村泰昌が展覧会のコンセプトを楽しく分かりやすく再構成した子供のための絵本。カタログに先行して発売。

…たした浅業とわかっ
…初めての本。

80…税

平凡社新書74…

靖国参拝の何が問題か

内田雅敏

首相の靖国参拝に対する内外の批判は、国のために死んだ者を追悼することでなく、靖国神社が主張する先の戦争は全く正しい「聖戦」だったという歴史認識を問題にしている。端的に示される靖国問題の本質。

740円＋税

子どもとつくる たのしい和食

監修＝栗栖正博

世界遺産に認定された和食は今、世界の注目の的！親子で一緒に料理を作りながら、和食のおいしさや日本の食文化を子どもが自然に学べる入門書。親しみやすいマンガつき。

1700円＋税

日本の鳥の世界

樋口広芳

国際鳥類学会議開催記念出版。日本の多様な環境の中で生きる野鳥について学ぶことができる最良の本。野鳥をめぐるほぼすべての話題を網羅し、美しい写真とともに鳥類学の第一人者が解説。

3000円＋税

21世紀の宗教研究

脳科学・進化生物学と宗教学の接点

編著＝井上順孝

人はなぜ神や仏を信じるのか――この根源的な問いに、脳科学の最新研究はどのような答えを提示するのか？脳の働きから「宗教とは何か」を探る、最先端分野の意欲的な研究。

2400円＋税

表示

指上ケ(1)御記録ニ被書入候天和年(2)之記録ハ日本向使者往来所々馳走之事ハ記し有之候へとも朝鮮人と御論談有之候重キ事ハ西丸尓て(3)徳松君へ拝禮被致候付遠却有之候重キ事(4)を者しめ一事も記し無之候ヶ様候而ハ後来信使方之御用ニ相立候記録ニてハ無之候重而信使有之(5)節ハ重キ御論談之御相談ニ預り候人ニ書手弐人ニても三人ニても御添へ被成朝鮮人と論談有之候事之分ハ早速〳〵ニ書付置重而御記録之内ニ被書入候様ニ可被成事(6)ニ候書札方へ被仰付候而ハ第一ハ日本向書留置候事大分ニ有之其上御相談之(7)座席へ罷出申ニても無之信使奉行〻度ことニ可被仰聞与思召候而も是又御用繁多(8)之内ニ中々御手とゝき申事尓て無之候故毎度御相談ニ相加り候人へ書手被相添微細ニ書付置候様ニと(9)被仰付候義切要之御事(10)ニ御座候

芳洲会本　　　斎藤本

(1)「指上ケ」…「差上」　薦寛天「差上」　韓「差上ケ」
(2)「天和年」…「天和」　薦寛韓「天和」　天「天和年」
(3)「西丸尓て」…「西丸」　薦韓「西丸ニ而」　寛天「西ノ丸ニ而」
(4)「重キ事」…「此義」　薦「此義」　寛韓「此儀」　天「重キ事」
(5)「信使有之」…「信使之」　薦韓「信使之」　天「信使有之」　寛（文欠）
(6)「事」…「御叓」　薦韓「事」　天「叓」　寛（文欠）
(7)「相談之」…「相談」　薦韓「相談」　天「相談之」　寛（文欠）
(8)「繁多」…「御繁多」　薦韓「御繁多」　天「繁多」　寛（文欠）

（9）「ニと」…「ニ」　薦天韓「ニ」　寛（文欠）
（10）「御事」…「叓」　薦「事」（右朱書入「御」）　天「御叓」　韓「事」　寛（文欠）

20　一、天和信使帰国之節今度公儀ゟ御馳走丁寧ニ被仰付難有仕合ニ被存候[1]との趣三使ゟ書翰を以殿様へ當[2]可被申越候左候ハヽ、公儀へ可被指上[3]との義ニ而上々官を以被仰掛[4]候所其書翰出来い多し御記録尓載り居申候右書翰之文体[5]を見申候ニ三使之筆力とも見へ可多く文意全ク日本風義ニ相見へ申候惣体[6]日本ニても国使者ニ罷越し彼方丁寧ニ被致候時罷帰り主人より禮[7]を申遣候可[8]又ハ家老ゟ先之家老へ禮を申遣候事ハ有之候へとも使者之身として我可身ニ當りたる事之様[9]ニ禮を可申述様無之増而唐朝鮮ニハ猶々有之間敷事ニ候故不審ニ存居候[10]へとも先例之事ニ候故正徳年ニも右之通上々官を以先例如此ニ候段[11]被仰達候然所[12]ニ三使帰国之後科ニ逢被申候故今ニハ書通い多し可多く候と申終ニ埒明不申享保年ニ至り又々右之通被仰掛[13]候へとも三使不審ニ被存候由訳官共申候付右天和年之書翰[14]迄御見せ被成候所[15]兎や角申候而埒明不申候就夫得と右天和年[16]之書翰吟味被仰付候所圖書も遠ひ様子甚疑敷[17]相見へ候天和之時分迄ハ訳官共之風義[18]兎角日本人之心ニさ可ひ申さぬ様ニい多し候義第一と心得居申候時分ニ而朴同知なとゝ申者日本之事情をも能知り居申者ニ候故[19]此義書翰ニ及申事ニ而無之候[20]と一旦ハ申見候へとも此方其(21)聞入無之候付中間ニ而拵へ三使之書翰と号し指出(22)候偽作と相見へ候此訳訳官共ハ聞傳も有之推量も可有之候故正徳享保共ニ(23)此方ゟ被仰掛候時三使へ申達候と盤中候得共実ハ三使へハ其沙汰曾而不仕ニ而可有之と存候ヶ様之義江戸向之つやを思召候而不當事を被仰掛(24)候段元来不宜事ニ御座候

芳洲会本　斎藤本

(1)「被存」…「奉存」　蘐寛天韓「奉存」
(2)「當」…「宛」　蘐天韓「宛テ」　寛「宛」
(3)「指上」…「差上」　蘐寛韓「差上」　天「仰上」
(4)「仰掛」…「仰懸」　蘐寛天韓「仰掛」
(5)「文体」…「文躰」　蘐寛天韓「文躰」
(6)「惣体」…「惣躰」　蘐寛天韓「惣躰」
(7)「禮」…「禮義」　蘐寛天「礼」　韓「禮」
(8)「可」…「歟」　蘐寛「歟」　天韓「可」
(9)「当りたる事之様」…「中り多流様」　蘐「中り多る事之様」（右朱書入「当」）　寛「中里堂る事之様」　天「当りたる事之様」　韓「当り多る事之様」
(10)「居候」…「候」　蘐寛天韓「居候」
(11)「ニ候段」…「之段」　蘐「段」（右朱書入「候」）　寛「ニ候段」　天韓「候段」

(12)「然所ニ」…「然處」 薦「然處」 寛「然処」 天「然所ニ」 韓「處」
(13)「仰掛」…「仰懸」 薦寛天「仰掛」 韓「仰懸」
(14)「右天和」…「天和」 薦寛韓「天和」 天「右天和」
(15)「候所」…「候得共」 薦「候へ共」 寛「候得共」 天「候所」 韓「候得とも」
(16)「天和年」…「天和」 薦寛天「天和年」 韓「天和」
(17)「甚疑敷」…「疑敷」 薦寛「疑敷」 天「甚疑敷」 韓「怪敷」
(18)「風義」…「風氣(ギ)」 薦韓「風義」 寛天「風儀」
(19)「候故」…「候得者」 薦寛天「候故」 韓「候ゆへ」
(20)「ニ而」…「ニ」 薦寛天韓「ニ而」
(21)「其」…「御」 薦寛天韓「其」
(22)「指出」…「差出」 薦寛天韓「差出」
(23)「共ニ」…「共」 薦寛天「共ニ」 韓「とも耳」
(24)「仰掛」…「仰懸」 薦寛天韓「仰掛」

21 一、天和信使之時御国漂流兼帯ニ極り(1)候節破船殞命ニハ使者可被指渡(2)候と真文を以被仰達置候処其後秋山折右衛門(3)被指(4)渡候時を者しめ遠却い多し此方ゟハ約条(5)之通ニ被成候と有之彼方ゟハ約条ニ遠候と有之就夫訳官共色々と辨を立申まぎら可し快ク埒明不申候付兼々不審ニ存候ハ若者右之真文⑥訳官共中間⑦ニ留置朝廷方へ指出⑧不申ニてハ無之候哉朝廷方ゟ右御国漂流之事兼帯ニすめ⑨来候様ニとの命を蒙り全ク其通ニ相済メ来⑩候と帰朝之節申候へハ其身共功も⑪相立チ様子宜敷⑫候所破船殞命尓盤⑬使者相渡申筈ニ済メ来⑭候と申候而ハ首尾如何敷所有之候付破船殞命毎度有之事ニても無之若も有之候ハヽ其節如何様ニも⑮成可申と存し右之真文指扣⑯置たる事有之間敷とも難申候と存居候⑰処享保信使江戸表ニ而右破船殞命尓盤使者可指渡⑱との約⑲束有之候段被仰聞候左候ハヽ其書付見申度候と被申候付書付被遣候天和年弥訳官共ゟ指出したる事ニ候ハヽ右之書付彼方ニ有之筈ニ候故見申度とハ被申間敷事ニ候所如此被申候ハ天和年ニ弥指出⑳不申候哉と猶々㉑不審ニ存候所近来彼方之書物を見申候㉒へハ壬戌㉓信使ノ時凡漂船㉔ノ之泊スル二於馬島ニ一者ハ㉕順二付シテ九送使ノ便ニ一以来ルノ事更ニ爲ス二約定㉖ヲ一と書付ケ有之破船殞命と申事ハ書載無之候へハ慥ニ天和年右之真文を中間ニ留メ置キ不指出候㉗段分明ニ相知レたる事ニ候享保信使鷹之事ニ付東五郎韓僉知へ申㉘候ハ此度ハケ様ニ取繕被済置候へとも重而信使有之候節㉙ハ必遠却ニ可及候其節如何可致㉚と被存事ニ候哉と申候へハ其時迄我等生キ居申もの㉛ニても無之候故其節ハ兎も角も成可申と何之氣遣成様子も無之返答ニて候キ天和信使之時之訳官共も右韓僉知㉜同然之心入ニ而有之たると被存候ケ様之義も有之候故此方尓盤たしか尓約束相済居候事と覚居候事ニても若ハ訳官共中間ニてい多したる事ニてハ無之候哉左候而ハ押出し

議論ニ及ひ却而事之敗を招キ候事も可有之哉与毎度阿やふミ申事多ク候故前後を勘弁し諸事卒尓ならさる様ニ可有之事ニ候天和年御国漂流兼帯ニ成候事ハ此義宜ク御済メ(33)被成候ハ、狐皮狸皮之直段上り候様(34)ニ相働キ可申と上々官之内ゟ裁判を指置キ(35)他之筋を以慥(36)ニ申たる者有之其通(37)被相究候事ニ候処其後狐(38)皮狸皮之直段ハ終ニ替(39)事無之候是(40)又後日の堂め覚居可申事ニ候

芳洲会本　斎藤本

(1)「極り」…「相極り」　薦寛韓「極り」　天「極」

(2)「指渡」…「差渡」　薦寛天韓「差渡」

(3)「秋山折右衛門」…「秋山折右衛門を」　薦寛天韓「秋山折右衛門」

(4)「指渡」…「差渡」　薦寛天「差渡」　韓「相渡」

(5)「約条」…「約束」　薦寛「約束」　天「約定」　韓「約速」

(6)「右之真文」…「真文」　薦寛天韓「右之真文」

(7)「ニ」…「ニて」　薦天韓「ニ而」　寛「ニて」

(8)「指出」…「差出し」　薦寛天韓「差出」

(9)「すめ来」…「濟来り」　薦寛「濟来」　天韓「済来」

(10)「濟メ来」…「濟来り」　薦「濟来り」　寛「濟来」　天韓「済来」

(11)「功も」…「功越」　薦寛天韓「功も」

(12)「宜敷」…「宜」　薦天韓「宜」　寛「宜敷」
(13)「尓盤」…「者」　薦「ニハ」　寛天韓「ニ者」
(14)「済〆来」…「済来り」　薦寛「済来」　天「済来」　韓「済来り」
(15)「ニも」…「とも」　薦寛天「ニも」　韓「とも」
(16)「指扣」…「差控」　薦寛天「差扣」　韓「差捨」
(17)「候」…「申候」　薦「申候」　寛天韓「候」
(18)「指渡」…「差渡」　薦寛天韓「差渡」
(19)「約束」…「約條」　薦「約条」　寛天「約束」　韓「約速」
(20)「弥指出」…「愈差出」　薦寛天韓「弥差出」
(21)「猶々」…「尚々」　薦天韓「猶々」　寛「尚々」
(22)「書物を見申候」…「書物見候」　薦「書物を見候」　寛天「書物を見候」　韓「書物越見候」
(23)「戌」…「戌」　薦「戌」　寛天韓「戌」
(24)「凡漂船」…「漂舩」　薦「漂舩」　寛韓「漂船」　天「凡漂船」
(25)「者ニ」…「者」　薦天「者ニ」　寛韓「者」
(26)「約定」…「約条」　薦「約条」（右朱書入「定」）　寛天「約条」　韓「約條」
(27)「指出候」…「差出」　薦寛天韓「差出候」
(28)「へ申」…「申」　薦「ニ申」　寛天韓「江申」
(29)「候節」…「節」　薦寛韓「候節」　天「節」

(30)「如何可致」…「可致」　薦寛天韓「如何可致」
(31)「時之」…「時ゟ」　薦「ゟ」（右朱書入「之」）　寛天韓「時之」
(32)「右韓佥知」…「韓佥知」　薦韓「韓僉知」　寛「右韓僉知」　天「韓佥知」
(33)「濟メ」…「濟」　薦寛「濟」　天「済」　韓「済シ」
(34)「様ニ」…「様」　薦天韓「様ニ」　寛「様」
(35)「指置キ」…「差置」　薦寛天韓「差置」
(36)「慥ニ」…「慥」　薦寛天韓「慥ニ」
(37)「究」…「極」　薦「究」　寛天韓「極」
(38)「狐皮」…「狐」　薦寛天韓「狐皮」
(39)「事」…「候事」　薦韓「候事」　寛「候叓」　天「叓」
(40)「候是又」…「候」　薦寛韓「候是又」　天「候是亦」

22　一、正徳年ニハ所々ゟ出候人馬共ニ余慶(1)有之指支(2)候事無之天和年も其通ニ有之たる由ニ候所享保年にハ請負ニ成候故甚指支へ(3)日本之御外聞不宜候重而信使之節者天和正徳之例ニ被仰付候様ニ兼而公儀へ可被仰上事ニ候

芳洲会本　斎藤本

（1）「余慶」…「余計」　薦「余慶」　寛「余計」　天韓「餘計」
（2）「指支」…「差支」　薦寛「差支」　天韓「差碍」
（3）「指支へ」…「差閊」　薦寛天韓「差支」

23　一、日本船と朝鮮船と盤(1)違有之候而(2)日本船之出し可多き日和ニても(3)朝鮮船ハ快ク乗取候事罷成候故此方ゟ出船難成日和ニ候と被仰聞候而も彼方之船将(4)(センジヤグ)ハ成程出船罷成候(5)日和ニ候と申ニ付(6)毎度違却有之事(7)ニ候故兼々日本船朝鮮船違候訳を(8)前廣ニ被仰諭置度事ニ候(9)其上殿様御旅行船中道中ニ御逗留被成候程公儀ゟ之御宛行有之御為ニ成候と彼方書物ニ記し有之(10)由正徳之訳(11)官享保之訳官何も申候ヶ様之義ニ付候而も出船成申日和ニ候へともわさと御滞留(12)被成候との疑心有之候間其御心得(13)可被成事(14)ニ候

芳洲会本　斎藤本
（1）「と盤」…「之」　薦「与」　寛「と者」　天「と盤」　韓「登」
（2）「有之候而」…「在之」　薦天韓「有之」　寛「在之」
（3）「ニても」…「ニも」　薦寛「ニ而も」　天「ニ茂」　韓「尓ても」
（4）「船将(センジヤグ)」…「船将」　薦韓「船将」　寛「盤持」　天「船将」

（5）「罷成候」…「成り安起」　薦韓「成安キ」　寛天「成安起」
（6）「ニ」…「候」　薦寛「候」　天「候ニ」　韓「ニ」
（7）「有之事」…「㕝」　薦韓「有之事」　寛「在之事」　天「在之㕝」
（8）「訳を」…「訳」　薦韓「訳」　寛天「訳を」
（9）「事ニ候」…「事故」　薦韓「事ニ候」　寛天「㕝ニ候」
（10）「記し有之由」…「在之候由」　薦「記シ有之候由」　寛天「記し有之由」　韓「記シ有之候」
（11）「正徳之訳官」…「正徳」　薦「正徳之譯官」　寛天韓「正徳之訳官」
（12）「滞留」…「逗留」　薦「逗留」（右朱書入「滞」）　寛天韓「逗留」
（13）「御心得」…「心得」　薦「心得」（右朱書入「御」）　寛天韓「心得」
（14）「事」…「御㕝」　薦「御事」　寛「㕝」　天韓「事」

24　一、惣体(1)三使之心入(2)いつとても御国ゟ抑制（ヨクセイ／ヲシツクル）(3)をうけ申間敷との我意有之様ニ相見へ候故曽而抑制ニてハ無之日本与朝鮮と盤風義之違ひ有之朝鮮之思召ニてハ日本向ニ合不申何とそ両国之間宜キ様ニと思召候所より被仰入事ニ候古人之言葉ニも使ハ従ヒレ俗ニ禮ハ従フレ宜ニ(4)と申候間朝鮮之國體(5)ニ阿つ可り候儀ハ各別ニ候其外(6)ハ申入候趣を得与被(7)御聞通候様ニと御丁寧ニ可被仰入事ニ候

芳洲会本　斎藤本

（1）「惣体」…「惣躰」　薦寛韓「惣躰」　天「惣体」
（2）「心入」…「心持」　薦寛天韓「心入」
（3）「抑制（ヨクセイ）」…「抑制」　薦「抑（ヨク）制」　寛天「抑制」　韓「抑制（ヲシツクル）」
（4）「禮ハ従（ヲシツクル）フレ宜ニ」…「禮従（ヲシツクル）フレ宜」　薦「禮ハ従フレ宜」　寛天「禮ハ従フレ宜ニ」　韓「禮従宜」
（5）「國體」…「国躰」　薦韓「国躰」　寛「國躰」　天「國体」
（6）「外ハ」…「外」　薦「外」（右朱書入「ハ」）　寛天韓「外」
（7）「被御聞通」…「被仰通」　薦「被聞届」　寛韓「被聞通」　天「被御聞通」

25

一、信使之時行中之書キ物（1）を被禁候事天和年ニ始り天和御記録ニ委細相見へ居申候元来此方ゟ被仰上候付公儀ゟ被仰出たる事ニて候（2）筆談等ミ多りニい多し候ハ若ハ国事を漏し（3）可申哉との恐有之事ニ候故是ハ被禁候段其訳有之事ニ候へとも書キ物（4）を被禁候事ハ訳難立事ニ而とても御指圖を守り申さぬ事ニ御座候（5）間御禁制被成候事重而ハ御無用ニ被成可然候且又信使之時方々ゟ書物之御頼ミ大分御家老中（6）へ申来不得已一々御請込被成候（7）故右書キ物之義（8）ニ付信使屋殊外さ王可しく外之御用之妨ニ成候事甚有之候重而信使之節書物之御頼ミ有之候ハヽ、額字ニ候ハヽ、（9）二三枚壱枚（10）唐紙ニ書候事（11）ニ候ハヽ、二枚可六枚可（12）屏風用ニ成候外ハ罷成り申間敷候其分通詞頭へ申付可置候間彼方へ紙を被遣御書せ可被成候[13]与被仰越御家老中ニハ[14]書物之事ニ[15]御かまひ不被成候様ニ有之度事ニ候書物之事ニ而御詰問もせい〳〵[16]と有之殊ニ享保年ニ[17]龜井隠岐守様ゟハ長持一竿ニ[18]裏打い多し候唐紙入レ[19]被遣候而書物御望被成候故道中船中御国迄ニ段々御書せ被成候へとも全ク済可祢申程ニ御座候[20]定而御家中銘々望候分も其内ニ入申候[21]故如右大分[22]ニ成りたる事と存[23]候何之益[24]も無之事ニ御家老中ニ[25]も臨時之御世話[26]を被成并[27]ニ役人中之手をも被塞候[28]段甚以如何敷事[29]ニ御座候

　　芳洲会本　　　斎藤本

(1)「書キ物」…「書物」　薦天「書キ物」　寛「書起物」　韓「書物」
(2)「て候」…「候」　薦寛天韓「候」
(3)「漏し」…「洩」　薦韓「洩シ」　寛天「洩し」
(4)「書キ物」…「書物」　薦寛天韓「書物」
(5)「御座候」…「候」　薦寛天韓「候」
(6)「書物之御頼ミ大分御家老中へ申来」…「御家老中へ書物越御頼大分申来り候」
薦「御家老中へ書物之御頼大分申来候」　寛天韓「御家老中江書物之御頼大分申来候」
(7)「請込」…「受込」　薦寛天韓「請込」
(8)「書キ物」…「書物」　薦寛天韓「書物」
(9)「ニ候ハヽ」…「ニ而者」　薦寛天韓「ニ而候ハヽ」

(10)「壱枚」…「一枚」　蕉寛天「壱枚」　韓「一枚」
(11)「書候事ニ」…「書叓」　蕉寛天「書事ニ」　韓「書候事」
(12)「六枚可」…「六枚」　蕉寛天韓「六枚」
(13)「可被成」…「可成」　蕉寛天韓「可被成」
(14)「ニハ」…「ハ」　蕉「ニハ」　寛天韓「ニ者」
(15)「ニ」…「ニハ」　蕉寛天韓「ニ」
(16)「せい〳〵」…「せひ〳〵」　蕉寛韓「せひ〳〵」　天「せい〳〵」
(17)「年ニ」…「年」　蕉寛韓「年ニ」　天「年」
(18)「竿ニ」…「棹」　蕉寛「竿」　天「棹」　韓「竿耳」
(19)「唐紙入レ」…「唐紙を」　蕉寛天「唐紙を入」　韓「唐紙ヲ入」
(20)「御座候」…「在之候」　蕉寛天韓「御座候」
(21)「申候」…「候」　蕉寛韓「申候」　天「候」
(22)「大分ニ」…「大分」　蕉寛天韓「大分ニ」
(23)「存」…「被存」　蕉寛天韓「存」
(24)「益も」…「益」　蕉寛天韓「益も」
(25)「ニも」…「も」　蕉寛天韓「ニも」
(26)「世話を」…「世話」　蕉「世話ヲ」　寛天「世話を」　韓「世話」
(27)「并ニ」…「并」　蕉寛天韓「并」

(28)「手をも被塞候」…「手を塞キ候」 薦「手をも塞キ候」（右朱書入「被」） 寛「手をも塞キ候」 天「手を茂塞キ候」 韓「手ヲ塞候」

(29)「事ニ」…「事」 薦韓「事ニ」 寛「事尓」 天「叓ニ」

26 一、詩文章真文役之外取次候事堅ク無用(1)ニ可仕与(2)堅ク可被仰付事ニ候外より取次候而ハ不宜訳数多有之候

(1)「堅ク無用」（芳洲会本）…「無用」（斎藤本） 薦「無用」（右朱書入「堅ク」） 寛韓「無用」 天「堅ク無用」

(2)「可仕与」…「仕候様ニ」 薦天韓「仕候様ニ」 寛「仕候様」

27 一、重而之信使尓盤(1)大佛(2)ニ被立寄候事兼而朝鮮へも(3)被仰通置(4)御無用ニ被成可然候其訳ハ委細享保信使之(5)御記録ニ相見へ候明暦年日光へ衆詣仕候様ニと(6)被仰出候ハ御廟(ベウ)(7)制之華美を御見せ可被成との事与相聞へ大佛ニ被立寄候様ニとの事(8)も一ツハ日本ニ弥敷大佛有之と申事を御志らせ被成一ツハ耳塚を御見せ被成日本之武威を阿ら者さるへくとの事と相聞へ候へとも

何も飄逸(ヘウイツ/ダテナル)なる[9]御所見ニ候庿制(ベウセイ)[10]ハ節倹を主とい多し候故其楹(ハシラ)ニ丹ぬ里[11]其桷(タルキ)ニ刻(キサミ)[12]候事春秋ニそしら連候へハ[13]御庿制之華美朝鮮人之感心い多ら須へき[14]様無之佛之功徳ハ大小ニよるましく候處ニ有用之財を費し無益[15]之大佛を被作候事是又阿さ介り候一端ニ而耳塚とても豊臣家無名之師(イクサ)[16]を起し両国無数之人民を殺害せられ多る事に[17]候へハ其暴悪をかさ年て可申出事ニ候而[18]いつ連も　華燿(クワヨウ)[19]之資(タスケ)尓盤成不申却而我国之不学無識(フガクムシキ)[20]を阿ら者し候のミニ而御座候正徳年[21]信使大佛へ[22]被立寄候節耳塚をかこ者連享保年ニも其例を以朝鮮人之見申さぬ様ニ被成候是ハ誠ニ成徳(セイトク)[23]之事たる遍く候此段も兼而新井筑後守様へ御内意被仰上御聞通有之かこ者連候様ニ成堂る事ニ候右之次第ニ候故重而之信使[24]ニハ京都之止宿并[25]ニ大佛へ被立寄候事御止被成可然事ニ候若も長途之始ニ候故以前ゟ京都ニ而休息被仰付候所[26]川舟ゟ直ニ旅行と申事如何哉与申訳も有之候ハヽ幸湖水ハ日本之絶景ニ候而[27]其所ニ止宿い多し候ハ[28]一行之者も悦可申事[29]ニ候故成申事ニ[30]候ハヽ高観音を信使屋ニ被成大津[31]ニ両日程被致休宿[32]候様ニ被成可然候享保年京都を昼休と公儀ゟ被仰出兼而朝鮮へ為被仰遣置事ニ候所三使病氣と号し京都[33]ニ逗留い多し候ハ右昼休と申事訳官共都表へハ不申達事之様[34]ニ相見へ候キ

（1）芳洲会本「重而之信使尓盤」…斎藤本「重而信使之節」　薦「重而信使尓盤」　寛天韓「重而信使ニ者」
（2）「ニ」…「江」　薦寛天「ニ」　韓「江」

（3）「朝鮮へも」…「朝鮮へ」　薦「朝鮮へ」（右朱書入「も」）　寛「朝鮮へ」　天「朝鮮江」　韓「朝鮮」

（4）「置」…「置候義」　薦「置候而」　寛「置候叓」　天韓「置」

（5）「信使之」…「信使」　薦寛韓「信使」　天「信使之」

（6）「様ニと」…「様ニ」　薦天「様ニ」　韓「様」　寛（文欠）

（7）「庿（ベウ）」…「廟」　薦天韓「廟」　寛（文欠）

（8）「被立寄候様ニとの事」…「被寄候叓」　薦「被寄候様ニ与之事」　天「被寄候様ニ与之叓」　韓「被寄候様ニとの事」　寛（文欠）

（9）「飄逸（ヘウイツ／ダテナル）なる」…「飄逸成」　薦「飄逸成（ダテ）」　寛「飄逸成ル」　天韓「飄逸なる」

（10）「庿制（ベウセイ）ハ」…「廟制者」　薦寛韓「廟制者」　天「庿制ハ」

（11）「楹（ハシラ）ニ丹（ニ）ぬ里」…「楹ニ丹を塗」　薦「檣ニ丹ヲ塗」（右朱書入「楹」）　寛天「楹（ハシラ）ニ丹を塗り」　韓「楹ニ丹越ぬり」

（12）「桷（タルキ）ニ刻（キサミ）」…「桷（タルキ）を割」　薦「桷（タルキ）刻ミ」　寛「桷刻」　天「桷ニ刻ミ」　韓「桷ヲ刻ミ」

（13）「庿」…「廟」　薦寛天韓「廟」

（14）「朝鮮人之感心い多ら須へき」…「朝鮮人感心可致」　薦寛韓「朝鮮人関心可致」　天「朝鮮人之関心可致」

（15）「無益」…「無用」　薦寛天韓「無用」

(16)「師(イクサ)」…「師」　薦「師(イクサ)」　寛天韓「師」

(17)「多る事」…「候事」　薦「多る事」　寛韓「堂る事」　天「たる叓」

(18)「ニ候而」…「ニ而」　薦寛天韓「ニ而」

(19)「華燿(クワヨウ)」…「華燿し(カガヤケ)」　薦天「華燿」　寛「華燿(ヨフ)」　韓「華輝」

(20)「不学無識(フガクムシキ)」…「無学無識」　薦寛天「無学無識」　韓「無学無義」

(21)「正徳年」…「正徳」　薦寛天「正徳」　韓（文欠）

(22)「へ」…「ニ」　薦寛「へ」　天「江」　韓（文欠）

(23)「成徳(セイトク)」…「御盛徳」　薦寛天「盛徳」　韓「聖徳」

(24)「而之」…「而」　薦「而」（右朱書入「之」）　寛「而」　天韓「而之」

(25)「并ニ」…「并」　薦寛天韓「并」

(26)「被仰付候所」…「被仰付」　薦「被仰付」（右朱書入「候所」）　寛韓「被仰付」　天「被仰付候所」

(27)「ニ候而」…「ニ而候得者」　薦「ニ而候へハ」（右朱書入「間」）　寛「ニ而候得者」　天「ニ而」　韓「ニて候得者」

(28)「候ハ」…「候義」　薦「候義」（右朱書入「候ハ、」）　寛韓「候儀」　天「候ハ、」

(29)「悦可申」…「悦申」　薦「悦申」（右朱書入「可」）　寛「悦ひ申」　天韓「悦申」

(30)「事ニ」…「事」　薦天韓「事ニ」　寛「叓ニ」

(31)「大津ニ」…「大津」　薦天韓「大津ニ」　寛「大津尓」

(32)「休宿」…「休息」　薦寛天韓「休息」
(33)「京都ニ」…「京都」　薦寛韓「京都ニ」　天「京都江」
(34)「事之様」…「事様」　薦寛韓「事之様」　天「叓之様」

28　一、天和年日本道中之列樹何も古木ニ而枝葉を損し候体(1)無之候を見被申候而法令之厳肅(ケンシク)(2)成故ニ候と三使殊外感心被致候由ニ候(3)日光大佛を以誇耀(クワヨウ)(4)可被成与思召候而もそれニハ感心も無之却而日本人之心付申さぬ列樹ニ感心有之候ニ而是又朝鮮日本(5)志尚(シシヤウ)之(ノ)所レ在ル(6)を志るへき事ニ候正徳年ニハ道中之乞匄人(7)を尽ク(8)被除候而宜ク候所享保年ニハ(9)盲人比丘尼迄徘徊し見苦キ事ニ候キ(10)是又重而之信使ニハ兼而公儀へ可被仰上事ニ候

芳洲会本　斎藤本
(1)「体」…「躰」　薦寛韓「躰」　天「体」
(2)「厳肅(ケンシク)」…「厳粛」　薦「厳肅」　寛「厳粛(シユク)」　天韓「厳粛」
(3)「由ニ候」…「由」　薦天「由ニ候」　寛韓「よしニ候」
(4)「誇耀(クワヨウ)」…「誇耀(ホコリ)」　薦「誇耀(ホコリ)」　寛「袴耀(クワヨウ)(ホコリ)」　天「跨耀」　韓「誇耀」
(5)「朝鮮日本」…「日本朝鮮」　薦寛天「朝鮮日本」　韓「日本朝鮮」
(6)「志尚(シシヤウ)之(ノ)所レ在ル」…「志尚の在候所」　薦寛「志尚之有ル所」　天「志尚之有る所」　韓「志尚

の在ル所」
（7）「道中之乞匄人」…「乞食」　薦「乞食」（右朱書入「道中之乞丐人」）　寛天韓「乞食」
（8）「尽ク」…「悉ク」　薦天「悉く」　寛韓「悉ク」
（9）「所」…「處」　薦韓「処」　寛「處」　天「所」
（10）「見苦キ事ニ候キ」…「見苦鋪叓ニ候」　薦天「見苦敷事ニ候キ」　寛「見苦鋪事ニ候」　韓「見苦鋪事ニ候へき」

29　一、享保年信使ニ相附候護衛（ゴエイ）(1)之軍官ハ騎馬にて無之候而ハ如何ニ候へとも其外之上官共ハ駕籠(2)ニ被仰付候ハヽ、其身共堂めニもよろしく日本諸大名之費をも省キ候事ニ候故訳官共へ被申談相頼候事ニ候ハヽ、公儀へ可被仰上候間可被申越候志可し憔ニ成可申哉否之義ハ不相知事ニ候間究メ候而ハ(3)被申間敷候と裁判方へ被仰遣候處ニ(4)裁判方(5)失念被致訳官共へ不被申聞候内ニ最早國々江被仰付候馬割(6)相濟ミ令延引候故其沙汰ニ及不申候重而ハ何とそ護衛之外ハ駕籠(7)ニ成り候様ニ有之度事ニ候享保年書記共乗候筈之駕籠ニ(8)軍官共之内書記を押のけ乗候族間々有之候重而之(9)信使ニ(10)ハ軍官共駕籠(11)ニ乗候先規有之候と(12)申候而必ハ駕籠(13)を乞候事なと可有之哉与存事(14)ニ候

芳洲会本　斎藤本

(1)「護衛(ゴエイ)」…「護衛」　薦寛天韓「護衛」
(2)「駕籠」…「駕篭」　薦「駕篭」　寛天韓「駕籠」
(3)「究メ候而ハ」…「極而ハ」　薦「究候而ハ」　寛「究候而者」　天「究メ候而者」　韓「究而者」
(4)「處ニ」…「處」　薦「處」　寛韓「処」　天「所」
(5)「裁判方」…「裁判」　薦寛天韓「裁判」
(6)「馬割」…「馬刻」　薦天韓「馬割」　寛「馬刻」
(7)「駕籠」…「駕篭」　薦「かこ」　寛天韓「駕籠」
(8)「駕籠ニ」…「駕籠」　薦「可こ」（右朱書入「ニ」）　寛天韓「駕籠ニ」
(9)「而之」…「而」　薦「而」（右朱書入「之」）　天韓「而」　寛「而之」
(10)「信使ニ」…「信使之節」　薦寛天韓「信使ニ」
(11)「駕籠」…「駕篭」　薦「可こ」　寛天韓「駕籠」
(12)「候と」…「と」　薦「候与」　寛天「候と」　韓「候登」
(13)「駕籠」…「駕篭」　薦「駕篭」　寛天韓「駕籠」
(14)「事」…「候事」　薦韓「事」　天「候叓」　寛（文欠）

30　一、訳官[1]之義ハ各別ニ[2]恩賜を厚ク被成御国之御蔭ニて無之候而ハ其身立[3]不申候と存候様ニ被成可被置事[4]ニ候公儀向を思召候へハ御老中方之御用人へハ別段之御手入[5]を被成候同然之心持[6]ニ御座候而[7]訳官共御国を於ろそ可ニ存候様ニ罷成候而ハ甚御為ニ成り申間敷[8]候其内常例ニ成り不申候様ニ被成候御處置肝要ニ而御座候[9]叅判使渡海之節木綿被下候義最初ハ不時之恩賜ニ候所[10]只今ニハ常例之様ニ罷成候ヶ様[11]候而ハ如何敷奉存事ニ御座候[12]古舘之時此方ゟ被仰掛候事有之久々埒明不申候付訳官之内李判事与申者日本人ニ内通い多し候ハ拙子事を東萊前ニ而散々[13]御叱り候而其上ニ打擲可被成候左候ハヽ此事相済可申与[14]申候故其通ニい多し候所[15]果而其事埒明たると申候訳官之身としてヶ様之事可申様無之義候[16]へとも其節迄ハ乱後之余威ニ而日本人之諸事暴戻(ボウレイ)[17]なる仕形ニ恐レ候心強候而よしハ其身辱を取候も此事を[18]早ク埒明一時之苦難を免連申度と存候[19]壱ツ[20]且ハ其砌迄ハ御商賣之次第も彼此共ニ[21]今とハ違候而日本人の堂め相働候へハ其身[22]勝手ニ成候所[23]有之候故利得ニ目を掛ヶ候心[24]も有之威ニ脅(オビヤカサレ)利ニ誘(ミチヒカレ)[25]候此両端ニ而右之内通をもい多し堂るに[26]而候此外ニも是ニ類し堂る事其節迄ハ[27]い可本とも有之李判事一人而已[28]ニ而ハ無之候今ニ成候而ハ餘威も無之又相働候とても別而益を得申事[29]も無之候へハ判事中之心入昔に盤殊外違申筈ニ御座候[30]故恩賜之所ニ別而可被添御心事ニ候[31]殊[32]御商賣方ニ而商人を志堂しミ訳官を疎し候様ニなと有之候ハヽ御隣好[33]之御用向ニハ必指支[34]出来可致候故了簡[35]可有之事ニ御座候近来誰[36]ニ而候哉小役人[37]之内昔之仕形を聞傳へ居東萊前ニ而訳官之鬢を取申候㊳へハ訳官共却而憤怒い多し其事弥㊴埒明可祢候と申候㊵是ハ俗説ニ申候古流當流之差別無之与申類ニ而事情時勢を分チ申さぬ不了㊶簡堂るへく候

芳洲会本　斎藤本

（1）「訳官」…「譯官共」　薦寛「譯官共」　天韓「訳官共」
（2）「各別ニ」…「各別」　薦寛天韓「各別」
（3）「其身」…「其身とも」　薦寛天韓「其身」
（4）「事」…「叓候事」　薦寛天韓「事」
（5）「手入を」…「手入」　薦寛天「手入を」　韓「手入越」
（6）「ニ」…「ニ而」　薦寛天韓「ニ」
（7）「御座候而」…「御座候」　薦「御座候」（右朱書入「間」）　寛「候而」　天「御座候」　韓「御座候而」
（8）「成り申」…「成」　薦韓「成り申」　寛天「成申」
（9）「被成候御處置肝要ニ而御座」…「御所置肝要ニ」　薦「御處置肝要ニ」（右朱書入「て御座候」）　寛「御處置肝要ニ」　天「御所置肝要ニ」　韓「御處置肝要候」
（10）「所」…「處」　薦「処ニ」　寛韓「處」　天「所」
（11）「候」…「ニ候」　薦寛韓「ニ候」　天「候」
（12）「事ニ御座候」…「事候」　薦寛天「事ニ候」　韓「候事候」
（13）「散々」…「散々ニ」　薦寛天韓「散々ニ」

(14)「申」…「申候」薦寛天韓「申」

(15)「所」…「處」薦「処ニ」寛韓「処」天「所」

(16)「候」…「ニ候」薦天韓「ニ候」寛（欠字）

(17)「日本人之諸事暴戾《ボウレイ》」…「日本人諸事暴戾」薦「日本人諸事暴戾《モトル》」寛「日本人之諸事暴戾」天韓「日本人諸事暴戾」

(18)「候も此事を」…「候而成とも此事」薦「候而成共此事」（右朱書入「を」）寛「候而此攴を」（右書入「成共」）天「候而成共此事を」韓「候而成りとも此事越」

(19)「と存」…「存」薦「与存」寛韓「存」天「と存」

(20)「壱ツ」…「一ツ」薦天「一ツ」寛「壱ツ」韓「一と川」

(21)「彼此」…「彼方」薦天韓「彼方」寛「彼此」

(22)「身」…「身之」薦天「身之」寛「身」韓「身の」

(23)「所」…「處」薦天韓「所」寛「攴」

(24)「掛ケ候心」…「懸候所」薦寛天「掛候心」韓「掛ケ候心」

(25)「威ニ脅《オビヤカサレ》利ニ誘《ミチヒカレ》」…「威尓脅《ヲヒヤカサレ》利に誘レ」薦「威ニ脅《ヲヒヤカサレ》レ利ニ誘《サソワレ》」寛「威ニ脅さ連利尓誘ひ」天「威を恐連利ニ誘」韓「威脅《ヲヒヤカサレ》利ニ誘《ミチビカレ》」

(26)「をも」…「を」薦寛「越」天韓「を」

(27)「迄ハ」…「迄」薦「迄」（右朱書入「ハ」）寛「迄ハ」天「迄者」韓「迄盤」

(28)「而已」…「耳」薦韓「のミ」天「而已」寛（欠字）

(29)「申事」…「候事」　薦韓「申事」　天「候事」　寛（文欠）
(30)「御座候」…「候」　薦「候」（右朱書入「御座」）　寛天韓「候」
(31)「ニ候」…「候」　薦寛天韓「ニ候」
(32)「殊」…「殊ニ」　薦寛天韓「殊ニ」
(33)「隣好」…「隣交」　薦天韓「隣交」　寛「隣好」
(34)「指支」…「差碍」　薦寛天韓「差支」
(35)「了簡」…「量簡」　薦天韓「了簡」　寛「了簡（ケン）」
(36)「誰」…「誠」　薦寛天韓「誰」
(37)「之」…「可」　薦寛天韓「之」
(38)「申候」…「候」　薦天韓「申候」　寛「候」
(39)「弥」…「愈」　薦寛天韓「弥」
(40)「候と申候」…「申候」　薦「申候」（右朱書入「候と」）　寛「候と申候」　天「候与」　韓「申候」
(41)「不了簡」…「不量簡」　薦「了簡」（右朱書入「不」）　寛天韓「不了簡」

31　一、御時勢不宜候付御送使御やとひ被成候事最早両度有之候此後又左様之事有之間敷とも難中(1)候御所務御庫入ニ成候所(2)御為之様ニハ(3)相見へ候へとも元来御家来へ(4)他国より馳走い多し候食物を上ニ被召上候と申事義理ニ當り(5)可申様無之其上吴国人之存入も不宜勿論御家中之難儀ハ無限事ニ而當時ハ御為と見へ(6)候而も落着ハ甚御為ニ不罷(7)成候と申所ニ心付無之候段(8)慨(ガイ)嘆(タン)之極(キヨク)(9)ニ候間若も左様之沙汰(10)申上候人有之候ハヽ、上ゟハ叱責(シツセキ)(11)可被成事ニ御座候(12)

芳洲会本　斎藤本

(1)「難中」…「難中上」　薦寛天韓「難中」
(2)「所」…「儀」　薦「義」　寛「事」　天韓「儀」
(3)「ニハ」…「ニ」　薦「ニ」(右朱書入「者」)　寛天韓「ニ」
(4)「元来御家来へ」…「元来」　薦寛韓「元来御家来へ」　天「元来御家来江」
(5)「當り」…「中り」　薦寛韓「當り」　天「中り」
(6)「見へ」…「相見」　薦韓「相見へ」　寛「見へ」　天「相聞江」
(7)「罷」…「相」　薦寛韓「罷」　天「相」
(8)「候段」…「段」　薦天「段」　寛韓「候段」
(9)「慨(ガイ)嘆(タン)之極(キヨク)ニ」…「慨嘆之極」　薦寛天「慨嘆之極ニ」　韓「慨嘆之程ニ」
(10)「沙汰」…「事」　薦寛天韓「沙汰」
(11)「ハ叱責(シツセキ)」…「叱責」　薦天韓「叱責」　寛「ハ叱責」
(12)「事ニ御座候」…「御事候」　薦「御事ニ候」　寛「事ニ御座候」　天韓「事ニ候」

32　一、古舘之(1)時分迄ハ朝鮮乱後之餘威有之候故朝鮮人を無理を以押付置訳官共其身難義之余り中間ニ而都之首尾よろしく取繕ひ成可堂き事も成り候様ニい多し候故以ニ強狼ヲ一取リレ勝ヲ候(2)を朝鮮を制御(セイギョ)(3)春るの良策(4)と人々心得居候新舘ニ成候(5)而ハ餘威も段々薄ク成り無體(6)ニ勝を取候事難成勢ニ成候へとも餘威(7)の薄ク成堂ると申所にハ心付無之此方仕様之不宜故とのミ人々存居竹嶋一件まて威力　恐喝(ケウカツ・オドシシカリ)(8)を以勝を可取との趣ニ候へとも七年を歴(9)候而其事成申さぬのミなら須却而御外聞ニ妨ケ有之様ニ罷成候故三十年(10)来ハ右之風相止ミ(11)只今尓盤先結構成事(12)ニ候志可し朝鮮人之才智ハ日本人之所及(13)ニ阿ら須候へハ此後御處置不宜候ハヽ世話ニ申候何某之木刀と申様ニ阿ちらこちらに成可申恐有之候故其所ニ心を可用事(14)ニ候四五(15)十年(16)以前迄ハ日本人刀を抜候へハ朝鮮人恐懼(ケウク)逃奔(タウホン)(17)い多し候所(18)ニ最早十四五年(19)ニも成可申哉炭薪取ニ叅候志堂け共(20)を軍官之内一人刀を抜キ追ちらし候者有之候　履(フンデ)レ霜ヲ堅(カタキ)氷(ヒ)至(イタル)(21)と申ハケ様之事ニ候故有智之人(22)ハ後来を慮可申事ニて候(23)

　　　芳洲会本　　　斎藤本

(1)「古舘之」…「古舘」　薦「古舘」（右朱書入「之」）　寛韓「古舘」　天「古舘」

(2)「以ニ強狼ヲ一取リレ勝ヲ候」…「以テニ強狼ヲ一取レ勝候」　薦「以レ強狼ヲ取レ勝候」　寛韓「以テニ強狼ヲ一

取リレ勝ヲ候」　天「以ニ強狼ヲ一取リレ勝ヲ候」

（3）「制御（セイギヨ）」…「制御」　薦「威」（右朱書入「餘」）　寛韓「威」　天「制御」

（4）「良策」…「上策」　薦寛天韓「上策」

（5）「而ハ」…「而」　薦天「而」　寛「而者」　韓「て」

（6）「無體」…「無躰」　薦寛韓「無躰」　天「無体」

（7）「餘威」…「威」　薦「威」（右朱書入「餘」）　寛韓「威」　天「餘威」

（8）「恐喝（ケウカツ／オドシシカリ）」…「恐喝」　薦「威」（右朱書入「餘」）　寛韓「威」　天「恐喝」

（9）「を歴候而」…「之経ニ而」　薦天「を経候而」　寛「越経候而」　韓「越経て」

（10）「三十年」…「三拾年」　薦「卅年」　寛「三拾年」　天韓「三十年」

（11）「只今」…「唯今」　薦天「只今」　寛韓「唯今」

（12）「事ニ」…「事」　薦天韓「事ニ」　寛「叓ニ」

（13）「所及」…「及處」　薦寛天韓「及所」

（14）「事ニ」…「事」　薦寛天韓「事ニ」

（15）「四五十年」…「四五拾ヶ年」　薦寛天「四五拾年」　韓「四五十年」

（16）「以前」…「已前」　薦寛天「以前」　韓（欠字）

（17）「恐懼逃奔（ケウクタウホン）」…「恐懼逃奔（ホン）」　薦「恐懼逃本」（右朱書入「奔」）　寛天「恐懼逃奔」　韓「恐懼逃走」

（18）「所ニ」…「處」　薦「所」（右朱書入「尓」）　寛「處」　天韓「所」

(19)「十四五年」…「拾四五ヶ年」　薦天韓「十四五年」　寛「四五拾年」
(20)「共」…「者」　薦天「共」　寛韓「とも」
(21)「履（フンデ）レ霜ヲ堅（カタキ）氷（ヒ）至（イタル）ル」…「履レ霜堅氷ニ至ル」　薦「履（フンテ）レ霜ヲ堅氷ニ至ル」　寛「履レ霜ヲ堅氷至ル」　天「履霜堅氷至ル」　韓「履レ霜ヲ堅氷ニ至ル」
(22)「之人」…「人」　薦天「人」　寛韓「之人」
(23)「ニて候」…「候」　薦寛天韓「ニ候」

33　一、古来朝鮮之書キ物(1)ニ敵國と有之候を敵國と盤對礼之国と申字義ニ候段其心得無之ヶ様ニ御誠信を以隣好(2)を被結候へとも朝鮮尓盤尓今舊怨(3)を忘レ不被申日本をか堂き国(4)と被書候と相心得又御国ゟ朝鮮之堂め日本之海賊(5)を被防候と申事を書述候とて對刕ハ朝鮮之藩屏（ハンヘイ）(6)と成候とて(7)此方之書キ物ニ書付ヶ藩屏と申言葉(8)ハ家来之主人ニ對し申言葉ニ候と申所ニ心付無之候人有之候ヶ様之事我々式粗学之人尓ハ今以其弊難免事ニ候(9)文字を得与讀分ヶ不申候而ハ了簡も夫ニ應し申事ニ候へは兎角御国之義(10)他方とハ甚遠候(11)事ニ而学問(12)才力之勝レ候人を御持(13)不被成候而ハ如何程上ニ心を御尽し被成候而(14)も御隣好(15)之筋難立可有之と存候(16)学力有之人を御取立(17)被成候義切要之御事ニ御座候(18)

芳洲会本　　斎藤本

（1）「書キ物ニ」…「書物」　薦天韓「書物ニ」　寛「書物尓」
（2）「隣好」…「隣交」　薦「隣交」（右朱書入「好」）　寛天韓「隣交」
（3）「舊怨」…「舊(キウ)怨」　薦寛「舊怨」　天韓「旧怨」
（4）「をか堂き国」…「之敵」　薦「を敵」（右朱書入「国」）　寛「之か堂起國」　天「をかたぎくに」　韓「越か堂起登」
（5）「日本之海賊」…「海賊」　薦「海賊」（右朱書入「日本之」）　寛韓「海賊」　天「日本之海賊」
（6）「藩屛(ハンヘイ)」…「藩屛」　薦寛天韓「藩屛」
（7）「とて」…「与」　薦「与」　寛天韓「と」
（8）「言葉ハ」…「言葉」　薦「言葉」　寛「言葉者」　天「言葉ハ」　韓「言葉盤」
（9）「難免事ニ候」…「難レ免事候」　薦「難免」（右朱書入「事ニ候」）　寛天「難免叓ニ候」　韓「難免事ニ候」
（10）「他方」…「他国」　薦「他國」　寛天韓「他国」
（11）「甚遠」…「遠」　薦「甚遠イ」　寛「遠ひ」　天「甚遠」　韓「甚遠ひ」
（12）「学問」…「學文」　薦寛天「学問」　韓「學問」
（13）「御持」…「御待」　薦寛韓「御持」　天「御待」
（14）「候而」…「而」　薦寛天韓「候而」
（15）「隣好」…「隣交」　薦「隣交」（右朱書入「好」）　寛「隣好」　天韓「隣交」

(16)「学力」…「學問」 薦「学問」 寛「学問才力」 天「学力」 韓「學力」
(17)「取立」…「執立」 薦寛天韓「取立」
(18)「御座候」…「候」 薦寛天韓「御座候」

34 一、舘中へ入申候炭薪年中之数(1)を積り立其分米ニ而入候様ニい多し可然候(2)与訳官共内々ニ而町人共へ申談し右之町人其旨申上候處舘中遣用之薪ハ毎度水夫共ニ(3)きらせ可被指渡候故(4)是ハ御為宜事ニ候と申人(5)も有之候へとも相定り堂る年條之御買米さへ未収ニい多し候朝鮮人ニ候へハ炭薪之代りニ入来候米別条有之間敷とも難申其上年條御買米之内を以炭薪之代(6)と号し入来候様ニ有之候而ハ畢竟不宜候(7)との義ニ而右之沙汰相止ミ候此義朝鮮人方より少も無如在代り之米を入来候ニい多し候而も甚不宜事ニ候其訳ハ舘内(8)ニて舘守裁判送使僉官御横目不時之御使者を始メ(9)只今(10)迄ハ炭薪を快ク遣ひ其餘りハ留舘之者共へも及候程(11)ニ有之候所(12)上ゟ何程ツ、と御究(13)被成炭薪(14)被相渡候時定而精ク其法相立可申候故書付を以見(15)申候時ハ成程きこへ堂る様(16)ニ可有之候へとも被取行候時朝鮮在留之人之難儀(17)限もなき(18)事ニ而可有之候其上年中渡り(19)候炭薪之数大分之事ニ候へ(20)ハ両御関所之改も手之届キ申事ニ而無之此外ニも當時相知レ申さぬ指支へ如何程も出来可致候故不了簡(21)と申候而もヶ様之不了簡(22)ハ又有之間敷候此義も眼前之[23]御堂めと申所ニのミ心付候而永々御為不宜[24]と申所ニ思慮とゝき不申候故ニ候惣体[25]朝鮮之事ハ只今迄〆利益有之[26]事ハ有之間敷候哉[27]と致思慮候ハ皆々不宜[28]候何とそ只今迄之[29]通無別条相續い多し候様ニと可存事ニ御座候

芳洲会本　斎藤本

（1）「年中之数」…「年中」　薦「年中之」（右朱書入「数」）　寛韓「年中之」　天「年中之数」

（2）「可然候」…「可然」　薦寛「可然候」　天韓「可然」

（3）「共ニ」…「とも」　薦「共ニ」　寛「ともへ」　天「共江」　韓「ともニ」

（4）「指渡候故」…「差渡候処」　薦「差渡所」（右朱書入「故」）　寛韓「差渡候處」　天「差渡候故」

（5）「人も」…「人」　薦寛天韓「人も」

（6）「炭薪之代りニ入来候米別条有之間敷とも難申其上年條御買米之内を以炭薪之代」…「炭薪の代」　薦「炭薪之代りニ入来候米別条有之間敷共難申間其上年条御買米之内を以炭薪之代り」　寛「炭薪之代ニ入来候米別條在之間鋪とも難申其上年條御買米之内を以炭薪之代」　天「炭薪之代りニ入来候米別条有之間敷共難申其上年條御買米之内を以炭薪之代り」　韓「炭薪之代り耳入来候米別条有之間鋪とも難申其上年條御買米之内ヲ以炭薪之代り」

（7）「候」…「事ニ候」　薦天韓「事ニ候」　寛「支ニ候」

（8）「訳ハ舘内」…「訳舘中」　薦「訳舘中」（右朱書入「ハ」）　寛「訳舘中」　天「訳ハ館中」　韓

「訳者館中」
(9)「始メ」…「初」 薦寛天「初」 韓「始メ」
(10)「只今」…「唯今」 薦天韓「只今」 寛「唯今」
(11)「程」…「様」 薦寛天韓「程」
(12)「候所」…「處ニ」 薦天韓「候処ニ」 寛「候處尓」
(13)「究」…「極」 薦天「極」 寛韓「極メ」
(14)「相」…「指」 薦寛韓「相」 天「御」
(15)「見申」…「申」 薦寛韓「申」 天「見申」
(16)「きこへ堂る様」…「焼キ足ル様」 薦「焼足ル様」 寛「堂起堂る様」 天「聞江たる様」 韓「たき多る様」
(17)「人之難儀」…「人」 薦「人難義」(右朱書入「之」) 寛「人難儀」 天「人之難儀」 韓「人難義」
(18)「限もなき」…「無限り」 薦「無限」(右朱書入「モ」) 寛「無限も」 天「限りも無き」 韓「限もな起」
(19)「渡り」…「相渡」 薦「渡」 寛天韓「渡り」
(20)「へハ」…「故」 薦「得ハ」 寛天韓「へ者」
(21)「当時相知レ申さぬ指支へ如何程も出来可致候故不了簡」…「不了簡」 薦「不了簡」(右朱書入「当時相知申さぬ差支如何様も出来可致候故」) 寛韓「不了簡」 天「当時相知レ申さ怒差支亦

如何程も出来可致候故不了簡」

(22)「不了簡ハ」…「不了簡」　薦「不了簡ハ」　寛天「不了簡」　韓「不了簡盤」

(23)「眼前之」…「眼前」　薦寛天韓「眼前之」

(24)「御為不宜」…「不宜」　薦寛天韓「御為不宜」

(25)「惣体」…「惣躰」　薦寛韓「惣躰」　天「惣体」

(26)「利益有之」…「別益之」　薦寛「別益之」　天韓「利益之」

(27)「候哉」…「哉」　薦「や」　寛天韓「哉」

(28)「皆々不宜」…「不宜」　薦寛天韓「皆々不宜」

(29)「迄之」…「之」　薦天「迄之」　寛「之」　韓「迠之」

35　一、深見弾右衛門舘守之時朝鮮之女両三人(1)舘内ニかこひ置候段相知レ東莱ゟ催促有之候付不得已(2)竊ニ舘門(3)を出し候時舘外ニ而捕へ拷問之上斬罪ニ行ひ其相手を被出候様ニと名指い多し督責厳急(トクセキゲンキウ)(4)ニ候所(5)舘守ゟ色々と申者つし其内ニ年月も立候而終相手不被指出(6)事相止ニ申(7)候其節右舘守之仕形をよろしき處置ニ候と國中ニて申堂る事ニ候寶永五子ノ年(8)崔同知渡海訳官ニ罷渡候時白水源七与申者交奸い多し候間刑法ニ可被行との義礼曹ゟ之書翰持渡り申上候處已ニ弾右衛門時之訳も有之事ニ候間訳官共を或ハ志可り(9)或ハさとし無何事相濟候様ニ被成可然候と申筋多ク有之候へとも御評議被成候ハ兼而御聞被成候所[10]朝鮮ゟ御国を怨ミ被居候事数ヶ条有之其内ニ第一ハ[11]交奸之相手御出シ不被成候事第二ハ新舘[12]営造之事ニ候而[13]重而信使有之候節江戸表ニ而直訴被致可然候と議論相極り居候故若も西方之人三使ニ被罷渡候ハヽ御国御難義可被成候と朴僉知申堂る由ニ候左無之候而も義理を以申候時御隣好之間彼国ニ而深ク禁しら連候事ハ此方之者ニも其法を犯し不申候様ニと可被仰付事ニ而上之仰を守り不申其法を犯し候者ハ彼国同罪ニ不被行候とも相當之刑罰無之候而不叶筈之事ニ候故右源七義彼国へ指渡し[14]對決之上其罪分明ニ候ハヽ永々流罪ニ可被仰付との旨書付を以訳官へ被仰渡書翰ハ御請取[15]不被成候方可然候[16]と御評議相究り[17]其通ニ[18]被成候所源七義故有之對決ハ無之候へとも帰国之後一門中ゟ田舎へ下し候様ニと被仰付候其後正徳年三使被罷渡御同行被成候[19]ニ付若ハ交奸之事被申出候事[20]も可有之哉との義にて交奸之記録をも御持せ被成候所[21]江戸表[22]辞見之節ニ成り候時右交奸之義果而[23]被申出此義[24]弥同罪ニ可被行[25]との御返答無之候ハヽ辞見ニも不罷出[26]公儀へ直訴可致との事上々官を以被申候へとも兼而其[27]處置被成為被置事ニ而[28]公儀へも御内意[29]被仰上置候事ニ候故[30]御返答被成候ハ[31]右交奸之科人先年崔同知へ書付を以申渡候通永々流罪ニハ可申付候同罪ニ可申付との御返答ハ不罷成候此義公儀へ直訴被成候而もとても同罪と盤不仰付[32]候事ニ而日本国大慶之御使者[33]ニ御渡候三使ヶ様之微事公儀へ御直訴ニ及候段不可然[34]事と盤存候得共此方ゟ御留メ申候而[35]ハ對州之者をいとひ候私心ニ候哉との御疑可有之候故御勧メ申ニ而ハ

無之候へとも其段御勝手次第ニ被成此方ゟ御取次キ申様ニ成とも又ハ御馳走方へ御頼被成候と成とも可被成候と御返答被成候故㊱押而直訴被致候事も難成夫より折り渡り落着永々流罪之㊲約條ニ相究り委細ハ信使記録ニ有之候其節通詞之内より一人申候ハ先年白水源七朝鮮へ被指渡候事是程ニ無之候而も相濟ミ申事ニ候を重キ御取扱ニ候ハ朝鮮之事情うとく被成御座候故ニ候と有體存候所㊳只今ニ成り存候へハ其節左様ニ被成不被置候而ハ此度ひしと動キ申さぬ様ニ罷成筈ニ候㊴故今日ニ至り奉感心候と申堂る者有之候是も時勢を弁へ不申いつとても押付置候へハ相濟㊵候とのミ存候故之事ニ而今以得と落着キ㊶不申候人ハ心服無之事ニ候兎角義理を正し不申押付置候而相濟候と存候ハ後来之害を招㊷キ可申事ニ候

芳洲会本　斎藤本

(1)「両三人」…「三人」　薦「三人」(右朱書入「両」)　寛韓「三人」　天「両三人」
(2)「不得已」…「不得止事」　薦寛韓「不得已」　天「不得止事」
(3)「舘門を」…「舘門」　薦寛韓「舘門」　天「館門を」
(4)「督責厳急（トクセキゲンキウ）」…「督責厳急」　薦寛天韓「督責厳急」
(5)「所」…「處」　薦韓「処」　寛天「所」
(6)「指出」…「差出」　薦寛天韓「差出」
(7)「止ニ申」…「止申」　薦「止申」　寛「止ミ申」　天「止ミ」　韓「済申」
(8)「子ノ年」…「子年」　薦「子年」(右朱書入「ノ」)　寛天韓「子年」

(9)「或ハ志可り」…「志可り」薦「或ハ志可り」寛「或ハ叱」天「或者叱り」韓「或盤志かり」
(10)「所」…「處」薦韓「処」寛「處」天「所」
(11)「第一ハ」…「第一」寛天韓「第一」薦（欠字、右朱書入「第一ハ」）
(12)「営造」…「造営」薦寛天韓「造営」
(13)「ニ候而」…「ニ而」薦寛「ニ候而」天「吏ニ候」韓「ニ候」
(14)「指渡し」…「差渡」薦天韓「差渡」寛「差渡し」
(15)「請取」…「受取」薦寛天韓「請取」
(16)「候方可然候」…「方可然」薦寛天韓「方可然候」
(17)「御評議相究り」…「御評儀相極り」薦「御評議相極り」寛天「御評儀相極り」韓「御評義相極り」
(18)「通ニ」…「通り」薦「通り」寛天「通」韓「通りニ」
(19)「候ニ」…「候」薦寛天「候」韓「候ニ」
(20)「出候」…「出」薦寛天「出」韓「出候」
(21)「所」…「處」薦「処」寛天「所」韓「様ニ」
(22)「表」…「表ニ而」薦寛天韓「表」
(23)「右交奸之義果而」…「果而」薦「右交奸之義果而」寛天韓「右交奸之儀果而」
(24)「弥」…「愈」薦寛天韓「弥」

(25)「行」…「取行」　**薦寛天韓**「行」

(26)「罷出」…「被出」　**薦寛天**「罷出」　**韓**「被出」

(27)「兼而其」…「其」　**薦寛天**「兼而其」　**韓**「兼而その」

(28)「ニ而」…「ニ候故」　**薦寛天韓**「ニ而」

(29)「御内意」…「内意」　**薦天**「御内意」　**寛**「同意」　**韓**「内意」

(30)「ニ候故」…「故」　**薦寛天**「ニ候故」　**韓**「ニ候ゆへ」

(31)「被成」…「ニ成」　**薦寛天韓**「被成」

(32)「不仰付候」…「不被仰付」　**薦寛天**「不被仰付」　**韓**「不被仰出」

(33)「大慶之御使者」…「大慶」　**薦**「大慶」（右朱書入「之御使者」）　**寛韓**「大慶」　**天**「大慶ニ御座候」

(34)「不可然」…「不然」　**薦寛天韓**「不可然」

(35)「候而」…「候得」　**薦寛天韓**「候而」

(36)「故」…「處」　**薦寛天**「故」　**韓**「ゆへ」

(37)「指渡」…「差渡」　**薦寛天韓**「差渡」

(38)「故ニ候と有體存候所」…「故と存候處」　**薦**「故ニ候与存候所」　**寛**「故ニ候と存候處」　**天**「故ニ候と存候所」　**韓**「ゆへニ候と存候処ニ」

(39)「筈ニ候」…「候」　**薦寛天**「筈ニ候」　**韓**「候」

(40)「濟」…「濟申」　**薦寛天**「濟」　**韓**「済」

（41）「落着キ」…「落着」　薦寛韓「落着」　天「落付」

（42）「招キ」…「相招キ」　薦寛天韓「招キ」

36　一、或ル裁判へ朴僉知申候ハ裁判之義ハ日本人と盤申な可ら常ニ朝鮮ゟ扶助(1)い多し被置候故別而朝鮮之事を大切ニ被存候筈(2)ニ候處其儀無之候とて(3)朝廷方不平(4)ニ被存候と者なし候故裁判ニ扶助有之と申(5)ハ如何様(6)之事ニ候哉と相尋候へハ年々代官方へ木綿何束ッ、渡し候(7)事知り不被申候哉と笑申堂る由ニ候如何様以前(8)ハ裁判へ請取候(9)所何之時分ゟ之事ニ候哉代官方へ請取(10)上之御所務ニ成り其訳志りたるもの無之候故ニ候又或ル僉官是も朴僉知ニ申候ハ此以前ハ僉官ことニ(11)礼下程と申事有之候所(12)只今(13)盤別下程者可りニ而礼下程無之候故(14)古例之通可被致事ニ候と被申(15)候へハ朴僉知申候ハ夫ハ了簡違ニて候此以前(16)ハ朝鮮人ゟ別下程をい多し候へハ日本人より其返礼として礼下程といふ事をい多し候所(17)其後相止ミ候今之引判事ニ銀を賜り候(18)ハ礼下程之か王りニ候と答申(19)由ニ候此外ニも只今之僉官中請取候(20)麴米と申物以前ハ無之候所(21)御送使御借り被成候時何送使之(22)麴米ニ候と申代官方へ持来候を代官方之海東ニも麴米と申事ハ無之候へともさてハ請取前之物と相聞へ候と申(23)それより申掛請取り(24)候而最早(25)三十年来之常例ニ成(26)候是ハ役人共ハ(27)能存請取(28)候へとも其身(29)之利益ニい多し置堂る事と相聞候(30)惣(31)体朝鮮之事

ハ年を歴候[32]ニ付古式を取失ひ候事有之段自然之理ニ候故朝鮮之事を取扱候人ハ随[33]分慥ニ記し置可申事ニ候

芳洲会本　斎藤本

（1）「扶助」…「扶助を」　薦「扶助越」　寛天韓「扶助」
（2）「候筈」…「筈」　薦寛韓「筈」　天「候筈」
（3）「とて」…「与」　薦天韓「とて」　寛「迚テ」
（4）「不平」…「不束」　薦寛天韓「不平」
（5）「と申ハ」…「与ハ」　薦「与申ハ」　寛天「と申者」　韓「登申ハ」
（6）「如何様」…「如何」　薦天韓「如何様」　寛「如何」
（7）「候」…「申候」　薦寛天「候」　韓（欠字）
（8）「以前」…「已前」　薦寛天韓「以前」
（9）「請取候所」…「受取申候處」　薦「請取候処」　寛「受取候処」　天「請取候所」　韓「請取候處」
（10）「請取」…「受取」　薦韓「請取」　寛天「受取」
（11）「ニ」…「江」　薦寛天韓「ニ」
（12）「所」…「故」　薦「故」（右朱書入「処」）　寛「故」　天「所」　韓「処」
（13）「只今」…「唯今」　薦寛天「只今」　韓「唯今」
（14）「候故」…「候」　薦寛天「候故」　韓「候」

(15)「被申」…「申」　薦寛天韓「申」
(16)「以前ハ」…「已前」　薦「已前」　寛韓「以前」　天「前者」
(17)「所」…「處」　薦寛韓「処」　天「所」
(18)「賜り候ハ」…「賜し者」　薦「賜連」（右朱書入「り候ハ」）　寛「賜候者」　天「給候者」　韓「賜り候ハ」
(19)「申」…「為申」　薦韓「申多る」　寛「申堂る」　天「申たる」
(20)「請取」…「受取」　薦寛天韓「請取」
(21)「所」…「處」　薦寛「処」　天「所」　韓「處」
(22)「請取」…「受取」　薦天韓「請取」　寛「受取」
(23)「と申」…「与」　薦「与申」　寛天韓「と申」
(24)「請取り」…「受取」　薦天韓「請取」　寛「受取」
(25)「三十年」…「三拾年」　薦天「卅年」　寛「三拾年」　韓「三十年」
(26)「成」…「相成」　薦寛天「成」　韓「成り」
(27)「共ハ」…「共」　薦「共」（右朱書入「ハ」）　寛韓「とも」　天「共」
(28)「請取」…「受取」　薦寛天韓「請取」
(29)「身」…「身共」　薦寛天韓「身」
(30)「聞候」…「聞江候」　薦「聞へ」（右朱書入「候」）　寛韓「聞へ」　天「聞候」
(31)「惣体」…「惣躰」　薦寛韓「惣躰」　天「惣体」

（32）「歴候」……「暦」　薦寛天「経候」　韓「歴候」
（33）「随分」……「随分与」　薦寛天韓「随分」

37　一、朴僉知事其節朴同知安同知同前ニ事を成し御用ニ立候と申者ニ而訳中(1)之三傑と申候所(2)朴同知事ハ日本人こそりて誉申者ニ而朴僉知事ハ人ニより尓くミ申者も有之候(3)元来朴僉知ハ訳官中ことの本可崇敬い多し候人ニて若キ訳官なとハミ堂りニ者なしもい多し申さぬ人品ニ而有之堂る由(4)ニ候總体訳官之善悪を見申候(5)ニハ彼国の人之敬ミ憚り(6)候人ハ行義端直の人と志り彼国之人志堂しミち可つき候ハ性質温柔之人と志り彼人の向背(7)(キヤウハイ)を(8)以其人之高下を定メ可申事ニ而是其大要堂るへく候日本人之議論者可り(9)にてハ信用い多し可多く候

芳洲会本　　斎藤本
（1）「訳中」……「譯官中」　薦「譯官中」　寛天韓「訳官中」
（2）「所」……「處」　薦「処ニ」　寛「所尓」　天「所」　韓「所ニ」
（3）「申者ニ而朴僉知事ハ人ニより誉申も有之又人ニより尓くミ申者も有之候」……「有之候」　薦「有之候」（右朱書入「申者ニて朴僉知事ハ人ニ依誉申も在之亦人ニ依悪申者も」）　寛「在之候」

天「申者ニ而候朴僉知事ハ人ニ依誉申茂在之人ニ依にくミ申者も有之候」 韓「有之候」

（4）「堂る由」…「由」 薦「多る由」 寛「堂流由」 天「たる由」 韓「多るよし」

（5）「總体」…「惣躰」 薦寛韓「惣躰」 天「惣体」

（6）「候ニ」…「ニ」 薦「ニ」（右朱書入「候」） 寛天韓「ニ」

（7）「温柔」…「温和」 薦「温柔」（右朱書入「和」） 寛天韓「温柔」

（8）「向背（キャウハイ）」…「向背」 薦寛天韓「向背」

（9）「人之」…「人」 薦寛「人」 天韓「人之」

38 一、送使僉官五日次（ヲイリ）請取候節（1）鱈青魚之類一枚不足い多し候而も役人共礼房戸房と相争ひ見苦敷事も有之候惣体（2）他方へ使者ニ罷候者先ゟ之仕形よろしく候へハ丁寧成ル事（3）と存し先ゟ之仕形よろしし可ら須候へハ疎末成事と存し夫のミニて相止ミ此方ゟ兎や（4）角可申道理ハ無之事勿論ニ候へハ朝鮮之事も左のことく（5）有之度事ニ候へとも朝鮮之風義下々之者共別而廉恥の心薄く利を貪り馳走之一事ニても朝廷方東萊之心尓ハ別事無之候所（6）ニ中間ニ而其数を減し其品を阿しくい多し候事ニ候故此方ゟ何共不申候ハヽ行々（7）ハ散々ニ成可申哉（8）との恐も有之其節ニ成候而ハ何分之遠却可有之も難斗候故役人共ゟ右之ことく古式をふまへ相争候も志可と不仕事な可ら却而ましなる筋も有之候間其内甚⑨候義ハ被禁之⑩其他ハ先只今迄之仕来ニ被成被置候も可然哉⑪と存候日本人之覚遠尓而む可しハヶ様ニハ無之候を⑫段々馳走之品を悪敷い多し候と口々ニ申弥⑬左様ニ候哉否之義何を以考へ可申様も無之其訳不慥候へハ彼方へ可被仰達様も無之候ニ⑭付以前之儀ハ可被成様も無之候向後ハ彼方馳走之丁寧不丁寧を以隣交之誠信不誠信相知レ呉邦之事情を察し候一助⑮ニ候間送使僉官之記録ニ膳部之次第をも委細⑯ニ書付候様ニ与之事ニ而宝永二年以来朝鮮へ罷渡候人銘々記録仕立指上⑰候様ニ被仰付候此義も此所ニ心付キ無之人盤無用之事を被仰付置候様ニ存事⑱ニ候故此趣書付置候事ニ御座候但送使僉官ニ罷渡候人記録被仰付候主意を取り失イ他人之い多し来候⑲記録を見合自分之記録を相認不時之事記し置不申候而不叶儀を却而記録ニ書載不仕候此以前⑳西舘ニ居候人火災ニ逢候時東萊ゟ木綿を㉑被送候是等ハ非常之事ニ而別而記し㉒置不申候而不叶事ニ御座候処先規無之候とて書付置不申候故追而記録ニ書キ入候様ニと被仰付候ヶ様之義折々㉓可有之候間送使僉官帰国之節崇信廳（ソウシンテイ）之内㉔一㉕人記録吟味之義被仰付置若茂記し可申事を記し置不申候ハ、追而書キ入候様ニ被仰付可然候

　　芳洲会本　　　斎藤本

（1）「五日次（ヲイリ）」…「五日次」　薦寛天「五日次」　韓「五日次（ヲイリ）」

（2）「惣体」…「惣躰」　薦寛韓「惣躰」　天「惣体」

（3）「成ル事」…「成ル」　薦天韓「成事」　寛「成叓」

(4)「兎や角」：「兎角」　薦寛韓「兎や角」　天「兎屋角」
(5)「左のことく」：「右之通」　薦寛韓「右之通」　天「右之如く」
(6)「所」：「處」　薦「処」　寛「處」　天韓「所」
(7)「行々」：「往々」　薦寛天「往々」　韓「待々」
(8)「可申哉」：「可申」　薦「可申」（右朱書入「哉」）　寛天「可申」　韓（欠字）
(9)「甚」：「甚く」　薦「甚」　寛「甚く」　天「甚敷」　韓「甚ク」
(10)「之」：「候而」　薦「候間」（右朱書入「て」）　寛天「候而」　韓（欠字）
(11)「可然哉」：「可然」　薦「可然や」　寛天「可然哉」　韓「可然」
(12)「ハ無之候を」：「無之候」　薦「無之候」（右朱書入「ハ」「を」）　寛天韓「無之候」
(13)「弥」：「愈」　薦「愈」　寛天韓「弥」
(14)「候ニ」：「候」　薦天「候」　寛韓「候ニ」
(15)「候一助」：「候者一ッ之助」　薦「候ハ一ッ之助」（右朱書入「節」）　寛「候者壱ッ之助」　天「候一助」　韓「候者一ッ之助」
(16)「委細ニ」：「委細」　薦韓「委細ニ」　寛天「委細」
(17)「指上」：「差上」　薦寛天韓「差上」
(18)「ニ存事」：「存候叓」　薦寛天「ニ存候事」　韓「存候事」
(19)「来候」：「来りし」　薦「来り候」　寛天韓「来候」
(20)「以前」：「已前」　薦「已前」　寛天韓「以前」

(21)「木綿を」…「木綿」　薦「木綿」（右朱書入「を」）　寛天韓「木綿」
(22)「別而記し」…「記し」　薦「記」（右朱書入「別而」）　寛「記シ」　天韓「記」
(23)「折々」…「行々」　薦「行々」（右朱書入「折」）　寛韓「行々」　天「折々」
(24)「崇信廳（ソウシンテイ）」…「崇信廳」　薦寛天韓「崇信廳」
(25)「一人」…「壱人」　薦天韓「一人」　寛「壱人」

39　一、朝鮮丸舛之入り(1)三舛五合と御勘定所之算用前ニ相極り居候是ハ其節之御支配久遠を被慮候結構成御了簡と奉存候此後御為と号し眼前之微益を見萬一実数之通算用相立候様ニと被仰付候ハ、実(2)ニ大害を招キ是又落着御為ニ罷成間敷候間若茂左様之所見申上候人有之候ハ、急度御叱責可被成事ニ候(3)尤此趣之儀ハ先年被仰付候而斛一件記録之跋文ニも書載仕置候只今舘内ニ而諸僉官を初メ皆々朝鮮之丸舛を用候様ニ成り候ハ三舛五合を壱(4)丸と申候ハ六十八年(5)以来勘定所(6)之算用前ニ而彼国(7)丸舛之実数ニ而ハ(8)無之候と申義人々存不申元来朝鮮之丸舛ハ京舛三舛五合ニ相當り候と覚居多ハ朝鮮人ゟ何品ニ而も請取(9)候節不案内成者ハ壱(10)丸と申候を京舛ニ而弐（三）舛(11)五合者可り請取(12)候様ニ有之如何敷候間金物ハ此元(13)ゟ被遣丸舛ハ春龜(14)竹右衛門ニ被仰付新規ニ(15)出来い多し東萊火印有之候丸舛を写し向後ハ京舛を相止右之丸舛を以舘内やり取仕候様被仰付可然与申上其通ニ罷成たる事ニ候竹右衛門へ[16]被仰付丸舛新規ニ致出来候訳ハ兎角一斛之外京舛[17]二升三合請取[18]候事彼国[19]之人加舛と申觸し候故一度ハや可ましき事可有之候其節ハ丸舛ニ而[20]十五盃量り請取可申候と可申より外[21]無之候所[22]古来彼方ゟ火印い多し来候代官方之丸舛古ク損し候間任訳へ申談新規ニ拵へ候様ニとの事ニ[23]付竹右衛門申談候へハ存知[24]之外容易ニ[25]致出来候故後證の堂めニ[26]候間古キ丸舛をも大切ニい多し代官方之蔵ニ入置候様ニと被仰付堂る事ニ候

芳洲会本　斎藤本

(1)「入り」…「方」(右朱書入「入り」) **薦天**「入り」 **寛韓**「入」
(2)「実」…「誠」 **薦寛韓**「誠」 **天**「実」
(3)「ニ候」…「候」 **薦寛天韓**「ニ候」
(4)「壱」…「一」 **薦寛天韓**「一」
(5)「六十八年」…「六拾年」 **薦**「六十年」(右朱書入「八」) **寛**「六拾年」 **天**「六拾八ヶ年」 **韓**「六十年」
(6)「勘定所」…「御勘定所」 **薦寛天韓**「御勘定所」
(7)「彼国」…「彼方」 **薦寛天韓**「彼方」
(8)「而ハ」…「而」 **薦**「て」 **寛天韓**「而」
(9)「請取」…「受取」 **薦天**「受取」 **寛韓**「請取」

（10）「壱」…「一」　薦寛天韓「一」
（11）「弐」…「弐」　薦「弐」（右朱書入「参」）　寛韓「弐」　天「二」
（12）「請取」…「受取」　薦天「受取」　寛韓「請取」
（13）「此元」…「御国」　薦天韓「御国」　寛「御國」
（14）「春亀」…「春日亀」　薦「春日」　天韓「春日亀」　寛（文欠）
（15）「新規ニ」…「新規」　薦韓「新規ニ」　天「新規に」　寛（文欠）
（16）「へ」…「ニ」　薦天「ニ」　韓「江」　寛（文欠）
（17）「二」…「弐」　薦寛天韓「弐」
（18）「請取」…「受取」　薦天韓「請取」　寛「受取」
（19）「彼国」…「彼方」　薦「彼方」（右朱書入「国」）　寛天韓「彼方」
（20）「十」…「拾」　薦天韓「十」　寛「拾」
（21）「候と可申より外」…「と申候外」　薦「与申候外」　寛韓「と申候外」　天「候と申候外」
（22）「所」…「處」　薦天「所」　寛韓「処」
（23）「事ニ」…「事」　薦寛天韓「事ニ」
（24）「存知」…「存」　薦寛天韓「存」
（25）「容易ニ」…「容易」　薦寛天「容易」　韓「容易ニ」
（26）「ニ候」…「候」　薦寛天韓「ニ候」

40　一、宴享之節ハ⑴東萊釜山揃被罷出候義古来ゟ之礼式ニ候処⑵封進宴席ハ粛拝有之事候⑶故東萊釜山揃不被申候事⑷ハ無之候へとも茶礼上船宴ハ近来やゝともい多し候へハ釜山壱人ニ而相済候⑸様彼方よりもい多しなし僉官中も一ツ⑹ハ早ク相済候様ニと⑺いそき又ハ乾物（コンブリ）⑻ニ候へハ勝手ニなり候と存いやしき所見ゟ少之利益ニ心を掛乾物⑼ニ而相済候様ニい多し候ヶ様候而ハ後来ニ成候ハヽ東萊出㕘無之様ニ罷成ニ而可有之候毎度被加點検⑽東萊出㕘有之候様ニ僉官中礼式を相争可申之旨被仰渡不得已宴席無之候⑾節ハ排床（ハイシャウ／センブ）⑿ニ而相済メ乾物⒀ニ而請取候事相止メ候様ニと御下知可被成事ニ候捷解新語⒁を見申候得者古舘之時之事と相見へ宴席之節東萊釜山ハ礼式之通宴席ニ被罷出⒂候所⒃其節之正官病氣ニ托し宴席ニ罷出間敷と申候故訳官共色々と説キさとし候言葉相見へ居申候其節迄ハ何成共朝鮮人へ無理を申掛ケ⒄手柄之様ニ覚堂る風義ニ候故如何様左様之事可有之と存候左候へハ近来東萊出㕘不被致候様⒅ニ成候も本ハ此方ゟ付ケ申堂る癖（クセ）⒆と存候此外ニもよろし可らさる事を仕出し此方ゟ付ケ申堂る癖数多有之様ニ相見へ氣毒成事共ニ御座候

芳洲会本　斎藤本

(1)「節ハ」…「節」　薦「節」（右朱書入「ハ」）　寛韓「節者」　天「節ハ」

(2)「処」…「所」　薦寛韓「處」　天「所」

（3）「候」…「ニ候」　薦寛天韓「ニ候」

（4）「不被申候事」…「不申叓」　薦天韓「不被申事」　寛「不申叓」

（5）「様」…「様ニ」　薦寛天「様ニ」　韓「様と」

（6）「一ッ」…「壱ッ」　寛天「一ッ」　薦韓（文欠）

（7）「ニと」…「ニ」　薦「ニ与」　寛天「ニと」　韓（文欠）

（8）「乾物（コンブリ）」…「下行」　薦寛天韓「下行」

（9）「乾物」…「下行」　薦寛天韓「下行」

（10）「被加點検」…「被レ加點検（テンケン）」　薦「被レ加レ點（テン）検ヲ（キンシノ心）」　寛天韓「被加點検」

（11）「無之候」…「無之」　薦寛天韓「無之候」

（12）「排床（ハイシヤウ）」…「排床（バイザク）」　薦「排床（ハイシヤウ）」（左朱書入「膳部の事也」）　寛「排床」　天「排床」（右書入「膳部（センブ）之事」）　韓「排床」

（13）「乾物」…「下行」　薦寛天韓「下行」

（14）「捷解新語」…「捷（ジヨウ）解新語」　薦寛天「捷解新語」　韓「捷觧新語」

（15）「罷出」…「出」　薦「出」（右朱書入「罷」）　寛「出」　天韓「罷出」

（16）「所」…「處」　薦「処」　寛「處」　天韓「所」

（17）「申掛ケ」…「申懸」　薦寛天韓「申掛」

（18）「候様」…「様」　薦寛天韓「候様」

（19）「癖（クセ）」…「癖」　薦寛天韓「癖」

41 一、衾官ニ名代を遣し候事(1)此以前(2)一旦禁しら連候段承及候所(3)近来(4)ハひ堂と名代之義相願被指許(5)候ヶ様之義も御国ハ一定之御法式無之氣毒成事(6)ニ御座候

芳洲会本　斎藤本

（1）「事」…「義」　薦寛韓「事」　天「叓」
（2）「以前」…「已前」　薦韓「已前」　寛天「以前」
（3）「所」…「處」　薦「處」　寛「処」　天韓「所」
（4）「近来」…「近年」　薦寛天韓「近年」
（5）「指許」…「差免」　薦天「差免」　寛韓「差許」
（6）「事」…「候事」　薦寛天韓「事」

42 一、周急又ハ救災と申候而彼方ゟ米を被贈書翰之文句ハ彼方ゟ被心付(2)候事之様ニも相見へ候へとも実ハ此方ゟ内意を被仰掛其通ニ成堂る事ニ而憐を呉国ニ御乞被成候義まこと尓可耻の事ニ御座候三十年来ハヶ様之義少も無之候向後弥無之様ニ有之度事ニ御座候

芳洲会本　斎藤本

（1）「周急」…「周急（キフ）」　薦寛天韓「周急」
（2）「心付」…「心附」　薦寛天韓「心付」
（3）「内意を」…「内意」　薦天「内意を」　寛韓「内意越」
（4）「御座候」…「候」　薦寛天韓「御座候」
（5）「三十年」…「三拾年」　薦「卅年」　寛天韓「三十年」
（6）「弥」…「愈」　薦寛天韓「弥」
（7）「御座候」…「候」　薦寛天韓「候」

43　一、朝鮮を（1）礼義之邦（2）なりと唐ゟ申候盤外之夷狄ハやゝともい多し候へハ唐ニ叛キ申候所（3）朝鮮ハ代々藩王之格を失不被申　事（ツカフル）レ大（タイニ）（4）之礼義正ク候との事ニ而礼義之邦と申堂る事ニ而事々礼義ニ（5）かなひ堂る邦と申訳ニ而ハ無之候志可る所（6）尓朝鮮人之壁ニ唾（ツハキバキシ）（7）し人の前ニ而溺器（ニヤウキ・シユビン）（8）を用候類を見申候而礼義之邦ニ不似合仕形ニ候与申候ハ禮義之邦与申本語を了簡不仕言葉ニて候勿論朝鮮ハ古式を考へ（9）中華之禮法を取行候事外之夷狄ニハまさり候故日本人之曾而心付キ無之事而已多候所文盲成ル人ハ却而（10）お可しき事之様ニ存し（11）誠ニ可恥之事ニ御座候ケ様之所可用心事（12）ニ御座候

芳洲会本　斎藤本

(1)「を」…「者」　薦韓「を」　寛天「越」
(2)「邦」…「邦(クニ)」　薦寛天韓「邦」
(3)「所」…「處」　薦「処」　寛「處」　天韓「所」
(4)「事(ツカフル)レ大(タイ)之(ニ)」…「事大ニ」　薦「事ル大ニ」　寛「事大尓」　天「大事ニ」　韓「事(ツカフル)レ大ニ」
(5)「事々礼義ニ」…「事之禮義者」　薦「事之禮義ハ」（右朱書入「々」）　寛「事之禮義者」　天「事之礼義ニ」　韓「事之禮義盤」
(6)「所」…「處」　薦天韓「所」　寛「處」
(7)「唾(ツハキバキシ)し人」…「唾(ツハ)キし人々」　薦「唾(ツバキハキ)シ人」　寛韓「唾し人」　天「唾し人」
(8)「溺器(ニヤウキ)(シュビン)」…「溺器」　薦「溺器(シュビン)」　寛天韓「溺器」
(9)「考へ」…「相考」　薦寛韓「考へ」　天「考江」
(10)「成ル人ハ却而」…「成候人者」　薦「成人ハ」　寛「人者」　天「成る人者却而」　韓「なる人盤」
(11)「存し」…「存候」　薦寛天韓「存候」
(12)「ケ様之所可用心事」…「ケ様處心越可用之事」　薦「ケ様之所心を可用事」　寛「ケ様之處尓心を用ひ可申亊」　天「可様之所心を用可申事」　韓「ケ様之處心越可用事」

44

一、御買米之義①三十年以前②ゟ廿ヶ年程之間未収二③万俵余ニ及ひ埒明不申其間ニ代官ニより未収を能取立候と御座候而御褒美を蒙り候も有之又④未収取り立墓取⑤不申候とて首尾不宜も有之候得共兎角未収之数減し不申候故未収本前之差別なく正月ゟ極月迄舘内へ⑥入来候米之数⑦を十⑧ヶ年之間一ヶ年に何程ツ、ニ候哉考見候様ニと御勘定所へ被仰付御吟味有之候處十ヶ年之間いつの歳⑨ニても大形壱万六千俵之内ニ盤入候へとも壱万六千俵ゟ上ニ立出⑩候事ハ一年も無之候⑪左候へハ未収と存し請取候へハ⑫本前を夫堂け減し本前と存し請取⑬候へハ未収と名つけ候米それ多け不入来彼方尓ハいつとても壱万六千俵を以或ハ未収米と名つけ持来或ハ本前と申持来候事ニ候を此方尓盤其心附キ⑭無之朝鮮人之侮弄（ブラウ・ナブリ）を⑮うけ朝三暮四之内⑯ニ而年を暮し堂るニ而候御商賣之方ニも此心持必ハ可有之事ニ候⑰元来右三十年⑱以前ゟ御買米ニ未収之出来候訳ハ去ル丁丑ノ年只今よりハ卅三年以前⑲朝鮮国大飢饉ニ候故御買米を相止メむ可しのことく⑳木綿を入候様ニと都ゟ指圖㉑有之各官ゟ木綿を東萊へ納候ニ付㉒木綿を㉓入レ可申との事ニ候へとも日本人請取㉔可申様無之其訳都へ相達し翌戊寅ノ年前々之通㉕米を入レ前年丁丑之分も米ニて入候様ニと指圖㉖有之候付丁丑年各官ゟ入来候木綿東萊庫ニ有之候を其後京商安錫微㉗と申者引請ケ㉘米ニい多し舘ニ入候様ニと東萊ゟ被申付候所㉙安錫微方ニ而不埒ニ成候より㉚丁丑一ヶ年分入来可申米無之夫ゟ段々未収ニ成㉛堂る事ニ候右丁丑年飢饉ニ付木綿を各官ゟをさめさせら連候より遠却い多し未収ニ成候との義ハ其砌朴僉知日本人ニ咄し申堂る事ニ候へとも朝鮮人之申分ニ候故弥実事ニ候[32]哉否と人々疑候事ニ御座候得共三十年[33]来彼國之書キ物[34]ニ相見へ候前後之様子を以考見候へハ朴僉知申分成程実事ニて候朝鮮人之申候事元来虚偽多ク有之候[35]へとも其人其事其勢を以能々察し不申候ハ、必ハ真実なる事[36]を虚偽と心得虚偽なる事[37]を真実と心得申候[38]事可有之[39]此所[40]切要なる事ニて候[41]三十年以前[42]ゟ之未収ハ瀧六郎右衛門裁判之時東萊へ直ニ申達し一旦ハ皆濟有之候所[43]近来ハ又々未収出来い多し候心[44]を可用事ニ候

芳洲会本　斎藤本

(1)「米之義」…「米」　薦天「米之義」　寛韓「米之儀」

(2)「三十年以前」…「三拾年已前」　薦「卅ヶ年以前」　寛「参拾年以前」　天「三拾年以前」　韓「三十年以前」

(3)「二」…「弐」　薦寛天「弐」　韓「二」

(4)「又」…「亦」　薦「亦」　寛天韓「又」

(5)「墓取」…「果敢取」　薦寛天韓「果敢取」

(6)「へ」…「ニ」　薦天韓「ニ」　寛「尓」

(7)「米之数」…「数」　薦寛韓「数」　天「米之数」

(8)「十」…「拾」　薦韓「十」　寛天「拾」

(9)「歳」…「年」　薦寛天韓「年」

(10)「立出」…「出」　薦寛韓「立出」　天「出」

(11)「無之候」…「無之」 鷹「無之」（右朱書入「候」） 寛天韓「無之」
(12)「ハ」…「共」 鷹「共」（右朱書入「ハ」） 寛「共」 天「者」 韓「とも」
(13)「請取」…「受取」 鷹寛韓「受取」 天「請取」
(14)「心附キ」…「心付」 鷹寛天韓「心付」
(15)「侮弄（ブラウ／ナブリ）」…「侮弄（フロウ／アナトリ）」 鷹「侮弄（アナトリ）」 寛天「侮弄」 韓「侮弄（アナトリ）」
(16)「内」…「間」 鷹寛天韓「内」
(17)「ニ候」…「候」 鷹寛天韓「ニ候」
(18)「三十年」…「三拾年」 鷹「卅年」 寛「参拾年」 天「三拾年」 韓「三十年」
(19)「只今より八卅三年以前」…「只今ゟ三拾三年已前」 鷹「只今ゟ卅三年已前」 寛「只今与り三十年以前」 天「只今ゟ卅三年以前」 韓「只今ゟ三十三年以前」
(20)「む可しのことく」…「如昔之」 鷹「如昔之」 寛「昔之古とく」 天「昔之如く」 韓「昔の古とく」
(21)「指圖」…「差圖」 鷹寛天韓「差圖」
(22)「ニ付」…「付」 鷹寛「付」 天韓「ニ付」
(23)「を」…「の」 鷹寛天韓「を」
(24)「請取」…「受取」 鷹天韓「請取」 寛「受取」
(25)「之通」…「通」 鷹寛天「之通」 韓「之通り」
(26)「指圖」…「差圖」 鷹寛天韓「差圖」

(27)「安錫徴」…「安錫徴（シャクチャウ）」　薦「安錫徴」　寛「安錫徴」　天韓「安錫徴」

(28)「引請ヶ」…「請引」　薦韓「引請」　寛天「引受」

(29)「所」…「處」　薦韓「処」　寛天「所」

(30)「成候より」…「相成り」　薦寛天「成候ゟ」　韓「成り候ゟ」

(31)「成」…「相成り」　薦寛天「成」　韓「成り」

(32)「ニ候」…「候」　薦寛天韓「ニ候」

(33)「三十年」…「三拾年」　薦「卅ヶ年」　寛「三拾年」　天「卅年」　韓「三十年」

(34)「書キ物」…「書物」　薦韓「書キ物」　寛天「書物」

(35)「有之候」…「候」　薦寛天韓「候」

(36)「事」…「候事」　薦天韓「事」　寛「叓」

(37)「事」…「候事」　薦天韓「事」　寛「叓」

(38)「申候」…「申」　薦天韓「申候」　寛「候」

(39)「之」…「之候」　薦寛天韓「之候」

(40)「此所」…「此事」　薦寛天韓「此事」

(41)「事ニて候」…「候事ニ候」　薦寛天韓「事ニ候」

(42)「三十年以前」…「三拾年已前」　薦「卅年已前」　寛「参拾年以前」　天「三拾年以前」　韓「三十年以前」

(43)「所」…「處」　薦寛天「所」　韓「処」

（44）「候心」…「心」　薦寛天韓「候心」

45

一、木綿四百束之公作米壱万六千俵ニ成①候ハ其い尓しへ②看品之替りニ入来候③千百束之木綿皆々八舛木長サ四十尺④有之候を入来候所⑤其後段々木綿悪敷成五舛木三十五尺⑥有之候を入来候付⑦點退（テンタイ）⑧と申候而是をゑり除ケ請取⑨不申年々此事之争論相止ミ不申彼方甚難義ニ存し天啓甲子ノ時ハ彼国木花⑩不出来候而⑪宜キ木綿才覚難成候間何とそ五舛木三十五尺有之候木綿⑫を代官方へ請取⑬重而木花宜候節⑭前々之通之木綿相渡候様ニ被成被下候へと書簡を以懇望被致候事も有之候處⑮折節千百束余之内を四百束米⑯ニ換へ可申与之相談初り⑰此分米ニ換へ候へハ残り⑱ハ五舛木三十五尺⑲有之候を渡し候而も點退い多し候事も無之便利成事ニ候と被存悦ひ候而被指許⑳堂る勢と相見へ申候其砌迄ハ乱後之餘威㉑有之日本人之勢強ク彼国㉒之恐も甚キ時分ニ候故日本人之右木綿善悪之事㉓ニ付目をい可ら可し色を阿可め大声を阿け訳官共を責付ケ候事を彼国之㉔書物ニ大イニ肆ニス二咆哮（ハウカウ）ヲ一㉕と書キ付有之候咆哮と盤虎の本ゆる事ニ而此字を以日本人之怒り候体㉖を表（ヘウ）し候ハ㉗畜生ニ堂とへ堂る言葉尓て王る口ニハ候へとも其時迄ハ日本人を虎のことくおそろしき者と彼国の人心得居候段此文字ニ而相知レ居申候ケ様之時勢ニ候故四百束之木綿米ニ換り㉘惣木綿㉙之請取渡し㉚ニ何之やかましき事も無之候を悦ひ被申筈之事ニ候夫ゟ最早六十八九年相立チ今ニハ乱後之餘威も無之日本人ハ年々柔弱ニ成彼国之恐盤年々薄ク其上二三十年[31]以来ハ五舛木三十五尺[32]之内ニ價布(カツブイ)[33]同前之木綿入来候而も此以前[34]咆哮い多し候模様も[35]無之少ハ相争候而も落着ハ[36]請取置候様ニ有之候彼国只今之了簡ニハ公作米を相止メ千百東余之木綿ミな〳〵[37]五舛木三十五尺之木綿ニ而相濟度と被存筈之事ニ候殊ニ此方ゟ被遣候看品之内銅鑞胡椒丹木之類[38]國家之經用ニ何之益も無之其價として遣候ハ私貿易之直段ゟハ十倍ニ而朝鮮之大なる損ニ成候と彼国之書物[39]ニ書付有之候へハ[40]元来看品をも止メ申度筈之事ニ候所[41]増而木綿を米ニ換候事ハ猶々氣毒ニ被存筈之事ニ候[42]故兎角一度ハ此義ニ付やかましき事出来可致哉と後来を者可り候へハ誠ニ寒心[43]不少事ニ候是迄[44]八年限相満候時裁判を以御乞被成候へハ最初ハ米を入候事成不申[45]との返答ニ而其後ハ又五年と年限を立被指許米[46]を相止メ可申と最初被申候ハ口くせ[47]の様ニ相見へ候へとも実情[48]やめ申度と被存候を[49]先ハ訳官共中間ニ而取扱候而無別条連續い多し候事と相見へ申候此後訳官中取扱候心入無之無分別人有之候[50]可朝廷方ニ是非相止メ可申与議論を[51]立候強抑(ケウオウ)(ゼウノコワキ)[52]之人有之時ハ無心元[53]事[54]候故朝鮮幹事之人ハ常ニ心ニ掛ケ[55]可申事ニ候

芳洲会本　斎藤本

(1)「成」…「相成り」　薦寛天「成」　韓「成り」

(2)「い尓しへ」…「古」　薦「古」(右朱書入「へ」)　寛天韓「古」

(3)「替りニ入来候」…「代りニ」　薦「代りニ入来り候」　寛天韓「代りニ入来候」

(4)「四十尺」…「四拾尺」　薦韓「四十尺」　寛天「四拾尺」

(5)「所」…「處」　薦天韓「所」　寛「處」

(6)「三十五尺」…「三拾五尺」　薦「卅五尺」　寛天「三拾五尺」　韓「三十五尺」

(7)「付」…「ニ付」　薦寛天「付」　韓「ニ付」

(8)「點退（テンタイ）」…「點退」　薦寛天韓「點退」

(9)「請取」…「受取」　薦「受取」　寛天韓「請取」

(10)「彼国木花」…「木花（ワタ）」　薦「木花」（右朱書入「彼国」）　寛「木花（ワタ）」　天「彼国木花」　韓「木花」

(11)「候而」…「ニ而」　薦「候而」（右朱書入「ニ」）　寛「尓候而」　天「ニ候而」　韓「耳候而」

(12)「木綿を」…「を」　薦「を」（右朱書入「木綿」）　寛「を」　天「木綿を」　韓「越」

(13)「請取」…「受取」　薦天韓「請取」　寛「受取」

(14)「節」…「節者」　薦寛「節ハ」　天韓「節者」

(15)「有之候處」…「在之」　薦天「有之候所」　寛「在之候處」　韓「有之候」

(16)「四百束米」…「米」　薦「米」（右朱書入「四百束」）　寛韓「米」　天「四百束米」

(17)「初り」…「始り」　薦「初り」　寛天韓「始り」

(18)「残り」…「残（ノコ）り」　薦天韓「残り」　寛「残」

(19)「三十五尺」…「三拾尺」　薦「卅尺」（右朱書入「五」）　寛「三拾尺」　天「三十五尺」　韓「三十尺」

(20)「指許」…「差許」 薦寛「差免」 天韓「差許」
(21)「餘威」…「余威も」 薦寛天韓「餘威」
(22)「彼国」…「彼方」 薦寛天韓「彼国」
(23)「善悪之事」…「善悪」 薦寛韓「善悪之事」 天「善悪之叓」
(24)「彼国之」…「彼国」 薦寛天韓「彼国之」
(25)「大イニ肆ニス二咆哮(ハウカウ)ヲ一」…「大ニ肆ニ咆哮ヲ一」 薦「大肆ニス二咆哮ヲ一」 寛韓「大肆咆哮」 天「大ニ肆ニス二咆哮ヲ一」
(26)「体」…「躰」 薦寛「躰」 天韓「体」
(27)「表(ヘウ)し候ハ」…「表し候」 薦「表シ候」 寛韓「表し候」 天「表候」
(28)「木綿米ニ換り」…「木綿ニ代り」 薦「木綿ニ代り」(右朱書入「米ニ」) 寛韓「木綿ニ代り」 天「木綿米ニ代り」
(29)「惣木綿」…「惣木」 薦「惣木」(右朱書入「綿」) 寛「惣木」 天「惣木綿」 韓「悪木」(右書入「此二字可考」、左書入「白米之二字可」)
(30)「請取渡しニ」…「受取渡し」(右朱書入「ニ而」) 薦「請取渡シ」 寛天韓「請取渡し」
(31)「二三十年」…「二三拾年」 薦天韓「二三十年」 寛「三拾年」
(32)「三十五尺」…「三拾五尺」 薦「卅五尺」 寛「参拾五尺」 天「三拾五尺」 韓「三十五尺」
(33)「價布(カツプイ)」…「價布(カツフイ)」 薦寛天韓「價布」
(34)「以前」…「已前」 薦韓「已前」 寛天「以前」

(35)「も」…「之」薦韓「も」寛天「茂」
(36)「請取」…「受取」薦韓「請取」寛天「受取」
(37)「木綿ミなく〳〵」…「木綿ニ成シ」薦「木綿ニ成」寛「木綿ニ成シ」天「木綿皆々」韓「木綿ニなし」
(38)「ニ成」…「ニ」薦「ニ」(右朱書入「成り」)寛天韓「ニ」
(39)「彼国之書物」…「書物」薦寛天韓「彼国之書物」
(40)「へハ」…「得共」薦韓「へハ」寛天「得者」
(41)「所」…「処」薦寛「処」天韓「所」
(42)「ニ候」…「候」薦寛天韓「ニ候」
(43)「誠ニ寒心」…「寒心」薦寛韓「寒心」天「誠ニ寒心」
(44)「迄ハ」…「迄」薦「迄ハ」寛天「迄者」韓「迄盤」
(45)「不申」…「不申候」薦寛天韓「不申」
(46)「指許」…「差許」薦天「差免」寛韓「差許」
(47)「最初被申候ハロくせ」…「被申候者最初之口癖」薦「被申候ハ口癖」寛天「最初被申候者口癖」韓「最初被申候ハロくせ」
(48)「実情」…「実正」薦天韓「実正」寛(文欠)
(49)「候を」…「候得共」薦「候へ共」天「候を」韓「候へとも」寛(文欠)
(50)「可」…「歟」薦「可」寛韓「歟」天「而」

(51)「議論を」…「議論」　薦「議論ヲ」　寛「議論越」　天韓「議論を」
(52)「強抑（ケウオウ）」…「強抑」　薦「強抑（ヨク）」　寛天韓「強抑」
(53)「心元（ゼウノコワキ）」…「心許」　薦寛天韓「心元」
(54)「候」…「ニ候」　薦寛天韓「ニ候」
(55)「心ニ掛ケ」…「心懸」　薦天韓「心ニ掛」　寛「心尓掛ケ」

46　一、御買米之年限分明ニ裁判を以御乞被成候(1)ハ白水杢兵衛裁判ニ被仰付罷渡り候時より始り候最初御買米始り候時ゟ段々年限有之候事不存人可ちニ候へとも成程此方古キ書キ物(2)之内ニ其趣相見へ居(3)毎度年限有之堂るニま可ひ無之候殊ニ杢兵衛被指渡(4)候節ハ猶々年限無之と盤難被仰(5)遣訳有之委細御実録ニ相見へ候故畧之候

芳洲会本　斎藤本　（蔵瀬寛政本はこの項より文欠）
(1)「乞被成候」…「乞候」　薦「乞候」（右朱書入「被成」）　天「乞被成候」　韓「乞候」
(2)「書キ物」…「書物」　薦天韓「書物」
(3)「其趣相見へ居」…「相見」　薦「相見」（右朱書入「其趣」）　天「其趣相見江」　韓「相見へ」
(4)「指渡」…「差渡」　薦天韓「差渡」

（5）「仰遣」…「仰付」薦「仰付」（右朱書入「遣」）天韓「仰付」

47　一、御国船右道左道①へ漂流い多し候時古来彼方之馳走何程と定り堂る事無之問情（ムンゼグ）②ニ叅り候別差指圖③ニ而見合相渡し多寡有之候所④訳官中願ニ而別差問情ニ叅候⑤事相止ミ候故水夫共ゟ馳走之事申掛候時其所之役人指圖を受可申⑥人無之水夫共申次第ニ相渡し候故⑦段々申掛ケ二三年後ニハ大分ニ成り其旨任訳ゟ度々舘守へ相訴へ候所⑧折節味木弥三郎罷渡致下乗候時水夫共馳走之事を申掛ケ⑨心ニ叶不申候とて萬戸を棒を以堂ゝき候故彼方軍官共指揃ひ⑩水夫共を打擲い多し其内ニハ半死半生ニ成⑪堂る者も有之候此砌杉村采女殿叅判使ニ而御渡被成候付右之次第御聞届被成任⑫訳舘守之⑬相談を以漂流馳走之格式相定り一冊ツヽ船頭ニ御渡被成向後右之外請取⑭不申候様ニと為被仰付事ニ候右二三年之間ハ漂流い多し候へハ馳走を過分に⑮とり候益有之候付年中⑯一二艘⑰ならてハ直ニ乗取候船無之尽ク⑱王さと漂流い多し候右之⑲馳走水夫のミ請取候⑳ニても無之一船ニ乗組候侍中迄も意外之米を大分㉑所務い多し候故誰阿りて急度申上候者も無之ヶ様ニハ有之間敷事ニ候と二三年之間沙汰者可りニ而相濟漸叅判使渡海之時相改り候此後若又ミ堂りニ漂流船多ク成り候ハヽ上ゟハ御氣を被付㉒其弊端之所ニ由テ出ル㉓を御吟味被成早速ニ御處置可被成事ニ候

芳洲会本　　　斎藤本

（1）「右道左道」…「左右道」　薦天韓「左右道」
（2）「問情（ムンゼグ）」…「問情」　薦天韓「問情」
（3）「指圖」…「差圖」　薦「指圖」　天韓「差圖」
（4）「所」…「處」　薦韓「処」　天「所」
（5）「別差問情ニ叅候」…「叅候」　薦「問情ニ叅候」（右朱書入「別差」）　天「別差問情ニ叅候」
韓「別差問情ニ叅り候」
（6）「受」…「請」　薦天韓「請」
（7）「ニ相渡し候故」…「相渡ニ付」　薦「相渡候付」（右朱書入「尓」）　天韓「ニ相渡候ニ付」
（8）「所」…「處」　薦「処」　天韓「所」
（9）「申掛ヶ」…「申懸ヶ」　薦天韓「申掛」
（10）「指揃ひ」…「差揃ひ」　薦「差寄」　天「指揃ヒ」　韓「差揃ひ」
（11）「ニ成」…「成」　薦天「ニ成」　韓「ニ成り」
（12）「御聞届被成」…「被聞届」　薦天「御聞届被成」　韓「被聞届」
（13）「舘守之」…「舘守江」　薦「舘守之」　天「館司之」　韓「舘守」
（14）「請取」…「受取」　薦天韓「請取」
（15）「過分に」…「過分」　薦天韓「過分ニ」
（16）「付年中」…「間年中ニ」　薦「付年中」　天「ニ付年中ニ」　韓「付年中」

(17)「一二艘」…「壱弐艘」　薦韓「一二艘」　天「壱弐艘」
(18)「尽ク」…「悉く」　薦韓「悉ク」　天「悉く」
(19)「右之」…「右」　薦天韓「右之」
(20)「請取候ニ」…「受取候」　薦韓「請取候ニ」　天「取候」
(21)「大分」…「大分ニ」　薦天韓「大分ニ」
(22)「付」…「附」　薦天「付」　韓「附」
(23)「所二由テ出ル一を」…「所ヲ二由テ出ル一」　薦「所二由テ出一」　天「所二由テ出ル一を」　韓「所由出を」

48　一、日本漂流人(1)有之候時舘守多太浦又牛厳浦(2)へ被罷越候事彼岸ニ舘内之人古舘(3)へ參り候事遠見嶽へ日本人上り候(4)事ケ様之類朝鮮人不好事ニ候へとも日本人之足をくひり候様ニ成り候(5)而ハ如何ニ候故いつ迄も古式之通ニ有之度(6)事ニ候且又舘内閑曠(カンクワウ)(7)之地物替ニい多し彼方へ(8)取戻し度与之義やゝともい多し候へハ訳官共申事ニ候是又決而被指(9)許間敷事ニ候其訳御実録ニ有之候故畧之候

芳洲会本　　　　斎藤本

（1）「日本漂流人」…「日本人漂流」　薦韓「日本人漂流」　天「日本漂流人」
（2）「牛厳浦」…「牛巌浦」（ウハン）　薦「牛巌浦」　天韓「牛岩浦」
（3）「へ」…「ニ」　薦「へ」　天「ニ」　韓「江」
（4）「上り候」…「登る」　薦「登候」　天韓「登り候」
（5）「成り候」…「成」　薦「成り候」　天韓「成候」
（6）「通ニ有之度」…「通有度」　薦韓「通有度」　天「通有之度」
（7）「閑曠（カンクワウ）」…「閑曠」　薦天韓「閑曠」
（8）「へ」…「ニ」　薦「へ」　天韓「江」
（9）「指許」…「差許」　薦天「差免」　韓「差許」

49　一、朝鮮人之嫌申候事①をかまひ不申日本人之②不埒を不相改候而③落着日本人之難義ニ成候事有之候ヶ様之義も心得居可申事ニ候彼国④ゟハ交奸を⑤深ク被禁候所⑥館内之者其法を守り不申候付最初舘近邊ニ有之候百姓家⑦を尽取拂ひ一ツ屋ニ遷し其後呼崎之石垣⑧不堅固候⑨所ゟ女を呼入候段相知レ彼方ゟ石垣を築可申とて俵主税舘守之時人夫多勢ニ而石を運ひ候所折節叅判使在留之時ニて無用ニい多し候様ニと下知有之候付呼崎之石垣を築候事ハ相止メ遥ニ引取り三方ニ石垣を築キ坂の下ニ新門を建候より舘内へ朝鮮人入来候事不自由ニ成り其後白水源七交奸之事有之候より坂の下之百姓家尽ク取拂ひ訓導等之居所者可り殘し置候様ニ成り候いつれも舘内之手番尓盤不宜事而已ニ候惣体一時之勝を主とし後来を不慮候ハ日本人之風義當時盤穏便ニい多し置後来之勝を取候ハ朝鮮之深計ニ而智慮之優劣無是非事ニ候兼々交奸之禁を厳密ニ被成候ハヽ、百姓家を取拂ひ候事無之筈ニ候へとも左無之候故今ニハ舘所人倫絶へ堂る所ニ有之舘中衰微之一端と成り堂るニて候

(1) 芳洲会本　斎藤本
「候事」…「㕝」　薦韓「事」　天「㕝」
(2) 「日本人之」…「日本人」　薦天韓「日本人之」
(3) 「而」…「而ハ」　薦天「而ハ」　韓「而者」
(4) 「彼国」…「彼方」　薦天韓「彼方」
(5) 「を」…「之」　薦天「を」　韓「之儀」
(6) 「所」…「處」　薦韓「処」　天「所」
(7) 「百姓家」…「百姓屋」　薦天韓「百姓家」
(8) 「石垣」…「石垣ニ」　薦「石垣ニ」　天韓「石垣」
(9) 「候」…「之」　薦天「ニ候」　韓「候」
(10) 「築キ」…「築候㕝」　薦「筑キ」　天韓「築」

(11)「候」…「是」 天韓「候」 蕙（欠字、右朱書入「候」）
(12)「惣体」…「惣躰」 蕙「惣躰」 天韓「惣体」
(13)「主とし」…「主し」 蕙「主シ」（右朱書入「ト」） 天「主とし」 韓「主登し」
(14)「朝鮮」…「朝鮮人」 蕙天「朝鮮人」 韓「朝鮮」
(15)「厳密」…「厳蜜」 蕙天「厳蜜」 韓「厳密」

50　一、東萊入と申事を東萊と打果に叅候事之様ニも相心得又ハ生て帰り申さぬ事之様ニも相心得東萊入い多し候而ハ是非其事之埒を明ケ不申候而ハ不叶事之様ニも相心得候是ハ了簡違ニ而御座候事之品ニより宴席之次手ニ叅會い多し候分ニてハ委細ニ難申尽訳官を以申遣候而ハ意味難相達候間兎角東萊へ罷越面上ニ委曲可申入候と申御用之義必ハ可有之事ニ候其節ハ兼而届置東萊入可致事ニ而日本向を以申候へハ田代之役人柳川又ハ久留米ニ罷越彼方之役人ニ對談い多し候同然之事ニ御座候左候へハ面談之上其事之埒明候事も有之又ハ埒明不申事も是又有之筈之事ニ而東萊へさへ叅候へハ何事ニても相濟候義と相心得可申様も無之ミ堂りニ打果可申様も無之候其内境を犯し彼方へ叅候事ハ元来容易ニハい堂す間敷事ニ候故東萊へ可及面談本とのことニても無之候所ニ東萊へ叅候事ハ訳官共難儀かり候事と存し訳官ニい多

手を當テ其事を埒明させ可申との計策ニ而東萊入可致なとゝ申候ハ不了簡堂るへく候[13]

芳洲会本　斎藤本

（1）「又ハ」…「又」　薦「亦」　天「又者」　韓「又」
（2）「叶」…「相叶」　薦韓「相叶」　天「叶」
（3）「御座候」…「候」　薦天韓「候」
（4）「次手」…「席」　薦「席」（右朱書入「次手」）　天「次手」　韓「席」
（5）「兎角東萊」…「東萊」　薦「と可く東萊」　天韓「兎角東萊」
（6）「候と」…「与」　薦天「と」　韓「候者」
（7）「而」…「候」　薦天「而」　韓「而候」
（8）「へ」…「ニ」　薦韓「へ」　天「ニ」
（9）「相心得」…「心得」　薦「心得」（右朱書入「相」）　天韓「心得」
（10）「犯し」…「侵し」　薦「犯シ」　天韓「犯し」
（11）「故東萊へ」…「故」　薦「故」（右朱書入「東萊へ」）　天「ゆへ東萊江」　韓「故」
（12）「所」…「處」　薦「所」　天「様」（右朱書入「所」）　韓「前」
（13）「不了簡堂るへく候」…「可為不量簡事ニ候」　薦天「可為不了簡候」　韓「可為不不了簡候」

51　一、舘内へ[1]朝鮮人盗ニ入候時急度死罪ニ被申付候様[2]ニと毎度舘守ゟ任訳へ申渡し候而も其通ニハ[3]不被執行[4]落着いひ志らけ尓成候事有之候元来盗ニも輕重有之候所[5]其差別無之是非ニ死罪ニ被行候様ニと申候ハ此方之無理ニ而御座候交奸之者彼方ニ而ハ[6]死罪被致候得共此方ニ而ハ永々流罪ニ[7]被仰付候同然之事ニ而國々之法式有之事ニ候故向後盗[8]を捕候ハヽ縄下ニい堂し訳官ニ相渡盗之輕重ニ應し彼国[9]国法之通被致處置[10]候様ニと舘守ゟ可被申事ニ御座候朝鮮国之内ニ而盗い堂し候者ハ其罪を糺し舘内ニ而盗い堂し[11]候者ハ指許し候[12]と申事ハ決而無之筈ニ而萬一訳官共方ニ而私をい堂し可申ハ難斗候へとも東萊以上[13]之人之耳ニ入候而ハそのまゝニ而可被指置[14]哉との氣遣ハ曾而無之事ニ而候[15]

芳洲会本　斎藤本

(1)「へ」…「ニ而」　薦天「ニ」　韓「江」
(2)「申付」…「仰付」　薦韓「仰付」　天「申付」
(3)「通ニハ」…「通ニ」　薦「通」(右朱書入「ニハ」)　天韓「通ニ」
(4)「執行」…「取行」　薦天「執行」　韓「取行」
(5)「所」…「處」　薦「所」　天「通」(右書入「処」)　韓「処」
(6)「而ハ」…「而」　薦「而」(右朱書入「ハ」)　天韓「而」
(7)「流罪ニ」…「流罪」　薦天韓「流罪」
(8)「盗」…「盗人」　薦天韓「盗」

（9）「彼国」…「彼方」　薦天韓「彼国」
（10）「處置」…「所置」　薦韓「處置」　天「所置」
（11）「盗い堂し」…「致し」　薦「盗ミ越致し」　天「致」　韓「致し」
（12）「指許し」…「差許し」　薦「差免」　天韓「差許」
（13）「以上」…「已上」　薦「已上」　天韓「以上」
（14）「指置」…「差置」　薦天韓「差置」
（15）「而候」…「候」　薦韓「而候」　天「而御座候」

52　一、東五郎廿二歳之時御奉公ニ被召出江戸ニ罷有候所在勤之面々咄被申候ハ朝鮮人本と鈍なるものハ無之候炭唐人と申炭を①持来候者有之候所②若も炭を不持来候へハ其手ニ印判い多し明日持来候へといひ付③候へハ翌日ハ必炭を持来り右之印判④を除ケく連候様ニと申候大勢之事ニ候へハとれと申覚も無之事ニ而殊ニ其印判を手前ニ而洗落し候而も相濟事ニ候所⑤必ハケ様⑥い多しお可しき事ニ候と被申候故東五郎存候ハ鈍なるニてハ有之間敷候定而尓今乱後之餘威強キ故ニ而可有之候と⑦存居候所⑧其後三十六歳⑨之時朝鮮言葉稽古として彼地へ罷渡候所或ル日町代官之内前々之仕形を覚居候者有之炭唐人之炭を不持来候を志可り上着之袖を縄尓而くゝり可申とい多し候へハ右之朝鮮人殊外立腹い多し傍ニ全別将と申訓導方之書手居申候所(10)是又目を怒らし我国の人を者つ可しめ候ハ如何様成事ニ候哉と散々ニ申候故右之町代官(11)愧縮(12)い多し相止メ候此一事(13)ニ付候而も王つ可十四五年(14)之内ニ風義ヶ様ニ変し候大槩壬辰乱後(15)　萬松院様御一代ゟ　光雲院様御初年迄ハ怖レ之(16)堂るニ而候　光雲院様中比ゟ　天龍院様御初年迄ハ避レ之(17)堂るニて候　天龍院様中比ゟ以後ハ狃レ之(18)堂るニて候怖レ之ヲ避レ之ヲ(19)候時ハ彼方下手ニ成り狃レ之ニ(20)候時ハ強キハ上手ニ成り弱キハ下手ニ成り候筈之事(21)ニ候　天龍院様御代中比迄ハま多狃る事の浅ニ候所今日ニ至り候而ハ狃ること深ク成り候間此後ハ乗レ之ニ(22)凌レ之ヲ(23)与申候而威柄(24)彼方ニ移り此方ハ却而卑屈(25)い多し候様ニ成り可申時勢ニ候故以二正大ヲ一為レ心ト以二理義ヲ一為レ務(26)前後を者可り處置可致事ニ候不レ畏二強禦ヲ一不レ侮二鰥寡ヲ一剛亦不レ吐　柔亦不レ茹(27)と申候ハ(28)世ニ處春るの道を申堂る言葉ニ候へとも朝鮮と御隣交之際ニハ此心得可為切要候

芳洲会本　斎藤本

(1)「炭を」…「炭」　薦「炭」（右朱書入「を」）　天韓「炭」

(2)「所」…「所ニ」　薦「処ニ」　天韓「所」

(3)「いひ付」…「申」　薦天韓「言付」

(4)「右之印判」…「印判」　薦天韓「右之印判」

(5)「所」…「處」　薦「処」　天韓「所」

(6)「ヶ様」…「ヶ様ニ」　薦天韓「ヶ様ニ」

(7)「候と」…「と」　薦「与」　天韓「と」

(8)「所」…「處」　薦「処」　天「所」　韓「處」

(9)「三十六歳」…「卅六歳」　薦「卅六歳」　天韓「三十六才」

(10)「之書手居申候所」…「書手居合候處」　薦「書手居合候處」　天「之書手居申候所」　韓「之書手居合候所」

(11)「右之町代官」…「町代官」　薦韓「町代官」　天「右之町代官」

(12)「愧縮(ギシク)」…「愧縮」　薦天韓「愧縮」

(13)「一事」…「叓」　薦「事」(右朱書入「一」)　天韓「事」

(14)「十四五年」…「拾四五年」　薦天韓「十四五年」

(15)「乱」…「之乱」　薦韓「之乱」　天「乱」

(16)「怖(オソレ)レ之(コレヲ)」…「怖之」　薦「怖レレ之」　天韓「怖レ之ヲ」

(17)「避(サケ)レ之(コレヲ)」…「避之」　薦天「避レ之ヲ」　韓「避之」

(18)「狃(ナレ)レ之(コレニ)」…「狃之」　薦「狃(ナレ)レ之」　天韓「狃之」

(19)「怖(オソレ)レ之ヲ避(サケ)レ之ヲ」…「怖(ヲソレ)之避(サケ)之」　薦「怖レ之ヲ避之」　天「怖レ之避レ之」　韓「怖之避之」

(20)「狃(ナレ)レ之ニ」…「狃之」　薦「狃(ナレ)レ之ヲ」　天韓「狃之」

(21)「筈之事」…「筈事」　薦韓「筈之事」　天「叓」

（22）「御代中比迄ハま多狃(ナレ)る事の浅ニ候所今日ニ至り候而ハ狃(ナレ)ること深ク成り候間此後ハ」…「御代中比迄又」 薦「中比迄ハ又」（右朱書入「御代」「ま多狃る事の浅く候処今日ニ至り候てハ狃る事深く成り候間此後ハ」） 天「御代中比ゟハま堂狃ル事之浅く候所今日ニ至候而者狃事深く成候間此後者」 韓「御代中比迄ま多」

（23）「乗(ノシ)㆑之ニ凌(シノグ)㆑之ヲ」…「乗之凌之」 薦「乗㆑之ヲ凌キ㆑之ヲ」 天「乗ジ㆑之ニ凌ク㆑之ヲ」 韓「乗之凌之」

（24）「威柄(イヘイ)」…「威柄」 薦天韓「威柄」

（25）「卑屈(ヒクツ)」…「卑屈」 薦韓「卑屈」 天「昇屈」

（26）「以㆓正大ヲ㆒為シ㆑心ト以㆓理義ヲ㆒為シ㆑務メト」…「以㆓正大ヲ㆒為㆑心以㆓理義ヲ㆒為㆑務」 薦「以㆑正大為㆑心以㆑理義為㆑務」 天「以正大為心以㆓義理ヲ㆒為㆑務」 韓「以㆓正大ヲ㆒為㆑心ト理義ヲ為㆑務ト」

（27）「不㆑畏(オソレ)㆓強禦(ケウキヨ)ヲ㆒不㆑侮(アナドラ)㆓鰥寡(クワンクワ)ヲ㆒剛(コワキモ)亦不㆑吐(ハカ)柔(ヤワラカナルモ)亦不㆑茄(クラハ)」…「不㆑畏(ヲソレ)㆓強禦㆒不㆑侮㆓鰥寡ヲ㆒剛亦不㆑吐柔亦不㆑茄(クラワ)」 薦「不㆑畏㆓強禦㆒不㆑侮㆓鰥寡㆒剛亦不㆑吐柔亦不㆑茄(クラハ)」 天「不畏強禦不侮鰥寡剛モ亦不吐カ柔モ亦不㆑茄ハ」 韓「不㆑畏㆑強㆓御示ヲ㆒不㆑悔ラ鰥寡㆒剛モ亦不㆑吐柔モ亦不茹」

（28）「申候ハ」…「申」 薦韓「申」 天「申候者」

53 一、古舘最初之時分訳官共ニ(1)對し東莱ハ裁判同前(2)之人ニ候と申堂るもの有之候(3)由是ハ不敬とも可申又ハ文盲なるとも可申候惣体(4)其節ハ乱後引移り之事ニ候故東莱之事を舘守なとへ被仰遺(5)候御年寄中之書状控堂まさ可残り居候を見申候而も多クハ東莱と相棊之様ニ相見へ訳官共ハ御出入之町人之如キ御挨拶と相見へ甚尊大(ソンタイ)(6)成事ニ候是ハ過キ申堂るニ而御座候(7)其後竹嶋(8)之事起り候而朝鮮之存入(9)何分ニ可有之候哉隣交諸事吴変ハ有之間敷哉と人々危懼之心を懐キ候より東莱を殊外阿可め候而能々承候へハ東莱ハ三品之人ニ候故殿様〻ハ(10)高階ニ候へハ慮外らしく可申事ニ無之候とて半主人之事を申様ニ申堂る人も有之候御国ハ土地人民を御代々被相傳候侯伯(11)之格之御身ニ候へハ東莱ニ比較(ヒケウ)(12)い堂須へき様(13)無之候と申所ニ心附キ(14)無之候段是ハ不及ニ而御座候(15)惣体(16)義を以事を制し不申候へハ彼方驕傲ニ候へハ其勢を畏レ(17)候而此方卑屈い多し彼方卑屈い多し(18)候へハ其弱を阿なとり此方驕傲ニ成候事人情之常弊ニ候故彼方ハ如何様ニ変し候とも(19)此方ハ其權度(ケント)(20)をミ堂し不申候様ニ有之度事ニ御座候韓同知破舩い多し候時ひとへニ裁判不念故ニ候(21)付裁判事屹(22)と可被仰付事ニ候と訳官共申候而情意叵(ガタキ)レ測(ハカリ)(23)模様ニ候故兎角重キ御叱り無之候而ハ朝鮮之思入不可宜と舘内(24)〻も申来り御国ニても一廉尓被仰付可然事ニ候と申候而媚(コビ)(25)を吴邦ニ取候所見多有之候所左傳之内ニ有之候寧(ムシロ)以レ國ヲ斃(タオルトモ)不レ可レ従フ也(26)と申語を被引(27)此方〻被仰遺候ハ海上之義ハ風ニより潮ニより(28)父子之間ニても咫尺(シセキ)(29)を隔テ互ニ相救申候事(30)成申さぬものニ候へハ此度(31)韓同知破舩い多し候事裁判被存堂る事ニ而無之候若も裁判を科ニ行不申候ハヽ隣交断絶い堂須へきと有之候而も左傳之本語のことく決而御許容

不被成事ニ候間此旨訳官へ急度被申聞候様ニと被仰遣候其後ハ浮言も段々相止ミ候諸事此心持ニ有之度事ニ御座候兎角以レ義ヲ(32)自守候時ハミ堂りニ躁惑畏縮(ソウワクイシク)(33)い多し候事ハ無之筈ニ候

芳洲会本　斎藤本

(1)「共ニ」…「共」　薦天韓「共ニ」
(2)「同前」…「同然」　薦天「同前」　韓「同然」
(3)「有之候」…「之候」　薦天韓「有之候」
(4)「惣体」…「惣躰」　薦「惣躰」　天韓「惣体」
(5)「へ被仰遣」…「被申遣」　薦「被仰遣」（右朱書入「江」）　天「江被仰遣」　韓「へ被仰遣」
(6)「尊大(ソンタイ)」…「尊大」　薦天韓「尊大」
(7)「御座候」…「候」　薦韓「候」　天「御座候」
(8)「竹嶋」…「竹島」　薦天「竹嶋」　韓「竹島」
(9)「存入」…「改メ」（右朱書入「存入」）　薦「改」（右朱書入「存入」）　天韓「存入」
(10)「ゟハ」…「ゟ」　薦天韓「ゟ」
(11)「侯伯」…「侯伯」　薦天「侯伯」　韓「侯伯」
(12)「比較(ヒケウ)」…「比較」　薦「比較(タクラ)へ」　天韓「比較」
(13)「様」…「叓ニ」　薦天韓「様」
(14)「心附キ」…「心付」　薦天韓「心付」
(15)「ニ而御座候」…「候」　薦「ニ而」（左朱書入「御座候」）　天韓「ニ而候」

(16)「惣体」…「惣躰」　薦「惣躰」　天韓「惣体」
(17)「畏レ」…「恐れ」　薦「恐レ」　天韓「恐」
(18)「卑屈い多し彼方卑屈い多し」…「卑屈致し」（右朱書入「彼方致卑屈」）　薦「卑屈致し」（右朱書入「彼方卑屈いたし候へハ」）　天「致昇屈彼方致昇屈」　韓「卑屈致し彼方卑屈致し」
(19)「とも」…「而も」　薦韓「共」　天「而茂」
(20)「権度(ケント)」…「権度」　薦「権度」　天韓「権度」
(21)「故ニ候付」…「故」　薦天「故ニ付」　韓「ゆへニ付」
(22)「屹と」…「吃度」　薦「吃と」　天「吃度」　韓「屹与」
(23)「叵(ガタキ)レ測(ハカリ)」…「叵(カタキ)測之」　薦天「叵(カタキ)レ測リ」　韓「叵測」
(24)「舘内」…「舘内」（右朱書入「守」）　薦韓「舘内」　天「舘司」
(25)「媚(コビ)」…「媚」　薦「媚(コビ)」　天韓「媚」
(26)「寧(ムシロ)以レ國ヲ斃(タオルトモ)不レ可レ従フ也」…「寧以レ国斃(タヲルトモ)不レ可レ従也」　薦「寧以レ國斃(タオル共)不レ可レ従也」　天「寧ロ以レ國斃トモ不レ可レ従也」　韓「寧以レ国斃ルトモ不可従也」
(27)「被引」…「引」　薦「引」（右朱書入「被」）　天韓「引」
(28)「風ニより潮ニより」…「風潮ニゟ」　薦「風潮尓より」（右朱書入「ニより」）　天「風潮ニ依」　韓「風潮ニより」
(29)「咫尺(シセキ)」…「咫尺」　薦天韓「咫尺」
(30)「申候事」…「申事」　薦韓「申事」　天「候事」

（31）「ハ此度」…「者」　薦韓「ハ」　天「者今度」
（32）「以レ義ヲ」…「以レ義」　薦「以レ義」　天韓「以義」
（33）「躁惑畏縮（ソウワクイシク）」…「躁惑畏縮」　薦韓「躁惑畏縮」　天「躁惑（サウワク）畏縮」

54　一、誠信之交と申事人々申事ニ候へとも多ハ字義を分明ニ不仕事有之候誠信と申候ハ実意と申事ニて互ニ不レ欺カ不レ争ハ(1)真実を以交り候を誠信と盤中候朝鮮とまことの誠信之交を可被取行と思召候ニ成候而ハ送使をも尽ク御辞退被成春こしも彼国之造作ニ御成不被成候時ならてハまことの誠信とハ難申其訳彼国之書藉を見申候へハ(2)底意之所レ在(3)相知レ申候志可し此段容易ニ成申事ニても無之只今迄仕来候事ハ彼国(4)ゟも容易ニ相改(5)可申とも被申間敷候間何とそ仕来ハ先其通ニ被成被置此上ニ実意御取失ひ無之候様(6)ニ被成度事ニ候日本ノ人ハ其性獷悍ニシテ難二以レ義ヲ屈シ一(7)と申叔舟之文ニも相見へ候而彼国之弊竇（ヘイトウ）(8)大分ニ候(9)へとも送使接待を初メ尓今無別条連續い多し候ハ獷悍之性を恐レら連候より事起り堂るニ而御座候乱後之餘威今尓盤甚(10)薄ク成候へハ此後對州之人(11)従前武義（ジウゼンブキ）之習（ナラヒ）(12)ひを失ひ惰慢（タマン）(13)之心ニ成候ハ、必ハ前ニ申候通何某(14)の木刀と申ことく成行可申故朝鮮幹事之人ハ其心得肝要之事尓御座候兎角朝鮮之事情を精ク知り不申候而ハ事ニ臨ミ何之了簡可仕様も(15)無之浮言雑説ハい可本と有之候而も益無之候故經国大典考事撮要等(16)之書并阿比留惣兵衛仕立候善隣通交松浦儀右衛門仕立候通交大記及分類記事紀事大綱(17)を常ニ熟覧い堂し前後を考へ処置い堂須へき事ニ候

享保拾三戊申年十二月廿日(18)

雨森東五郎(19)

芳洲会本　斎藤本

(1)「不レ欺カ不レ争ハ」…「不欺不争」　薦韓「不欺不争」　天「不レ欺カ不レ争ハ」
(2)「申候」…「候」　薦「候」（右朱書入「申」）　天韓「候」
(3)「所レ在」…「有所」　薦「有所」（右朱書入「在」）　天「在所」　韓「有所」
(4)「彼国」…「彼方」　薦天「彼方」　韓「彼国」
(5)「相改」…「改」　薦天韓「相改」
(6)「候様」…「様」　薦天韓「様」
(7)「日本ノ人ハ其性獷悍ニシ難二以レ義ヲ屈シ一」…「日本人者其性獷悍尓して難二以レ義屈一」　薦「日本人ハ性獷悍ニシ難二以レ義屈一」　天「日本人者其性獷悍ニシ難シ二以レ義ヲ屈シ一」　韓「日本人ハ其性獷悍難以義屈」
(8)「弊竇（ヘイトウ）」…「弊竇」　薦韓「弊竇」　天「弊竇（ヘイトウ）」
(9)「ニ候」…「候」　薦天韓「ニ候」

(10)「今尓盤」…「于今ニ者」　**薦**「今ニハ」　**天**「今尓者」　**韓**「今ニ而ハ」
(11)「此後」…「此後者」　**薦韓**「此後ハ」　**天**「此後者」
(12)「従前(ジウゼン)武(ブ)義(キ)之習(ナラヒ)ひ」…「従前武義之習ひ」　**薦**「従前武義之習」　**天**「従前武義之習」　**韓**「従前武義之習ひ」
(13)「惰慢(タマン)」…「惰慢」　**薦天韓**「惰慢」
(14)「候通」…「候」　**薦天韓**「候通」
(15)「了簡可仕様も」…「了簡も仕り可申様」　**薦韓**「了簡可仕様も」　**天**「了簡可仕様茂」
(16)「考事撮要等」…「攷事撮要」　**薦韓**「攷事撮要」　**天**「考事撮要等」
(17)「分類記事紀事大綱」…「分類記紀事大綱」　**薦**「分類記記事大綱」　**天韓**「分類記事大綱」
(18)「十二月廿日」…「十二月日」　**薦天韓**「十二月廿日」
(19)「雨森東五郎」…「雨森東五郎撰」　**薦**「雨杰東五郎撰」　**韓**「雨森東五郎　撰」　**天**（文欠）

解説　『交隣提醒』が語る近世日朝交流の実態

序

『交隣提醒』の著者、雨森芳洲[1]は寛文八年（一六六八）に生まれ、宝暦五年（一七五五）対馬にて八十八歳の生涯をとじる。通称は東五郎、朝鮮では雨森東の名で知られる。諱は初め俊良、後に対馬藩主宗義誠の一字を頂戴して誠清と改める。字は伯陽、号は芳洲、橘窓、院長など。芳洲の出生地は不明だが、雨森家は近江国伊香郡雨森村の出身で、京都で医師を開業していた雨森清納の子として生まれる。生家の関係で初めは医師を志すが、やがて伊藤仁斎らを生んだ当時の京都の学風に影響され、儒者の道へ転向した。十八歳のころ江戸で木下順庵の門下生となり、新井白石、室鳩巣等と共に「木門の五先生」と尊称され、元禄二年（一六八九）二十二歳のとき師の推挙により対馬藩の儒者となる。元禄五年（一六九二）初めて対馬へ渡り、翌年禄高二百石、府中馬場筋に屋敷を賜る。役目柄、朝鮮関係の諸事にかかわることが多く、元禄五年および元禄九年（一六九六）長崎において唐音稽古（学習）に励み、また元禄十六年（一七〇三）と宝永二年（一七〇五）朝鮮語稽古のため釜山倭館へ渡るなど、中国語と朝鮮語を習得した儒者として異彩を放つ。

朝鮮関係では、元禄十一年（一六九八）朝鮮向御用（後の朝鮮方）の佐役（頭役）を仰せつかり、元禄十五年（一七〇二）参判使（臨時使節）の一員として初めて倭館へ渡る。さらに芳洲と同門で対馬藩お抱え儒者となった松浦霞沼（儀右衛門）と共に正徳元年（一七一一）および享保四年（一七一九）、来日した通信使の真文役（外交文書担当）を務める。このため幕府との折衝に尽力することが多く、徳川家宣の政治顧問となった新井白石との間で、正徳元年に通信使の待遇や国王号の改変をめぐる議論、あるいは正徳四年（一七一四）には貿易立藩対馬の立場から銀輸出にかかわる経済論争などを展開させている。享保六年（一七二一）、藩内に渡海訳官使（対馬藩主の江戸からの帰国時に朝鮮から派遣される）による密貿易事件が起こり、穏便に処理して訳官との癒着をはかろうとする藩当局の方針に断固反対の姿勢を貫く。このとき、松浦霞沼と共に以後の密貿易断絶のため厳罰主義を内容とする「潜商議論」をもって抗議したが、自説が受け容れられないとわかると、同年朝鮮方佐役を辞任し、家督を長男顕之允に譲って隠退を願い出るなど、藩政に対しても厳しい態度で臨んだ。

『交隣提醒』は、奥付によれば享保十三年（一七二八）十二月二十日に完成したとあり、芳洲六十一歳の著作である。この頃の芳洲は、朝鮮方佐役を辞任したものの本役であるお抱え儒者としての地位は変わらず、享保九年（一七二四）に御用人に就任して以来、奥向きの諸役を支配していた。とくに芳洲を師と仰ぐ藩主宗義誠の信任はあつく、以前から願い出ていた御用人辞任は享保十三年八月にようやく認められたが、代わりに翌年裁判（外交交渉官）となって倭館へ赴任することが決まっていた。[2] 六十歳を過ぎても芳洲を重用する対馬藩に変わりはなかったが、この年九月に朝鮮方を任せていた松浦霞沼が五十三歳で亡くなるという悲劇に見舞われている。病弱な霞沼のため、芳洲は次男徳之允（後の松浦賛治）を養子に出して家督を継がせることになっており、両者は互いに同門という言葉ではとらえきれない、日朝交流にかけるいわば「同志」のような存在であった。最大の友を失った芳洲が、その年の暮れに間に合わせるかのように仕上げて藩主へ提出したのが『交隣提醒』である。

『交隣提醒』には、「上」という言葉を用いて直接藩主に訴えている項目がいくつかみられる。たとえば、

「上の御外聞が宜しくない」【9】　「上の事を大切におもう者」【11】
「どれだけ上に心を尽くし」【33】　「上よりいくらずつとお究めなされ」【34】
「上の仰せを守らず」【35】　「上の収益になり」【36】
「上よりお気を付けられ」【47】（【】内の算用数字は項目番号）

などとあり、ほかにも藩主を介して藩政を牽引していく者たちへ芳洲なりの考えを披露している項目がいくつもある。本文で述べるように、その頃の芳洲は時代の風潮を理解できない

対馬藩当局に対して大きな危機意識を抱いていた。その危機感が、まさに『交隣提醒』という書名に如実に示されている。「交隣」はいうまでもなく「隣（朝鮮国）に交わる（交流）」ことであるが、「提醒」は「注意を引き起こす。暗示を与える」という意味を持つ。すなわちこの書の執筆の動機は、単に日朝交流の術を説き、事が有利に運ぶよう具申（意見）したものではない。日朝間に実際に起きたさまざまな問題を事例にあげ、そこから何らかの「注意」を喚起し、適切な対応を処してもらうための「暗示」を与えるものであり、タイトルそのものに著者自身による強いメッセージが込められているといえる。

『交隣提醒』の内容は多岐にわたり、一つの項目のなかにいくつもの事柄が盛り込まれている。それも同じ言葉や出来事を別の項目に盛り込んで新たな視角から考察したり、あるいは事例を証明するための日本・朝鮮・中国の文献、暗示を投げかけるための古人の格言やことわざなどを巧みに取り入れた、多彩かつ複雑な文章構成になっている。このため文言だけを拾い読みしたり、項目を単独に取りあげても、芳洲が一貫して何を主張したいのか、その真意をつかむことは容易ではない。全体を通読しながら、著者自身が体験した時代とその場面に思いをはせて初めて何を後世に伝えたかったのかみえてくる書物である。芳洲はこの書の最終項目【54】に、「誠信は実意（誠の心）」であるとする。実は、「誠信」という言葉は芳洲の時代以前から、日朝間で取り交わされる公文書などに常套文句のごとく多用されていた。(3)

しかし芳洲のいう「誠信」とは、日朝間の実態をまず知ることにあるという。日朝外交や貿易の現場でいったい何が起きているかを把握し、時代の風潮を読んでそれを分析し、最善の方策を探し出すことが肝要であるとする。

先述したように芳洲は正徳期と享保期の二度、真文役として通信使一行と行動を共にしている。また倭館へは使節の一員となり、あるいは朝鮮語学習のための留学を含めると、『交隣提醒』を完成させるまでに五回もの倭館行きを体験している。すなわち『交隣提醒』の内容の大半は、通信使（十七の項目）と倭館（二十三の項目）の現場での実体験、あるいはそこで会得した知識をもとに構成されているのである。そこで本解説では、『交隣提醒』が語りかける具体的な「注意」や「暗示」とはいったい何か、それらを明らかにするために、芳洲が実体験した場や、問題が生じている事項をあらためて整理しなおし、歴史的経緯や近世日朝交流の実態をふまえたうえで、芳洲のいう「提醒」の内容を考察することにした。なお『交隣提醒』を含めて、本文に引用する史料はすべて現代語訳にしたことをお断りしておきたい。

一　日朝交流における時代の変化

1　日朝間の力の変化

芳洲は『交隣提醒』を著述した頃の時代（一七二〇年代後半）を、どのようにとらえていたのであろうか。そこで注目すべきは、文中に散見する「乱後の余威」の文言である【30・32・52・53・54】。これは文禄・慶長の役（一五九二〜九八年）の後、しばらくのあいだ対馬藩にはびこっていた力ずくの交渉のやり方を意味する。おもに倭館が豆毛浦（ともぽ）にあった古倭館の時代（一六〇七〜七八年）、そうした相手を見下した乱暴な行為で対馬側の意図を通そうとする実例がいくつかあげられている【30・32】。もちろん芳洲がこれを良しとしないことは当然であるが、文章をよく読めば「乱後の余威」が語られた後、必ず「今はそうではない」「そのようにすると必ず朝鮮側から何らかの反発がある」という事例が紹介されている。すると反発にあった対馬側はそのことに戸惑い、あるいは卑屈になったり、ひどい場合は異国に媚びを売るような態度までみせるという【52・53】。

実は芳洲が主張するのは、「乱後の余威」は今や薄れ、むしろ力は朝鮮側に移りつつあるという現実である。さらにこの時代の変化に気がつかずに、対馬流儀の交渉を推し進めようとする危うさである。『交隣提醒』【52】に、近世初期からの時代の変化にともなう、朝鮮側の日本に対する態度を一言で次のように表わしている。

①　萬松院代〜光雲院代初め　「怖れる」
②　光雲院代中頃〜天龍院代初め　「避ける」
③　天龍院代中頃〜　「狃(な)れる」
④　現在（宗義誠代）　より濃厚に「狃れる」

①萬松院（宗義智(よしとし)、在位一五八八〜一六一五年）から次の光雲院（宗義成(よしなり)、在位一六一五〜五七年）代初めまでは、文禄・慶長の役後の修好回復、江戸幕府への通信使来日の実現などによって、日朝間の軌道修復がなされた頃にあたる。②その光雲院代の中頃（一六三〇年代）、対馬宗家のお家断絶かと危ぶまれた国書改ざん事件（柳川事件）[4]が発覚するが、結局は幕府からあらためて日朝交流の担い手を再確認される。そして次の天龍院代（宗義真(よしざね)、在位一六五七〜九二年）初め頃までは、とくに日朝貿易の利益向上をめざして右肩あがりの経営戦略を展開していく時期である。この①②の時期、朝鮮は日本を「怖れる」あるいは「避ける」といった態度で接してきたというが、これがいわゆる「乱後の余威」の時代に相当する。

ところで時代の牽引役を務めていた宗義真は、元禄五年（一六九二）に藩主を息子宗義倫(よしつぐ)

（在位一六九二～九四年）に譲って隠居する。しかし義倫がわずか二年目にして亡くなると、その弟で藩主となる幼少の義方（よしみち）（在位一六九四～一七一八年）を補佐するため、義真は亡くなる元禄十五年（一七〇二）まで藩政の中心的位置に返り咲く。俗にこれを「天龍院時代」と称し、③にいう天龍院代中頃以降がこの時期にあたる。芳洲はこの時代あたりから、「乱後の余威」がしだいに薄れ、朝鮮側の態度が「狃れる」に転じたとする。この「狃」という文字は、「犬が人になれ親しむこと」を意味し、熟語の「狃恩（ちゅうおん）」（恩を恩と思わない）、「狃見（ちゅうけん）」（見なれてあなどり思う）から分かるように、その親しみは人としての信頼関係に支えられたものではないという暗示が込められている。問題なのは、④現在である。その人としての信頼関係を欠いた「狃れる」が、より濃厚に出てきている時代であるとする。

この暗示は、突然出てくる木刀のたとえ話「世話をしている何某の木刀というように、あちらこちらになる恐れがある」【32】に通じる。誰のものかわからない木刀でも、こまめに世話（手当）してやればこちらの味方の武器になって闘ってくれるが、世話をしなければその武器がこちらに向かって襲ってくる恐れがあるという意味である。この「何某の木刀」は、最後の項目でさらに意味が鮮明になる。「（朝鮮側が弊害が多いのに送使による接待を連続してきたのは）日本人の獷悍（きょうかん）（野蛮）な性格を恐れたことが発端にある。乱後の余威が甚だ薄くなっている今、対馬の人が以前のように武義の習いを失い、怠け心になれば、必ずや前に述べた何某の木刀のごとくになってしまう」【54】とある。乱後の余威が薄れて日本人が柔弱になっている今、「何某の木刀」はあちらの朝鮮側の味方に転じつつある。そうした力の変化に気づかず、信頼関係を欠いたより濃厚な「狃れる」態度に任せて、対馬流儀の外交をいつまでも続けることへの危うさに警鐘を鳴らしている。

2　「竹島（鬱陵島）一件」にみる対馬外交の不備

「乱後の余威」を振りかざしていた時代から、「戸惑い」「卑屈」「異国に媚びを売る」態度に転じた節目について、芳洲はずばり「竹島（鬱陵島（うつりょうとう））一件」にあると指摘する【32・53】。これは宗義真が隠居した翌年の元禄六年（一六九三）、倭館で展開された外交交渉である。以前から鳥取藩領米子町人と朝鮮漁民が竹島（鬱陵島）で漁猟をめぐって対立することがあり、対馬藩は幕府の命を受けて朝鮮人の竹島（鬱陵島）出漁禁止を交渉することになった。朝鮮では鬱陵島への渡航を禁止する「空島政策」をとっていたことから、当初は穏便に収めようと竹島と鬱陵島を別の島として扱う「一島二名」の方針で応じていた。しかし島名にこだわった対馬藩の対応が裏目に出る。はじめは漁業権をめぐる協議であったものが島の領有問題の議論へと発展し、やがて元禄九年（一六九六）、朝鮮との友好関係の悪化を恐れた幕府が当初の方針を一八〇度転換して、日本人の竹島（鬱陵島）渡海禁止の結論が通達される。その後、幕府の通達や返簡の改撰をめぐってさらに二年余の歳月がかかり、この一件が終結したのは開始から足かけ七年をかけた元禄十二年（一六九九）であった。[5]

しかしこの間、対馬藩による交渉上の弱点が次々に露呈する。ではどのような弱点がどの場面で露呈したのか。この点を詳細にみていくため、日朝双方の史料を駆使して、江戸時代の竹島（鬱陵島）問題を明らかにした池内敏氏の研究[6]を整理すると次のようになる。

① 倭館での交渉現場で、対馬国元の強硬議論（領有権問題）が独断専行された。

倭館交渉は二期（第一期：元禄六年十月〜同七年二月、第二期：元禄七年五月〜同八年五月）にわたって行われ、対馬側代表となった家老の多田与左衛門（参判使正使）は、竹島（鬱陵島）を日本領とするべきという瀧六郎右衛門・平田茂左衛門の意見を採用。日朝双方の言い分は平行線をたどり、多田が倭館を去る頃には朝鮮政府を論難する「詰問四ヵ条」をつきつけるなど、対馬流儀の強硬な外交戦略をとった。

② 強硬路線に反対する陶山訥庵（すやまとつあん）（庄右衛門）の意見が、倭館および幕府交渉の場で反映されなかった。

陶山は倭館交渉の期間中、幕府への経過報告と意見調整を勧めたが採用されず、幕府（老中）交渉は元禄八年（一六九五）十一月より開始。それも幼少の藩主（義方）に代わって元藩主の天龍院（宗義真）が江戸へ出向いて行うが、肝心の陶山は病のため京都にとどまり、同行した国元家老の平田直右衛門があたった。幕府側は当初、日朝双方の渡航権を温存する折衷案を提示したが、陶山不在のまま進む対馬側の主張は依然として領有権問題で、逆に幕府方針の一八〇度転換（渡航禁止令）を招来する結果になった。

③

幕府通達と返簡をめぐり外交上のねじれが生じて、新たな問題発生と長期化を招いた。元禄九年（一六九六）、対馬藩は幕府通達を書面ではなく、口頭で渡海訳官使（藩主の対馬帰国時に朝鮮から派遣される使節）へ通達した。加えて前年の、無断で隠岐国へ渡り訴訟に及んだ安龍福（アンヨンボク）事件に対する抗議も口頭で伝えられた。その一方で藩は正式な書面による返簡を朝鮮政府へ要求したことから、外交上のねじれが生じて問題が複雑化した。交渉が長引くなか、同年返簡の改撰と米未収（後述）の早期決着を求めて倭館住民が示威行動である闌出（らんしゅつ）（無断外出、後述）を繰り返し、この最中、朝鮮住民とのトラブルから対馬側に死者一名、それと刀・脇差しを奪われる事件（東平行一件）が起きる。朝鮮政府はこの闌出の首謀者を改撰要求にあたる裁判高瀬八右衛門とみなし、裁判が帰国しなければ返簡を通達しないとした。返簡は裁判帰国後に代官（貿易担当官）へ渡され、元禄十一年幕府のもとへ届けられる。翌十二年返簡が幕府へ届いたという報告が朝鮮へなされ、さらに同年、幕府への報告を経てこの一件は終了する。

④　対馬側の記録の不備が露呈した。

第一期倭館交渉のときに、竹島と鬱陵島が同一の島であることは七、八十年以前すでに確認済みであるという指摘が訳官からなされ、対馬側が史実に基づいた反論を展開することができなかった。そこで第二期倭館交渉に至るまでの間、交渉員の一員であった阿比留（あびる）惣兵衛を中心に史料の収集作業が急遽進められ、前出、朝鮮側を論難する「詰問四ヵ条」では、個別具体的な史実をふまえた論理の展開を行うまでになった。さらに元禄十一年（一六九八）天龍院（宗義真）の命により阿比留惣兵衛が日朝外交文書集『善隣通書』の編纂にとりかかり、さらにこの書の検索の便をはかるための抄録増補版『善隣通交』の編纂が行われるなど、この一件は対馬側に記録の不備と史料集積の重要さを認識させる契機となった。

以上、竹島（鬱陵島）一件の交渉顛末から、芳洲のいう「乱後の余威」の時代に展開される対馬式の強硬外交の実例と、それが国家間の交渉事では必ずしも有効に働かなかったという失敗事例が浮き彫りにされてくる。

藩儒となって十年たらずの芳洲が、この一件にどの程度関与していたかは不明である。朝鮮へ渡す書簡や公文書の文字添削、あるいは陶山訥庵を欠いた幕府交渉のときに江戸藩邸で何らかの相談を受けていた可能性は否定できないが、[7] 芳洲が「竹嶋問題に関しその底辺を理論的に支えていた」とする説[8]には、かなりの無理がある。この一件は右の①と②にみられるように、初めは対馬国元の強硬派と陶山訥庵との対立構造のなかで理論が構成され、江戸でも強硬理論が貫かれて、結局老中判断によって失敗に帰している。その後は③にみられるように、対馬の威信を保つために策をめぐらし、かえって外交上の混乱を招いて問題を長期化させている。この時期、初めから終わりまで一件の中心にいて反強硬理論を展開していたのは陶山であり、その陶山は芳洲ではなく、天龍院（宗義真）治世を批判して対馬上県（かみあがた）の伊奈村へ流罪となった賀島（かしま）兵介[9]へ頻繁に相談をもちかけている。

　この竹島（鬱陵島）一件から三十年余の後、芳洲は『交隣提醒』のなかで、「竹嶋一件までは威力・恐喝（きょうかつ）によって勝ちを取るべきだとの主意があったが、七年の交渉をかけてもその事が成し遂げられなかっただけでなく、却（かえ）って御外聞の妨げとなる事態になってしまった。ここ三十年来はそうした風潮が止み、只今は先ずは結構なる事である」【32】と述べている。「威力・恐喝」をもって勝ちを取りにいったこの一件が、結果的に対馬藩の「御外聞の妨げ」を招いたと厳しい評価である。ここにいう「外聞」とは、朝鮮、それと幕府への双方に対するものであることはいうまでもない。こうした芳洲による一件への評価、とりわけ強硬外交に対する厳しい批判は、芳洲自身が決して強硬論派に与（くみ）したものでも、またそれを支持したものでもないことを裏付けている。さりとてそれに対抗する陶山については一言の言及もない。現在はそうした風潮がやんでおり、これはまずは「結構なる事」と簡単な記述で済ましている。すなわち芳洲は、竹島（鬱陵島）一件に関しては、中枢部の意思決定を左右しかねない重要事項、とりわけ理論を下支えするような思想的な裏付けの相談からは外されていたとみるのが自然である。それゆえにこそ、客観的な立場からこの一件を歴史の重要な節目ととらえることができたと考えられる。

3　記録の充実と活用

竹島（鬱陵島）一件における強硬外交の失敗は、日朝間に「乱後の余威」の終焉と、新たな手法を模索する時代の到来を告げていた。この失敗から何を学ぶか、そして今後の日朝関係をどのような共通認識のもとで運営すればよいのか。芳洲のたどりついた先が、『交隣提醒』の最終項目【54】で述べられている「誠信」に基づいた外交である。ただしこの「誠信」という言葉の意味について、芳洲は独自の考えを持っていた。すなわち「誠信の交わりと人々は言うが、多くは字義を分明にしているわけではない。誠信というのは実意（誠の心）をともなったものであり、互いに欺かず争わず、真実を以て交わることを誠信という」【54】とし、これまで両国間で乱用されていた「誠信」の字義の本質を、「実意」に基づくものでなくてはならないと明言している。しかもこの「実意」は単なる精神論ではなく、そこに「真実」があって初めて誠信の交わりが叶うという。日朝間の真実を知るには、具体的な史実の蓄積がなければならず、このことは先の竹島（鬱陵島）一件の失敗から学んだ一つの光明でさえあった。芳洲は「ともかく朝鮮の事情を精しく知らなくては、事に臨んで何を考慮するべきかわからず、浮言・雑説はいくらあっても益にはならない」【54】とし、考察の根拠とすべき書籍として『経国大典』『攷事撮要』(こうじさつよう)（以上、朝鮮書）、さらに阿比留惣兵衛の『善隣通交』、松浦霞沼（儀右衛門）の『朝鮮通交大紀』、（朝鮮方編纂の）『分類紀事』『紀事大綱』を常に熟覧して事の処置にあたるよう指示している。右にあげられた日本書籍の筆頭に、一件の交渉員を務めた阿比留惣兵衛の『善隣通交』を記したのは、対馬側の記録の不備と史料集積の重要さを気づかせてくれた記念すべき書籍であるとの暗示が込められている。

外交は常に故事先例が重んじられ、先例はやがて慣習となり、さらに「法」という形に定着する。そこで将来の日朝関係にとって不可欠なのは、拠り所となるべき確かな史料を継続して蓄積していくことである。交渉事は、圧力はもちろん技術に頼るべきものではなく、どれだけの情報を収集しているかにかかっているといっても過言ではない。もとより対馬藩ではこれまでにも記録の作成は行われており、藩庁における『（表書札方）毎日記』『書状跡留』[10]、倭館館守の『（館守）毎日記』[11]、通信使来日時の『通信使記録』[12]などが存在する。だが芳洲の目からみれば、それらの多くが出来事を漫然と書き留めたもので、何のために記録するかという目的意識、そして後の活用の便を考えた記録のための戦略というものが欠けていた。それが享保期に天和の旧例に復することになった。

『通信使記録』を例にとってみよう。正徳期に新井白石による改革があり、それが享保期に天和の旧例に復することになった。そこで天和期の通信使記録を通読すれば、対馬藩と諸大名間の役人のやり取りや、各地での接待のことは詳しく記している反面、通信使随行員との論談など重要なことは誠に不充分であると、芳洲はいたく失望している。原因は、書き手の側にあるという。藩の祐筆役である書札方は、(将軍や大名など)日本側の出来事を多く書き留める傾向があり、また来日時に特設される信使奉行は、日々の対応に忙殺されて記録まで手が回らず、さらに朝鮮側との相談の席にも出られないため、重要な交渉事項を記録することができない。とりわけ芳洲が注目したのは、天和期の応接儀礼で異例の儀礼といわれた江戸城西丸における将軍綱吉の世子、徳松君への拝礼の模様が一言も記されていない点である【19】。通常、幼君である世子拝礼は名代が拝受するのを通例とするが、このときだけ三使(正使・副使・従事官)は挙手と二度の拝礼を行う「違却」(異例)の行動をとった[13]。こうした異例の事態こそ後世のために詳細に書き留められるべきであり、そこに記録者としての本分がある。そうした記事が一つもなく「こうあっては、将来、信使方の御用に立つ記録とはいえない」【19】と、きわめて厳しい評価を下している。

通信使随行員が道中や滞在先で求められる詩文や揮毫[14]など、いわゆる「行中の書き物」の取り扱いにも問題があった。日本人文士らの垂涎の的でもあったこの「行中の書き物」は、時代が下るにつれ使節一行の苦役になっており、『交隣提醒』【25】によれば天和期より「国事を漏らす恐れがある」との理由で禁止の措置がとられていた。ところが内実はこれとまったく異なり、あちこちから対馬藩の家老を通じた依頼が殺到して随行員が忙殺されることに変わりはなかった。依頼主は、諸大名衆だけでない。享保期などは対馬藩主の義兄、亀井茲親（隠岐守）が長持一竿分の書き物を依頼し、これに対馬家中の依頼分が加わったため、信使たちは道中・船中さらに対馬に着くまで振り回される有様だった。藩が守れない禁止令など無意味である。むしろ依頼数を制限して、たとえば扁額ならば二、三枚、唐紙一枚書きのものは二枚か六枚の屏風用仕立てなどといったようにすれば信使はもっと楽になるであろう、というのが芳洲の意見である【19】。そのうえで「詩や文章は、真文役の外は取り次ぐ事を一切禁じるように」【26】と、取次の窓口を家老から芳洲が務める真文役へ一本化するよう藩主へ提言している。さらに通信使記録については、将来役立つような作成の仕方へ改良することにした。それは「朝鮮人と重要な論談がある時は、必ず佐役（朝鮮方頭役）の者が相談に加わることにする。事の始終を熟知しているためで、後に記録を作成する時には朝鮮人と論談した重要な部分について、佐役の者が書き付けてこれを記録に書き入れるように」【19】と、記録作成の段階から朝鮮方佐役の者を交え、とくに朝鮮側との論談の内容をつけ加えさせている。

『通信使記録』よりもさらに深刻な問題を抱えていたのが、朝鮮釜山に置かれた倭館における記録の作成である。倭館は対馬藩による実務外交や貿易を行う、いわば日朝交流の最前線である。しかしながらここでは館守の執務記録『（館守）毎日記』と、東向寺僧侶（外交文書の勘案・審査・記録などをつかさどる）による書契（しょけい）跡留（外交文書集）『両国往復書謄』(15)が継続して記録されているものの、定例使節（後述）や裁判・参判使といった臨時使節による記録は皆無に等しかった。そのため故事先例を含めて、当然使者として認識すべき最低限の知識を共有することができず、現場では裏付けを欠いたちぐはぐな外交交渉が行われることがしばしばあった。たとえば『交隣提醒』【36】に、「礼下程」と「別下程」の区別を知らない送使僉官（せんかん）（使節渡航者）が、「以前は僉官ごとに礼下程というものがあったが、今は別下程ばかりで礼下程がない。古式の通りに支給しろ」と訳官へ文句をつけたところ、逆に諭されて恥をかいた事例を載せている。「下程」とは使節への日常の支給物（日供）以外の贈物のこと、「別下程」はその特別支給を宴饗のときに使節員別に贈ること、これらを仲介した者（多くは訳官）へ日本側から返礼するのが「礼下程」である。いずれも日本使節が朝鮮の都まで上ることができた中世の贈答慣習で、上京が許されなくなった近世は本来ならば中止されてしかるべきところ、使節員を厚遇するために「別下程」の古式が続いていたものである。このほか裁判は木綿を朝鮮から毎年支給されている事実を知らないこと、またかつて借用した麹米(こうじまい)をいつのまにか規定の支給物扱いにしてここ三十年間役人の収入にしてしまっていることなど、いずれも古式を知らぬまま倭館に派遣されて任務にあたる者たちの事例【36】を明らかにしている。

芳洲は「惣体(そうたい)、朝鮮の事は年がたつにつけ、古式を取り失う事があるがこれは自然の理(ことわり)である。朝鮮の事を扱う者は、充分に念を入れて正確に記しておかなければならない」【36】とする。すなわち、まずは朝鮮の諸事を担当する者が率先して記録の充実に努めるべきであると指摘し、宝永二年（一七〇五）より朝鮮へ渡海した者は銘々で記録を作成して藩へ提出することを義務づけた[16]。倭館における記録作成にあたって芳洲が求めたことは、朝鮮との交渉内容や日々の出来事だけではない。「朝鮮の馳走（支給物）の丁寧・不丁寧を以(もっ)て隣交の誠信・不誠信を知ることができる。そこから異国の事情を察する一助となるので、送使僉官の膳部(ぜんぶ)の次第を詳細に書き付けるように」【38】とし、使節応接の基準ともいうべき支給物や膳部（饗応膳）の内容の一部始終を書き留めるよう指示している。後述するように倭館では支給品の数量・品質をめぐって朝鮮の下役人との間で紛争が絶えず、ここにも正確かつ詳細な史料の蓄積が望まれていた。

さらに書き手の側にも、記録者としての目的意識を持つよう注文をつけている。「送使僉官として渡った者が、記録を作成する主意（ねらい）を失うと、他人が書いたものを見合わせて自分の記録に仕立てるようになる。すると記録に留めなければならない事を、却って書き載せようとしなくなる」【38】とし、重要事項が洩れている事例として宝永五年（一七〇八）の倭館西館火災後の朝鮮側の対応をあげている。このときの火災は下役人が住む長屋（行廊）が焼失したにもかかわらず、時の東萊府使が鄭重に公木（朝鮮の上質木綿）三束と米五〇石を見舞いのために贈ってきた。[17]このことは「非常の事なので特別に記録に残すべきところ、先規（前例）にないとして書き付けていない」【38】という。通常とは異なる「非常」の事態こそ記録に留めるべきだとの指摘は、通信使記録の場合とまったく同じである。そこでこうした記録の欠如を補うため、送使僉官が帰国して記録を提出する際、「崇信庁の内一人に記録吟味（点検）を命じ、もしも記しておくべき事が欠けていれば追って書き入れるように」【38】とした。[18]ここにいう「崇信庁」とは、朝鮮方の中国風の呼び名で、「信を崇る」という意味が込められている。倭館の記録作成の最終段階で朝鮮方が点検することも、通信使記録の作成法に共通している。

ところで先述した芳洲が考察の根拠とすべきとする書籍のなかに、朝鮮方の『分類紀事』と『紀事大綱』があげられている。[19]この書物は、芳洲の後に朝鮮方佐役を務めた越常右衛門が、日朝間の交流実態を正確に把握することを目的に、正徳三年（一七一三）頃から自発的に編纂を開始し、享保三年（一七一八）藩命により朝鮮方の中心的な編纂事業となったものである。その編纂手順は、まず現場で記録された原史料を集積した『紀事大綱』が作成され、次に利用の便をはかるためそれらを項目別に分類し、年代順に編纂した『分類紀事大綱』へと集大成されていく。第一輯の『分類紀事大綱』(附録共四十巻)本編には、寛永十一年（一六三四）から正徳三年（一七一三）までの記事がおさめられ、また附録には朝鮮の成化十八年（一四八二）を最古とする中世から近世初頭にかけての重要古文書の写しが収録されており、日朝交流の基本的史料として異彩を放っている。同書第一輯が本編・附録共に完成したのが享保十二年（一七二七）、まさに『交隣提醒』提出の前年である。さらに第二輯の編纂事業が、朝鮮方の総力をあげてすでに起動中であった。すなわち芳洲のいう誠信・実意・真実に基づく外交を実践するため、朝鮮方を要(かなめ)とする日朝交流のための実務書を将来にわたって集大成させようとする戦略が、『交隣提醒』の記述から読み取れるのである。

4　訳官対策と通詞

日本側の朝鮮語通訳は一般に「通詞」、朝鮮側の倭学訳官は「通事」または「判事」と称す。「事」と「詞(ことば)」と文字を書き分けているのは、長崎における唐通事とオランダ通詞の違いと同じである。[20] とりわけ「事に通じる」通事は単なる通訳にとどまらず、外交・通商上の諸問題に介入して両者の斡旋役を務めたり、自国人と他国人との接点で生じる種々のトラブルの解決まではかる権限を付与されている。訳官（正確には倭学訳官）になるためには、中央官庁の司訳院が実施する雑科試験（訳科・医科・陰陽科・律科の選抜試験）に合格しなければならず、その成績順で等級と品階[21]が与えられる。司訳院に倭学が設置されたのは、太宗十五年（一四一五）である。倭学試験の合格者は両班（ヤンバン）の下の身分である中人層が多くを占め、なかには「訳官家門」と称する通訳の名門家系が形成されている。[22] 一方、対馬にいる朝鮮語通詞は、貿易商人が便宜上通詞に雇われている場合が多く、歴史的にもまた身分的にも両者の格差は歴然たるものがある。[23]

倭館に派遣される訳官は、訓導（くんとう）（二年交代）と別差（べっさ）（一年交代）が各一名、ほかに書記や守門番や倭館への物資搬入・管理を担当する小通事が三十名ほど常駐している。また通信使や渡海訳官使が来日するとき、状況に応じて訳官たちが多数派遣されて来る。そうした交流の場における訳官たちのさまざまな行動や言動が、『交隣提醒』の各項目に散見している。その主なものを列記すれば、天和期通信使の三使書翰を偽造【20】、享保期通信使の鷹の別幅改ざん【18】、破船殞命使（いんめいし）の公文書工作とその早期解決のため私貿易品の値段操作を持ちかける【21】、公作米納入を東萊府使と結託して遅らせる【4】、公作米年限更新は訳官次第【45】、炭（たん）

柴の換米をもちかける【34】、倭館空き地を物替えしようと持ちかける【48】等々。個々の詳しい内容は後述するが、日朝間の交渉現場での清濁を飲み込み、ときに甘い言葉で、ときに脅しをかけてくる有能でしたたかな訳官と今後どう対峙すれば良いのか。それは記録の充実以上に困難な問題をはらんでいた。

芳洲が考え抜いた時代の変化に対応する訳官対策の戦略なるものが、『交隣提醒』【30】に記述されている。まず「乱後の余威」が残っていた時代、訳官は自分の身を辱しめても事を早く解決するべく行動していた。ときには日本側に「内通」する訳官もおり、それは一時の苦難を免れるためであり、あるいは日本人のためになるよう働けばその身が勝手（都合が良いこと）になるところもあり、また利得に目がいく心もあるなど、威に脅かされ利に誘われるという両端のなかでの「内通」であったという。ところがその余威がなくなった今、日本のために働こうとしても特別に利益を得るわけでもなく、訳官の心入れは昔とはことのほか違ってきたことは間違いない。そこで「訳官の事は、格別に恩賜を厚くなされ、御国（対馬）の御陰がなくてはその身が立ち行かないと思わせるようにするべきである。公儀向きの事にたとえれば、御老中方の御用人へ格別な手当をなされている事と同じ心持ちである。訳官共が御国を疎かに考えるようになっては、甚だ御ためにならない。その内、（恩賜を）常例にされるような御処置が肝要である」【30】とする。確かに藩はこれまでにも、功績ある訳官への賞賜は行ってきたが、それも数年に一回という程度であった[24]。それを芳洲は「老中の用人並」つまり連年にわたる手当をもって賞賜し、将来は「常例」（定期収入）につながるような処置をすれば、対馬のお陰で身が立つと思わせることができるといった、あたかも藩が訳官を抱え込むがごとき斬新かつ大胆な対策を提言している。

これまでにも芳洲は幾度となく訳官の重要性を藩へ訴え、正徳三年（一七一三）には小通事へ「義田（ぎでん）」を買い与えることに成功している[25]。田畠を小作させた収入で小通事の経済的援助をはかることが目的であったが、購入した場所が釜山の「原（はる）」という水損等の被害をうけやすい所であったため運営が難しく、まもなく廃田になったと後世の記録[26]にある。またこれまで訳官を賞賜するといっても、渡海訳官使の正使や通信使の上々官[27]を務めたような位の高い者が多く、それも「巧者」といわれる辣腕の訳官ばかりで、決して実直さをもって賞賜の対象としたものではない。芳洲によれば訳官の評価は接した人の感じ方によって異なるもので、「訳中の三傑」とうたわれた朴僉知（パクせんち）（再昌（チェチャン））・朴同知[28]（有年（ユニョン））・安（アン）同知（愼徽（シンフィ））でさえ、朴同知は日本人がこぞって誉めるが、朴僉知は誉める者と憎む者とに評価が分かれるという【37】。しかもこれは日本人のなかでの議論だけであり、えてしてそれは信用できないことが多いとしている。「朴僉知（再昌）は訳官中がことのほか崇敬し、若き訳官などはみだりに話しかける事もできない人品を備えているという。総体、訳官の善悪の見分け方は、朝鮮の人が敬って距離を置くのは行い正しい正直な人、親しみ近づくのは性質温柔な人と知るべきである。また胸背（きょうはい）（官服の身分を示す模様）によってその人の高下を定めてしまう」【37】とし、朴同知（有年）の評判の良さは温柔な人柄と位の高さによるもので、むしろ訳官たちが敬う朴僉知のほうこそ実直な訳官であり大切にするべきであると独自の判断を下している。

ところで『交隣提醒』に、姓名の明らかな訳官が八名ほど登場する。生年順に示すと次のとおりである。(29)

姓名	生年（西暦）	字	
①安愼徽（アンシンフィ）（安同知）	一六四〇年	伯倫	三傑の一人【37】
②朴有年（パクユニョン）（朴同知）	一六四一年	子久	三傑の一人【37】
③朴再興（パクチェフン）（朴同知）	一六四五年	仲起	天和期三使謝書の偽造【20】
④朴再昌（パクチェチャン）（朴僉知）	一六四九年	道卿	享保期上々官・三傑の一人【13・35・36・37・44】
⑤韓天錫（ハンチョンソク）（韓同知）	一六五三年	聖初	渡海訳官使の破船で死亡【53】
⑥韓後瑗（ハンフウォン）（韓僉知）	一六五九年	伯玉	享保期上々官【15・18・21】
⑦崔尚嶕（チェサンチュ）（崔同知）	一六六四年	延普	交奸の書翰持参【35】
⑧呉萬昌（オマンチャン）（呉判事）	一六六八年	天老	別差・撤供撤市の伝令【3】

右の訳官のうち、先述した「訳中の三傑」が①安愼徽（安同知）、②朴有年（朴同知）、④朴再昌（朴僉知）である。安愼徽・朴有年はほぼ同年齢で活躍時期も延宝期から元禄期（一六七〇年代から九〇年代）頃、享保期通信使（一七一九年）の上々官を務めた朴再昌は勤務時期がやや遅い。この朴再昌は③朴再興の弟で、父（朴元郎）も倭学訳官、また曾祖父（朴大根）は初回の通信使から連続して三回も上々官を務めた名訳官という訳官一門の出である。[30] 右に示したように、『交隣提醒』にはこの朴再昌（朴僉知）にかかわる記述が最も多い。接待の内容に熟知しており古式に明るい【36】、朝鮮国内に飢饉が起き、倭館への米搬入に遅れが出るといち早く予告してきた【44】、訳官が対馬を恨むことは第一に交奸（倭館への女性連れ込み）、第二に倭館新造と正直に答え、交奸約条の締結を通信使来日を期して計画していると警告してきた【35】、国王の庭に麦を植えていると答えて日本人の嘲笑をかうが、これは国王は稼穡（農事）を忘れないとする人君の美徳を意識してのこと。国による風義の違いを知るべき【13】など、芳洲は再昌の言動から知見しえた多くの事柄を記録している。

一方、朴再昌と同じ享保期上々官として来日した⑥韓後瑗（韓僉知）のほうは、老中への献上鷹の別幅改ざん（後述）の中心人物【18・21】であることから、あまり良い印象を持っていないことが文面から窺い知れる。また⑦崔尚嵲（崔同知）は、宝永五年（一七〇八）交奸事件の書翰を持参した渡海訳官使【35】という役割で登場するが、後の享保六年（一七二一）、渡海訳官使正使として派遣されたとき密貿易事件の主犯であることが発覚し、対馬内部で潜商議論を引き起こして芳洲が朝鮮方佐役を辞任するに至ったいわくつきの訳官である。[31]この両名の訳官に対し、藩は正徳五年（一七一五）に韓後瑗へ銅二千五百斤（銀高にして六貫目）、享保元年（一七一六）には崔尚嶫へ銅千斤を賞賜しており、[32]芳洲からみれば訳官に対する藩の眼識はいかがなものかと言いたいところである。

以上みてきた訳官と対照的に、日本側の朝鮮語通詞は制度的にも、また構成員の能力の面からみても比較にならない状態にあった。毎回の通信使来日時に、五十人内外の朝鮮語通詞が使節に随行するが、その多くが臨時の雇い通詞であり、また専門の通詞職にあっても彼らの身分は町奉行に支配される町役の一つにすぎなかった。すなわち朝鮮語通詞の実態は商人であり、家業の貿易活動で会得した語学能力を藩の御用に応じて提供しているにすぎないのである。このためか『交隣提醒』に、岡崎へ出迎えた幕府の使者を「無官の者」と通信使へ伝える通詞の教養のなさ【17】、交奸一件の処置に的外れな感想を述べる通詞【35】などとあり、芳洲が彼らの言動にいささか不満を抱いている様子が窺える。しかし日朝交流の場で果たす通詞の重要性は、訳官と表裏一体であることは間違いない。問題は、国の重要事にかかわる要職ともいうべき通詞の養成に藩当局がまったく関与せず、商人たちに依存している現状にあった。これを改善するべく享保十二年（一七二七）、芳洲の提案による通詞養成所が藩内に開設されることになった。これより三年間にわたり、公募に応じた第一期生三十九名の若者たちが、芳洲のかかげる理想の通詞を目指して猛特訓の途についたばかりである(33)。

通詞養成所開設の翌年提出された『交隣提醒』には、未来の通詞たちへの期待と援護の言葉が満ちている。まず御用にたつ「誠の通詞」とは、「人柄が良く、才覚があり、義理をわきまえ、お上（殿様）の事を大切に考える」【11】と明確に定義し、行動の善悪が錯綜する訳官とは一線を画すことを期待する。また、とかく通詞職を軽んじる藩当局に対しては、「朝鮮（倭館）に務める役人のうち、館守・裁判・一代官は勿論の事、その外に隣交の事で通詞より切要な役人はいない」【11】と、通詞は館守・裁判・代官に並ぶ倭館の重職に他ならないと断言する。そのうえで、「通詞」だからといって「人によっては言語さえよく通じれば済むと考えるが、まったくそうではない」【11】とし、通詞の役割に対する認識が藩内に欠けていることを鋭く指摘する。この認識の欠如が、時として通詞の行動に疑いの目を向けることになる。たとえば通信使来日のときなど、「通詞が取り次いで訳官と中間で申し合わせをする事があるが、人によっては何をしているのか。こちらが言っている事を直にあちらへ伝え、あちらが言っている事を直にこちらへ申せば済むのに、やり方が得心しないと文句を言う人がいる。これは通詞たちが中間で申し合わせている事で、勿論宜しくない事もあるが、事情によっては必要な事もあるので、一概に疑ってかかるべきではない」【12】とある。この通詞と訳官とが中間で申し合わせすることを嫌った結果、「首途（しゅと）」（門出の祝いの行事）を出立日と勘違いした通信使三使との間で大騒動になった正徳期の事例が明らかにされている（【12】後述）。異国との交渉事には常に臨機応変な対応が求められており、その場に臨席する通詞が積極的に斡旋役を務めることも必要であった。芳洲は、時代の変化に対応する新たな組織造りのなかで、通詞職の能力向上と地位の改善をはかろうとしていたことが分かる。

二　通信使来日の現場にて

1　「三使謝書」の偽造と別幅改ざん

近世初期、日朝修好回復時期に偽造や改ざん（書き替（か）え）された国書が両国を飛び交（か）っていた。(34) 寛永十二年（一六三五）の柳川事件後、さすがに国書クラスの偽造・改ざんこそなくなったが、倭館や対馬で展開される実際の外交現場では、ときおり、公文書の偽造が行われることがあった。(35) ところが芳洲は、通信使来日という国家的行事の場であっても、公文書の偽造・改ざんがなされていると注意を喚起している。その具体的事例として『交隣提醒』であげているのが、天和期「三使謝書」の偽造【20】と享保期別幅の改ざん【18】で、いずれもその背後で暗躍する訳官たちの裏工作を暴露している。

まず「三使謝書」の偽造とは、天和期（天和二年・一六八二）の通信使帰国後、三使（正使・副使・従事官）から対馬藩主や幕府へ送られてきた公式礼状（三使謝書）のことである。その写しを収録している天和期の通信使記録をみると[36]、壬戌年（天和二年・一六八二）十二月付の三使連名の書翰二通、癸亥（天和三年・一六八三）二月付の正使尹趾完・副使李彦綱・従事官朴慶後のそれぞれの名義による書翰三通からなる。いずれも宛先はないが、前者には「東都執政（幕府老中）諸公」や「貴大君（将軍）の大賜」に対する謝辞が並び、また後者には盛大な宴饗や「珍菓」（珍しい菓子）を贈呈されたことへの礼状のような文面になっている。このことが先例となり、次の正徳期通信使の帰国を護衛した家老（送聘参判使）の大浦忠左衛門（平倫之）は、天和期と同様の謝書を送るよう要請した。ところがこのときの通信使三使は国書の改訂問題により帰国後に罪をこうむり、異国との書簡往来ができない状況にあるということで、結局、幕府へは礼曹参判と参議の書簡、それに三使からのお礼（三使謝書）を藩主による「口上」の形で伝えることで終わった[37]。芳洲と松浦霞沼は、藩の依頼により礼曹参判・参議宛の書簡の文言点検を行っている。

天和期「三使謝書」があらためて問題化されたのは、享保期通信使の帰国後である。関係史料[38]によると、送聘参判使・杉村三郎左衛門（平倫久）は天和期の旧例に従い「三使謝書」

を要請したところ、接慰官（参判使の応接役）から「三使の謝書と申すことは、先規（前例）がない」という意外な返答をうけた。その後、杉村は帰国するまで幾度も掛け合うが、「三使謝書」は礼曹の記録にもなく、過去の通信使で三使が謝書を出した例は一度も見いだせないとのことであった。そこで対馬に残る「慥なる控」を開示したところ、東萊府使は「書面は三使の文勢ではない。瑣細（粗末）な紙面で、惣じて書面の内容は甚だ胡盞くさい」と偽書であることをほのめかし、さらに「その節の訳官ども、中間で取り計らったのではないかと考えられる」と、当時の訳官たちの仕業であると判断した。一応、通信使三使にも意向を伺ってみると、「日本側が御馳走を丁寧にしてくださったのは朝鮮国に対しての事で、使者の身に引き請けて御礼を申し上げることは却って不敬である」との返事で、結局、朝鮮政府は謝書を出さないという結論に落ち着いた。

　芳洲がいつ対馬に残る「三使謝書」を実見したかは不明であるが、その判断は東萊府使とまったく同じであった。『交隣提醒』【20】に、「書翰の文体を見れば三使の筆力ともみえず、文意は全くの日本流儀である」「充分に天和の書翰を調査するよう仰せ付けられたが、図書も違い、様子は甚だ疑わしい」「天和の頃の訳官たちのやり方は、ともかく日本人の心にさからわないようにするのが第一と心得ている時分」「こちらが聞き入れないので中間で拵えたのだ」とあり、結論としてこれは「三使の書翰と号して指し出した偽作である」と断定している。このように天和期「三使謝書」は、芳洲によってあらためて偽書と断定されるが、ここで注目すべきは「図書も違い」という文言である。この「図書」とは、三使が使行時に携帯して文書などに押す私的印鑑を指すと考えられるが、対馬側の控には差出人の下に押印の形はなく、ましてや印影の違いなどを質すことはできない。おそらく芳洲は、この頃対馬藩が保管する「三使謝書」の実物を点検して、真偽の判断を下していたとみられる。換言すれば、このときまで対馬側ではこれを真書と信じて疑うことなく、保管していたことは明らかである。

次に享保期別幅（贈呈品の目録）の改ざんは、随行した上々訳官・韓後瑗（ハンフウォン）による単純な連絡ミスから起きたことである。通信使記録[39]によると、正徳期になかった礼曹参判から執政（老中）あての贈品が復活することになり、朝鮮側では使行前の訳官報告により老中・井上河内守正岑（まさみね）を「首執政」（大老）と間違えて他の老中（久世大和守重之・戸田山城守忠真・水野和泉守忠之）よりも多くの品目を別幅に記載していた。これを対馬側が事前に察知しないという失態が重なり、受け取った側の井上が多い分の品を返却したいと申し出てきて初めてこのことに気がついた。時期的に帰国直前のことでもあり、些細な手違いから起きたことであったため、芳洲とも相談のうえ、別幅を書き直すことにした。まず「御並様同前」の品目・員数を写字官（書記役）が書き、日付は「己亥（きがい）十月」とし、下に三使が署名・押印したものを「仮別幅」とし、これは結果的に公儀の控とされた。当の井上へは、日付を「己亥四月」とし、最後に「礼曹参判」とのみ記して名と押印のないものを作成し、老中からは多い分を返却してもらって事は済んだかにみえた。ところがこの作業の過程で、別幅の一部が改ざんされてしまった。同じ信使記録によると、三使による「仮別幅」作成の直後、韓後瑗が宿所である東本願寺の「縁頬（えんがわ）へ持ち出し、際（せい）（整）の字を削って、鷹子（ようし）一連という一行を書き込んだ」とある。つまり最終行に書かれた「以上」という意味の「整（せい）」の文字を削りとり、新たに「鷹子一連」の文字を書き加えたという。しかもこの所業は韓後瑗一人が「立ち回り」、他の上々訳官のうち朴（パク）同知（再昌（チェチャン））は「存じない」、金僉知（キムせんち）（図南（トナム））は「本当は存じているが、只今は隠しているとのこと」とある。韓後瑗の独断であったことは確実である。

享保期の通信使は、鷹狩り好きの将軍（徳川吉宗）の意を汲んで例年よりも多く鷹を入送することとされ、国王からの別幅に「二十連」（居（すえ）とも書く）と記載された。これを「定額」と称し鷹を確保したところ、合計四十一連の鷹が持ち込まれることになった。また事前協議では、礼曹参判からも老中へ鷹を一連ずつ進呈する予定にはなっていた。[40]ところが実際にもたらされた礼曹参判による老中あて別幅には、鷹の文字は入っていなかった。『交隣提醒』によると、「鷹は生き物なので、もちろん余慶（よけい）には持って来ようが、長途のうちに落ちるか、あるいは病鷹になってしまう」「今回鷹は指し出すだろうが、（老中あて）別幅には書き載せない筈(はず)である」【18】としている。

ここで芳洲が重視するのは、老中へ鷹を贈ることもさることながら、礼曹参判の別幅の内容がいとも簡単に訳官の独断で書き替えられてしまったこと、このため日本側に残る別幅と朝鮮側にある（真幅の）控が異なってしまったことである。こうした外交上の食い違いから起きる規約違反を、芳洲は「違却(いきゃく)」と呼ぶ。改ざんと分かった後、芳洲が韓後瑗本人へ「今回はこのように取り繕(つくろ)ったが、次回信使の時は必ずや違却となろう。その時はどうするのか」と問うと、「その時まで我等は生きていないだろうから、その時は何とかなるだろう」と何の気遣いもない様子で返答したという【21】。そこで芳洲としては将来の信使来日に備えて、「享保期の例をもって朝鮮側と交渉してはいけない。事前にありのまま公儀へ申し上げるように」【18】とし、違却の露顕により一度は不誠信の汚名はこうむろうが、ともかく事前に時間をかけて幕府対策を行うことが肝要で、今後、礼曹参判から老中への賜物に鷹をいれないようにすることだと進言している[41]。

2　約条の交渉

近世日朝間の約条は、通交貿易を再開させた慶長十四年（一六〇九）の己酉(きゆう)約条の締結以後も、朝鮮側の要請によって数多くの約条が取り交わされた[42]。そのいずれもが対馬側の行動を抑制するためであったことから、約条の適用範囲をめぐって幾度も折衝が繰り返され、それらの詰めの作業が通信使来日の機会に行われることがあった。『交隣提醒』に天和期の壬戌約条【21】と正徳期の辛卯約条【35】の成立にかかわる記事がある。ここでも約条締結の交渉の現場で展開されるさまざまな舞台裏、とりわけ訳官による巧みな工作の内容を明らかにしている。

天和期壬戌約条とは、天和二年（一六八二）の通信使来日時に締結されたものである。別名「漂民順付」（芳洲は「漂流兼帯」【21】）と称し、朝鮮漂流民の刷還（本国への帰還）を特別な使者（別差倭）をたてずに他の定例使船などにゆだねること（順付または兼帯）を規定した約条である。元来、日朝間を往復する渡航船は、己酉約条に定められた二十艘を基本としていたが、対馬側の巧妙な増加工作によってとくに臨時使節（差倭）が増加の一途をたどっていた。この臨時使節のうち、将軍家の吉凶報告や通信使関係など重要案件にかかわるものを禁止することは不可能であったが、漂流民刷還使はさほど重要ではない割に回数が多く、朝鮮側は経費削減のため以前から「漂民順付」を対馬側へ要請していた。ところがその徹底化がなされずにいたため、天和期通信使を機会に約条を成立して規制化する方針であった。

ただし一口に漂流民といっても、その形態はさまざまである。かりに対馬以外の日本の地に漂着すれば、幕府の定めた漂流民迎送体制の一環に組み込まれて直轄領長崎へ送られ、対馬藩からは別使をもって対馬経由で朝鮮へ送還される。また破船して死者が出た場合も使者（破船殞命使）を添えなければならず、「漂民順付」の適用範囲をめぐって幾度も折衝が繰り返された。この交渉の細部にわたる詰めの作業は、通信使の帰路、対馬府中において上々官（朴再興・卞承業・洪禹載）と対馬藩家老の平田隼人（平真幸）・多田与左衛門（橘真重）・樋口孫左衛門（平成昌）によって行われた。最終的に両者の間で真文による覚書が提出され、対馬からの漂流民刷還は別送使（別差倭）を派遣せずに年例送使などに兼帯（順付）すること、対馬以外の地への漂流民はこれから除外すること、ただし「破船殞命使」については対馬内外を問わず別使を派遣すること、とされた(43)。現実問題としては対馬への漂流が圧倒的に多いことから、朝鮮側の経費削減という目的は一応達成された感はある。

ところでこの壬戌約条について、芳洲は『交隣提醒』【21】のなかで次の二点について注意を喚起している。

第一は、対馬府中で訳官と家老の間で交わした覚書のうち、対馬で発生した「破船殞命」にかかわる部分が、訳官によって握りつぶされて朝鮮政府へ伝わっていない恐れがあるという指摘である。その証拠として、芳洲は元禄十年（一六九七）対馬が派遣した秋山折右衛門の破船殞命使(44)が、「違却」を理由に応接を拒否された一件をあげる。「対馬側では約条通りであるとし、朝鮮からは約条違いといわれる。訳官どもは色々と弁を立てて埒が明かない。兼ねてから不審に思っていたが、もしくは右の真文（老中覚書）を訳官どもが中間に留め置き、朝廷方（朝鮮議政府）へ指し出さなかったのではないだろうか」【21】と推測している。下って享保期の通信使との会話から、朝鮮側にあるはずの真文をみていない様子から、それが握りつぶされたという推測が確信へとつながる。さらに芳洲は朝鮮王朝が編纂した日朝通交にかかわる基本書『通文館志』（巻五交隣）の漂人領来差倭の「壬戌信使時……」の記事に注目する。そこには単に対馬への漂船は送使船に順付せよとあるだけで、「破船殞命」についてまったく触れていない。「おそらく真文を中間に留め置き、指し出していないのであろう」【21】と推定している。しかし芳洲は、「この事を前面に押し出して議論に及べば、却って事の敗を招く恐れがある。前後をわきまえて諸事、軽率な行動はとらないようにすべきである」【21】と忠告する。訳官のもみ消しを指摘して約条違反を議論するよりも、今後の方針をきちんとたて、目的達成のための新たな方策を探るために、むしろ慎重な行動をとるようにという暗示である。

第二の注意点は、約条締結という外交折衝の背景で、これをうまくまとめれば私貿易の利益を増大させてやろうという巧妙なワナが仕掛けられ、対馬側が目先の利益に目がくらんで約条成立を早めさせた節が見られるという指摘である。約条が成立すれば藩の収益減は確実であり、それを躊躇して約条の交渉が今一つ順調にいかなかった頃のことと考えられる。早く約条を締結させたいと願う朝鮮側、とくにこの交渉で功績をあげたいとする訳官（通信使上々官）の一人が、担当の裁判をさしおいて「他の筋」へ「天和年御国（対馬）漂流兼帯とすること。この件を宜しく済ましてもらえば、狐皮・狸皮の直段が上がるように尽力してあげよう」【21】と持ちかけてきたという。狐や狸の毛皮は、寒い朝鮮で高く売れる。藩はこれを大坂で調達して倭館へ輸送し、藩営の私貿易（後述）で朝鮮商人に輸出していた。その輸出値段が上がるよう画策してもらい、高値で売れれば藩の収益があがることは間違いない。「他の筋」とは漠然としてよく分からないが、ともかくそのあたりの働きかけがきいたのか、現実に「漂流兼帯」が約定された。しかし「その後、狐皮・狸皮の直段は終に替ることがなかった」【21】とある。収益減を心配する対馬側の弱みを見抜き、そのあたりの機微を知り尽くした訳官が詐欺まがいの工作を約条交渉の場に持ち込む、いわば緩急自在の策動が行われていたことを明らかにしている。おそらく今後もこうした策動は繰り返されよう。芳洲は「これ又後日のため覚えておくべき事だ」【21】と、とかく目先の利益で事を判断しがちな藩の役人へ釘をさしている。

正徳元年（一七一一）の通信使来日時に約定された辛卯約条とは、別名「交奸約条」と称し、倭館への女性連れ込みに対する規定である。[45] 倭館では一六六〇年代の初め頃から倭館への女性連れ込みを禁じるようになり、違反した者は女性を含めて関係者はすべて死罪とし、同等の罪を科すよう対馬側へ求めてきた。しかし日本では長崎出島や唐人屋敷では遊女に限られるものの女性の出入りは禁じられておらず、また薩摩藩や松前藩の者が琉球や蝦夷での男女関係に幕府が介入することはない。このことは宝永二年（一七〇五）、対馬藩家老が連名で渡海訳官使へ宛てた書状(46)に、「日本人が他国へ行くのは、朝鮮・琉球・蝦夷の三ヵ所であるが、琉球・蝦夷へ行った日本人がその国の女と深い関係になっても死罪にすることは日本の法にない」とあり、かねてから日本の慣習は朝鮮側へも伝えていた。しかし対馬側では朝鮮の国法で禁じられている以上、摘発されれば何らかの処罰を与える必要があるとして、その場合は死罪ではなく「流罪」を適用することにしていた。このことに不満を持つ朝鮮側は、「彼此同律」すなわち朝鮮側と同じ死罪の適用を強く迫り、通信使派遣の機会に約条の締結を強力に推し進めることになる。交奸の処罰規定という形ではあったが、日朝双方の法慣習の違いと、罪と罰のあり方について問われたのがこの辛卯約条である。

『交隣提醒』【35】には、倭館で多発する交奸事件の実例と共に、この辛卯約条が成立に至るまでの生々しいやり取りが収録されている。「彼此同律」が訳官段階の交渉で不調に終わる頃、天和期通信使で上々官を務めた朴再昌は、「重ねて信使がある時は江戸表で直訴に及ぼうとこちらでは議論している。三使が渡ったならば、御国（対馬）は難義（なんぎ）な事になるだろう」【35】と、次回の通信使派遣までに解決しなければこの交奸問題を幕府へ直訴すると脅しをかけていた。そこで対馬側ではあらかじめ家老の杉村三郎左衛門が新井白石に対して事の経緯と処置の仕方について内意を伝えておき、[47] さらに交奸の記録を持たせるなど準備万端整えて待ちかまえていた。はたして「江戸表で辞見（帰国挨拶の儀式）の時になり、交奸の事が持ち出された。これを同罪にするという返答がなければ、辞見にも出席せず、公儀へ直訴する」【35】と、上々官を通じて三使が通達してきた。そこで対馬側としてはこれまでの方針どおり「永々流罪」が適法であり、「同罪」（死罪）とはならないと繰り返すとともに、「日本国大慶の使者に渡られた三使が、かようの微事を公儀へ直訴に及ぶなどということはあってはならない事だが、こちらから止めては対馬の者に肩入れする私心ではないかと疑われるであろう。勧めるわけではないが、この件はどうぞ勝手にするように」【35】と、わざと突き放すような作戦をとった。あるいは芳洲自ら信使の部屋へ乗り込んで、「大明律にも強奸・和奸の差別があり、和奸の者を死罪にする事はない。この件は三使の思うとおりにはならない[48]」と伝え、朝鮮の法は当時の東アジア社会の通念とは異なっていることを力説した。すると「押して強引に直訴しがたくなり、しばらくしてこの件は落着して、永々流罪の約条に究まった」【35】という。こうして辞見の儀式（正徳元年十一月十一日）の前日、①倭館を出て強奸に及ぶ者は死罪、②誘引して和奸に及ぶ者または強奸未遂は永遠流罪、③倭館へ入館した者との交奸は流罪、とする「新定約条」三ヵ条が締結されるに至った。

この辛卯約条はこれまで押され気味だった対馬側の言い分が珍しく通った例といえる。それに気を良くした通詞の一人が、宝永四年（一七〇七）に交奸の疑いだけで流罪となった白水源七の事件（後述）を持ち出し、「あれほどの罪でなくても済んだものを、重い取り扱い（処分）になったのは朝鮮の事情に疎いがためだと考えていた。しかし今になって思えば、あのようにしたので今回は厳として動じなくなった筈と、今日に至り感心した」【35】と述べたという。これに対して、芳洲はこの考え方も「時勢を弁えていない」【35】と厳しく批判している。芳洲にしてみれば、今回は「義理を正した」から言い分が通ったもので、強引に「押しつけて（事を）済ました」わけではない。「押しつけて済まそうとすると将来の害を招く」と、朝鮮との交渉に必要なのは「力」よりも「義理を正す」ことこそ重要であると指摘している。

3　通信使の往還

通信使の往還路は盛大である。対馬から大坂までは海路で、使節団の船とこれを護行する対馬藩の船が船団を組んで移動する。さらに江戸までは陸路で、これを護行する者や荷物を運ぶ者が加わって約四千人以上の者が一斉に動く。[49]宿泊所、食事、馬や人などの手配等々、当然のことながら往還路にはさまざまな問題が続出する。

まず海路における注意点として『交隣提醒』に書き留められていることは、正徳期対馬府中からの船団出立をめぐる一騒動である。それは「首途」という日本独自の門出の行事を、出立日と誤解した通信使との悶着である。対馬側が「何日に御首途ですと申し上げたところ、三使はその日御出船されると心得、いよいよ出船の覚悟をなさっている」「(首途の前日) 信使屋の様子を窺うと、朝早くから鍋釜までを船に積み込んでいる様子」【12】とある。通詞がいくら出船日ではないと言ってても理解してもらえず、「順 (風向き) も宜しいと船将が申しているので、いよいよ明日出船する。(対馬の) 殿様は後から準備が片付き次第御出船なられるように」【12】と三使の口上が伝えられ、対馬藩の船団に先行して出船するかまえをみせていた。通信使記録(50)にも、問題となる首途前日 (正徳元年七月二十八日) の騒動が詳しく記録されている。これによると三使がこだわっているのは「都への書状に (七月) 二十九日対馬出立と書いた」という単純な理由であることが判明する。対馬藩側は通信使船の単独出船は外聞がよろしくないとして、夕刻に一同、府中の長壽院へ集まり、強引に出船しないよう夜通し見張ることにした。宿所の門内に徒士(かち)・足軽三十人、門外に侍以下百人、下馬石橋あたりにも侍以下百人、合計二百人以上の者を配備して、ともかく三使の行動を押しとどめ、その後の天候状態をみて対馬出船日は八月九日になったという。

この正徳期は、新井白石による王号や路宴をめぐる改革問題が対馬出立前にもたらされ、三使には一日も早く江戸へ向かいたいというあせりがあったことも事実である。しかし芳洲は、こうした齟齬はえてして文化の相違が関連してくるものだと指摘する。まず「首途」という言葉を、事前に訳官との中間の申し合わせもなく使ったこと自体に問題がある。「何日に首途と申し上げられても、日本では首途と乗船の違いがある事は分かるが、朝鮮では首途という事はない。ことに首途は〝みちをはじむる〟と書くので、文字のうえからみても乗船の事と思って食い違いができる。そこで享保信使の時にはあらかじめ出船の日限だけをつたえ、首途のことは触れないようにした」【13】とある。

出立の手際にも問題があった。日本人は旅の仕度に手間取り、どんどん出発時刻が遅れる。意外に手際が良いのは朝鮮側で、軍官が大喇叭（らっぱ）を「一吹きすると発足の触れ、二吹きでそろう。三吹きで出行。一人も遅れる者はない」【14】という。そこで芳洲はこの方法を取り入れ、藩や信使と打ち合わせて船団出発の合図を次のとおりにした[51]。

一番太鼓・帆柱を立て篷（とま）を取る（船上収拾）。二番太鼓・碇を取る（引錨）。

三番太鼓・船を押し出す（発船）。

これは早速、正徳期から実行に移されている。

さらに船の性能にも問題があった。正徳・享保の二度の信使随行を通じて、芳洲は朝鮮船について「帆檣（はんしょう）の費（ついえ）もなく、帆の取りさばきが簡単で船上で穏やかに開き、走りも快い」【14】

と、その性能の良さにいたく感心している。このため「日本船の出船できない日和でも、朝鮮船は快く乗りきれる。こちらが出船が難しい日和だと言っても、あちらの船将はこれならば出船できる日和だと申し、毎度違却（行き違い）がある」【23】という。この違却は新たな誤解を生み、「（対馬の）殿様の旅行は道中で逗留が長引くほど公儀から手当が出るので利益になる、と朝鮮の書物にあると訳官たちが言う。それで出船できる日和でも、わざと滞留しているとの疑心がある」【23】という。そこで対馬藩の護行船や藩主の御召船を朝鮮船と同じ構造にして幕府の許可をとってはどうかとまで進言する【14】が、実現には年月もかかることから、やはり正直に「日本船と朝鮮船の（性能の）違いを、前もって申し上げて理解してもらう」【23】ことが賢明であると提言している。

次に陸路における最大の問題は、恒例化していた方広寺大仏殿での宴席拒否事件である。これは享保期の通信使一行が、大津宿で翌日予定されていた京都大仏殿での祝宴を拒否したいと強硬に申し出てきたもので、大仏殿が朝鮮にとっての旧敵豊臣秀吉の願堂であるという理由による。この大仏殿の傍らには、かつての戦役のとき首の代わりに切りとられた耳や鼻を納めた通称「耳塚」があることでも知られている。芳洲はこれを気にして、「正徳年信使が大仏へ立ち寄られるときに耳塚に囲いをし、享保年にもその例を以て朝鮮人が見えないようにした」「これは誠に盛徳というべき事で、かねてから新井筑後守様へ内意を申し上げて囲いをしてもらったもの」【27】と、とりわけ新井白石の配慮に感謝している。

ところでこの大仏殿祝宴は、元和三年（一六一七）来日の第二回通信使の帰路、幕命により方広寺大仏殿へ赴き、三十三間堂前で別宴を設けたことに始まる。(52) その後寛永二十年（一六四三）第五回通信使来日のとき、朝鮮側の希望により大仏見学と招宴が催され、いらい帰路の行事として定着したもので、元和度を除くと、方広寺大仏殿の饗応は必ずしも日本側の一方的な強要によって定式化されたものではない。さらに明暦度（一六五五年）・天和度（一六八二年）・正徳度（一七一一年）の通信使使行録をみても、いずれも「耳塚」についての記載はなく、ここでの祝宴をそのまま受けている。したがって享保期の接待拒否は、対馬側にとって突然の出来事であった。そこで京都所司代の書物なるものを借り受け、現存する大仏殿は秀吉創建のものではなく、徳川氏が建立したものであると必死の抗弁に努め、かつ芳洲も信使への説得に努めた。結局、正使・副使はこの饗応に応じたが、従事官は欠席して、ともかくこの場はこれでおさまった。

このように右の一件では信使の説得役を務めた芳洲ではあるが、信使側から不快の念が示されたことを重視し、『交隣提醒』において今後の信使における大仏殿立ち寄りはきっぱりと中止するよう提言している。すなわち芳洲は、大仏殿祝宴の底意に日本人が抱く間違った「武威」のとらえ方が背景にあると見抜き、「耳塚を見せて日本の武威を示そうという事と聞くが、何ともあきれた考えである」【27】とし、また「耳塚は豊臣家が無名の師(いくさ)を起し、両国無数の人民を殺害した事で（造られたもので）、暴悪を重ねたことを意味しており、それは（武威の）輝きを示すものではない」【27】と断言している。

　この文言は、実は対馬藩主ならびに藩中のすべてへ向けた苦言でもある。当時の島主宗義智(よしとし)は、秀吉の命を受けて全軍に朝鮮語通詞を配置し、直参の家臣団はもとより在郷給人や商人、それこそ老若問わず陣夫を動員し、一番隊として先陣をきって朝鮮へなだれ込んだ[53]。おそらく対馬にいて、先の戦役に無関係な者はいなかったであろう。そこでの「武威」あるいは「功績」は、対馬宗家や旧家の誇るべき誉れとして芳洲の時代にも語り継がれており、百年間にわたる「乱後の余威」を蔓延させた元凶である。その対馬にあって、あえて芳洲は先の戦役を藩主への提言書のなかで「無名の師(いくさ)」と定義づけている。それは武門の誉れとは異なるレベルで生きる「両国無数の人民を殺害した事」【27】に至らしめたもので、「耳塚」はまさにその「暴悪」の象徴以外の何ものでもなかった。いくら囲いをして見えなくしても、所詮、その歴史的証しは消し去ることはできないものである。

　しかし芳洲は、秀吉時代に対馬がおかれていた苦渋の立場にも配慮を示している。それは『交隣提醒』のなかで、大仏殿一件は単独ではなく、必ず明暦度（一六五五年）に行われた日光東照宮大猷院(だいゆういん)廟（徳川家光の霊廟）への参詣と一対の形で論じていることからも明らかである。「明暦年に日光へ参詣するように命じられたのは、（徳川家の）御廟（廟）制の華美を見せるべきとの事と聞く。大仏に立ち寄られるようにとの事も、一つは日本に珍しい大仏がある事を知らせるため」「（朝鮮では）廟制は節倹を主とするため、その楹に丹（朱色）を塗り、その桷（角材）を刻む事は『春秋』の書にも宜しくない事とされており、御廟制の華美を朝鮮人が感心するはずがない。仏の功徳も大小によるものではなく、有用の財を浪費して無益の大仏を作られる事もこれ又嘲りの一端となる」【27】、「天和年の事。道中にある並木が何れも古木なのに枝葉を損じている様子もないのをみて、（日本の）法令が厳粛であると三使が大変関心されていたとの事。日光や大仏を見せて誇耀（みせびらかし）になると思われても、それには感（関）心を示さずに、却って日本人の気づかない並木に感心される。これまた朝鮮・日本の志の違いである」【28】などとある。芳洲は大仏や耳塚を見せたがる気持ちを必要以上に貶すわけではなく、幕命による日光参詣の例と並列させて日本人にありがちな一般的な「志」の一端であるとして、あとは読み手の側の見識にゆだねている。『交隣提醒』が厳しい藩政批判書ながらも、人々に自然に受け容れられるゆえんがここにあり、芳洲の思想家としての視野の広がりと独特の真価を見て取ることができる。

三　倭館での出来事

1　渡航船の実態と支給物確保

倭館と対馬の間を航行する渡航船は己酉約条で年間二十艘とされたが、その後の対馬による増加工作や、さらに寛永十二年（一六三五）、使者が他の使者の公文書（書契）をまとめて持参して接待を受ける「兼帯の制」成立によって、新しい渡航様式が確立した。すなわち定例使船は年間八艘（八送使）となり、さらに同じ月に複数派遣されていた使船が「寄乗」（同騎ともいう）と称して同一船に乗船したため、実際に書契を持参して正使以下の使節が乗船する渡航船は年間六艘になった。いっぽう定例使船に兼帯あるいは寄乗した使船やその副船（二号船）・水木船・再渡船などは、「吹嘘」という簡単な渡航証明書を持参して渡航した。こちらは年間約四十艘派遣することができ、年度内でなくても二、三年遅れの吹嘘の使用も可能であった。これに臨時使船（参判使、朝鮮では差倭）や七、八人乗りの飛船が加わることから、芳洲の時代になると年間渡航数は八十艘以上に及んでいた。[54]

　ところで使節が乗船せずに船のみが吹嘘を持参して航行する状態は、まさにその船が「貿易船」以外の何ものでもない。この点について『交隣提醒』では、「送使として渡るのは貿易のためだと心得るべきである。朝鮮の書には商船とある。送使の外、特別の御用があって渡るのを使者という」【6】とし、正規に書契を持って渡る者を「使者」、吹嘘で渡る者を「送使」と区別し、このうち「送使」は貿易を目的とすることから乗船しているのは「商船」であると明確に分析している。この送使（船）＝商船となった原因は「兼帯の制」によるもので、使者の接待費削減を目的に朝鮮側が発案したものである。そこで芳洲は、「兼帯送使の事は御内証の御約束で、公儀の知るところではない。しかしお尋ねがあれば彼方（朝鮮側）の願いにまかせて弊害を省くために数十年来兼帯にしておりますと申し上げれば何事もないだろう。御国（対馬）漂船を兼帯にした事も同じ心得である」【7】とし、また商船についても「精(くわ)しい御尋ねがなければ、こちらから商船という事は申し上げてはならない」【6】として、使者の派遣数を減らしたことが外交の怠慢ととられないよう、公儀へはできるだけ実態を知らせないのが賢明であると注意を喚起している。

　このように「兼帯の制」によって実際の使者派遣こそ減ったが、従来、使船一艘ごとに割り振られていた規定貿易である封進(ふうしん)・回賜(かいし)・公貿易（後出）の額はそのまま維持されており、また渡航船の乗員に割り振られていた供応品、渡海糧、滞在手当なども規定どおり支給されていた。これら支給物のうち、毎日支給される食料品などの供応物品を「日供(にっきょう)」と称し、乾物（雑物）で受け取ることを望めば五日ごとに一括支給され、朝鮮音がなまってこれを「五日次雑物（おいりのぞうもつ）」と称していた。(55) 貿易や支給品が従来どおりとされることは、「兼帯の制」成立時に朝鮮側と諮って決めたことであるが、芳洲はこうしたあり方、とくに使者が乗船しない送使への接待料を対馬側が当然のことのように甘受する現状に、「此等の事（送使への接待）は道理にかなったことではないので、（朝鮮に）光（公）明正大の人君が上に御立ちになられた時は必ずや改まるものであろう」【7】と、あえて苦言を呈している。さらに「日本へ唐人（中国人）共が商売に来ても、糧米（りょうまい）・炭柴（たんさい）を支給し接待をする事はない。貿易のために渡る送使を彼方（朝鮮）より接待する理由は、胡人（外国人）が開市のため中国に来れば、遠人を綏（やすん）ずる（満足させる）と称して駅馬を支給し、糧食を与えた事が『宋史』にも見え、朝鮮もその例に準じたままでの事。彼方にとっては寛大の処置だが、こちらにとっては心安くしてはならない」【8】とし、長崎貿易を引き合いに出して、本来は接待しない貿易船と知りながら「寛大の処置」をとることにこそ心を引き締めるべきであると注意している。

しかし現実問題として対馬藩の経済は朝鮮交易に依存しており、少しでも収入につながることに余念がないのは事実である。それは使船の乗組員である「送使僉官（せんかん）」たちの行動にも反映していた。芳洲は「送使で渡る者の多くは、何のために渡るのかという事に嘗（かつ）て心付く事がない。単に馳走（接待）を受けるために渡っていると考える族（やから）がおり、困った事である」

【6】とし、さらに「送使僉官が五日次（雑物）を請け取るとき、鱈や青魚の類が一枚不足しても、礼房（日供物担当の下役人）や戸房（米蔵担当の下役人）と争って見苦しい事がある」【38】と、支給品確保に奔走する姿を書き留めている。加えて「送使僉官がみだりに坂の下訳官宅（執務所）へ行くのは宜しくない。いよいよ禁じるべきである」【10】ともあり、頻繁に訳官宅へ出入りする僉官たちの行動の裏に、密貿易の温床が潜んでいると暗示している。いっぽう定例使船で渡った者たちも、朝鮮からの支給物を少しでも多くかき集めることに余念がなかった。たとえば使船には規定の滞在日数（八十五日または百十日）に応じて日供物が支給されるが、この日数はまったく守られず、いろいろと用事があると称しては一ヵ月くらい延長することがほとんどであった[56]。延長分は「乗越」と称して、余分に日供が支給されるためである。逆に規定日数を切り上げて帰国する場合、「逗留の日数だけ馳走（支給品）をうけ、残り分は辞退するように厳しく仰せ付けるべきである」【9】が、これも現実には実行されることはなかった。

倭館渡航者が支給物確保に狂騒するあまり、トラブルに発展した事例が『交隣提醒』【47】に明らかにされている。それは正徳三年（一七一三）、芳洲自身が参判使の都船主として倭館へ渡っていたときに遭遇した事件である[57]。同じ年、朝鮮人漂流民を護送した味木弥三郎らが、倭館近くの浦に自らも〝漂着した〟と称して入り込んできた。嵐などを避けて釜山口以外の浦へ着くことを「脇乗（わきのり）」（または欠乗（かけのり））といって食料品などの支給物が与えられる。ところが水夫たちがそれが少ないといって万戸（朝鮮水軍の武官）を棒でたたいたところ、下役の軍官が大勢やってきて逆に返り討ちにあい、半死半生のけが人が出る騒ぎになった。水夫がいいがかりをつけたのは、その頃、日本人の朝鮮漂着民への支給品には規定がなく、所の役人や通訳官のさじ加減で多寡があり、ふっかければ結構な量を獲得できたためである。そこで倭館への渡航船が、わざと漂着したといっては支給品（主に米）を受け取ることが頻繁になり、同乗している侍たちもグルになって米を大量に懐に入れるという現状にあった。ちょうど参判使正官として倭館に来ていた家老の杉村采女が館守や訳官らと相談し、対馬船舶の漂着についての「馳走の格式」を規定することになった。乗船している身分の高下によって三等級に分類し、現物調達が困難な所では米で支給できるよう換算額（価米）を記した書付を一冊ずつ船頭に持たせ、これでトラブルを避けるようにした。しかし、現実の漂着など年間にそう多発するものではない。芳洲も「年に一、二艘であれば直（じか）に乗り上げて（支給物を）取っていく船はない。尽（ことごと）くわざと漂流している」【47】と見抜いており、「この後もし又みだりに漂流船が多くなるようだったら、お上（殿様）が留意されて、その悪習の原因と結果を調査し、早急に処置すべきである」【47】と藩主へ提言している。

このように漂着への支給品が整備され、不当受取が防止されたことまでは良いのだが、そのいっぽうで藩は倭館へ廻送するまでに消費した以外の残りの米や現物を、すべて倭館の代官（貿易担当官）へ上納することを義務づけることにした。漂着した船は現地で支給品目と数量の内訳証を発行してもらい倭館帰着時に代官へ提出しなければならず、これを契機に漂着支給品の一部が対馬藩庁の収入（所務）になってしまった。[58] こうした使節への支給品を藩の収益とすることについて、芳洲は「御時勢が宜しくないと、送使（使者）を（藩が）傭いいれることはすでに二度に及び、今後もこうしたことはあるだろう。所務（支給品）を藩庫に入れることは藩の為になるように見えるが、元来家来が他国より賜った食物を殿様が召し上げるような事は義理に当たらない。その上異国人の思いも宜しくない。もちろん藩の困窮は限りなく、その当時は為になるだろうが、（長い目で見れば）結局のところはまったく為にならない事になる。その所に心付かないとは慨嘆の極みである」【31】と、反対の姿勢を示している。

しかし対馬藩の複雑な財政の仕組みは、芳洲の理解の枠を超えていた。実は「兼帯の制」成立以降、貿易品を含めて朝鮮から渡される品物の多くが朝鮮米や木綿に換算されて代官が倭館で受け取り、これを藩庫に入れて年貢と共に家臣団へ再分配する仕組みが出来上がっていたのである。使者に渡される支給物も同様である。初めのうちこそ個人の収入となっていたが、『対馬志』[59] 寛文三年（一六六三）に「年条（定例使船）および諸遣送使、五日次雑物・換米の品、官斂（ヲトリアゲ）となる。これを御雇送使（ヲヤトイソサ）と謂う（い）」と記されており、蔵米知行を確立させた藩政の大改革[60]にともない、支給物は藩に「ヲトリアゲ」され、藩が編成する「御傭送使」が渡航船の実態であった。すなわち支給品確保に奔走する送使僉官たち、規定日程の延長、朝鮮沿岸部への頻繁な漂着、どれも藩庫の収益をあげようとする家臣団の組織的な行動であったといえる。

渡航船使者への手当について分析した尹裕淑氏の研究[61]によると、まず渡航前に準備金（仕度金）として「合力銀（ごうりきぎん）」が藩から前払いされ、帰国すると役目にしたがって米や銀に換算した手当（これを「送使所務」と称す）から合力銀を引いた額が藩庫から支払われる。この「送使所務」は使船と役割によって額が異なっており、馬廻（うままわり）（上士）・大小姓（おおごしょう）（中士）・徒士（かち）（下士）の順に所務高の多い役割があてがわれており、家臣団にとって俸給とは別途の重要な臨時収入となっていた。また使者に予定されていた者が都合悪くなれば、臨時収入を目当てに「名代」が代理派遣されており、これも芳洲の時代には常態化していた。芳洲は「僉官（せんかん）に名代（みょうだい）を遣わす事、以前一度禁じられたと承るが、近来は突然名代の事を願い許可されている。こうした事に御国（対馬）は一定の法式がなく困ったものだ」【41】とするが、特別な任務を帯びた参判使や裁判を除けば、定例使節の役割は一定の儀礼をこなすだけで、さしたる外交能力を求められることはなく、したがって使節の順番差しかえや名代派遣が頻繁に行われていたのも現実である。

2　倭館の開市貿易

芳洲の時代、朝鮮と対馬との間の貿易は封進（国王への献上品）・公貿易（朝鮮政府との貿易）および開市貿易に分かれる。[62] このうち封進・公貿易は、かつて使船ごとに行われていたものが、「兼帯の制」成立後、両者を合計した輸出品を適宜代官宛に輸送し、これを年一回の会計決算時に約千百束余の公木（朝鮮の上質木綿）で支払われる。公木は後に一部を米に振りかえられる「換米の制」（後述）が確立し、定品・定量が原則であったことから対馬藩では封進・公貿易の収益も「所務」と称す。これに対し、倭館の開市大庁に三と八のつく日（月六回）、朝鮮の商人が品物を持ち寄り、相対で価格を決めて取引するのが開市貿易である。数量や品目の制限がなく、利益の大きい中国産の生糸や絹織物、朝鮮人参などが大量に開市に持ち込まれ、日本から銀や銅が輸出された。この開市貿易のうち藩資本で運営されるものを「御商売」または「私貿易」と称し、このほか倭館滞在者が個人資本で藩の許可した品物を商う「御免物」貿易もある。[63] ただしこの御免物貿易に関する記述は、『交隣提醒』に見られない。

なかば機械的に会計処理される封進・公貿易に比して、藩の関心は莫大な利益をもたらす御商売（私貿易）に払われがちである。常に開市の盛況を望む藩の思惑は、時として朝鮮側の政治的な駆け引きに利用されることが多く、『交隣提醒』の御商売に関する記述はほとんどこの点に集中している。「御買米や宴席などのことで厳しく言うべきなのに、御商売に指し支かえるのではないかと考えてこれを控えてしまう。あるいは商物を少ししか持って来ない時、あるいは（商品搬入の）時節が遅れていると東萊府使へ訴え、どうか御商売を順調にさせて欲しいと考える。これは（訴える）筋が間違っている。これ以前偽船の事があった時、最初は厳しい交渉でのぞむように見えたが、その後、御商売にさし支かえるのではと裁判が申したため、その沙汰がいい加減になってしまった」【1】とあり、御商売への悪影響を怖れてつい弱腰になる藩当局の姿勢を批判している。とりわけここにある「偽船の事」とは、享保十年（一七二五）に発覚した石橋七郎右衛門の抜船事件[64]をさす。幕府より厳命されて特別に中禁使（参判使）を派遣して朝鮮側共謀者の摘発を迫ったが、これも御商売がらみで身内（裁判）から横槍が入ったとあり、結局は犯人検挙という本来の目的を達することができなかった。

こうした弱腰の態度は、実は対馬藩がある文言に自縛されているためではないかと芳洲は鋭く指摘する。それは「撤供撤市」という、倭館への物資供給を止めるという意味の言葉である。「撤供撤市は対馬の人にとって、嬰児の乳を絶つも同然と彼国（朝鮮）の人が常に申す事。（しかしこれは）こちらに痛手をあてる最上の策と知って言っているだけの事である」

「（以前倭館で殺人事件が起きたとき）もしも犯人を渡さなければ撤供撤市せよと命じた伝令（東萊府使の指令書）を訳官が懐にしのばせていたのを見せられた」「御国より不埒なことを交渉するか、あるいは不埒な仕方をすれば商売がさし支かえる事もあるだろうが、（態度を）改めてきたときむりやり撤供撤市するようなことはない。日本人が御商売を命綱のように切望している事をよく知っていて、時に訳官が計略で開市を円滑にいかないように見せる事もあるかもしれない。そうした時は（訴えるべき）筋をわけて、事の大小・軽重を考え、本当に開市の碍（さまた）げになるか、ならないか、よく推し測ることが肝要である」【3】などとあり、芳洲の体験からみて所詮「撤供撤市」は脅し文句にすぎず、むしろ冷静な判断こそ重要であると断言する。

　開市は朝鮮商人との相対貿易であるため、双方の値段の「おりあい」さえ合えば取引は成立する。この値段のおりあいのことを、芳洲は「合方（あいかた）」という言葉で表現している。「御商売のことは利分があるので、合方がよろしければ荷物を持って来るし、合方が宜しくなければ持って来ないのが専ら商人のやり方である」【1】とし、また「彼方（朝鮮商人）と合方がよろしければ、明らかに刑罰を蒙（こうむ）る事であっても潜商すらやってのける族（やから）が今に絶えないところをみれば、（逆に）合方が良くなければどれほど朝廷（朝鮮王朝政府）や東萊府使が命じたところで、利益ない商売をするはずがない。商売のことは、朝廷方や東萊のあずかり知るところではない」【2】とする。つまり私貿易の活況は政治頼みで得られるものでなく、「合方」という市場原理に左右されていると分析している。

その反面、とくに政治頼みにすべきこともあるとする。「商売の事は商人の数を定め、御国（対馬）と貿易をするようにと朝廷方から許された事なので、或いは商人の事について命じてもらうことがあるか、又は別開市を望むか、又は人参などにごまかしを施す事は朝廷が禁じている事なので姦曲（悪巧み）ないようにということは格別の事である」【2】とし、①倭館出入りの朝鮮商人数、②別開市、③人参などへの姦曲禁止、の以上三点は政治的交渉で解決するのが良策とする。このうち①開市に参加する朝鮮商人の数は、かつて一日に七、八十名くらいだったものが、「濫雑の弊」が絶えないためと延宝六年（一六七八）に二十名に制限され、その後元禄四年（一六九一）三十名に増加されている。(65) ②別開市とは、月六回の開市日以外に別に開市日を設定するもので、①・②ともに御商売の拡大につながる問題である。また③は、人参など輸入品に石や鉛を巧妙に仕込んで斤量をごまかす作為が横行しており、日本国内の販売先でそれが発覚して藩の信用が失墜する事態が続いていた。これも朝鮮側で禁令を出して取り締まってもらう以外にない。

開市に関する注意事項として、芳洲が言葉を選びつつもその裏の実態を鋭くついている部分がある。「古来、歴々の内の方が、商売に加わっているという咄しがある。公儀の荷物だとかいって持ち込む事が今でもあるので、商売のことは朝廷方・東萊府使がまったく預かり知らぬところとはいえない。これ又混雑の所見なので能々わきまえねばならない」【2】とある。「歴々」（お偉方）とは実に抽象的だが、要するに朝鮮王朝を支える重臣クラスの両班たちを指す。「公儀の荷物」と称するものが倭館に持ち込まれているとあるが、これは開市にかかわらの巨大資本が投入されていることを意味しており、このことに王朝や東萊府使が関知していないはずはないとする。商人や訳官の背後で動く「混雑の所見」こそ、藩が最も注意を払うべき事柄なのかもしれない。

3　看品（封進・公貿易）と朝鮮米の輸入

開市と異なり、先述した封進・公貿易（総称して看品ともいう）は朝鮮政府と藩の間の定品・定量貿易である。ここでは日本からの輸出品（銅・鑞・丹木・胡椒・水牛角など）に対して「八升木四十尺」（経糸六百四十本、長さ四十尺を一疋とする）からなる朝鮮の上質木綿（公木）千百束余（一束＝五十疋）が一年間に支払われていた。[66] しかし木綿の不作による質の低下が続き、交渉の結果、慶安四年（一六五一）に公木三百束分を、その後万治三年（一六六〇）百束追加して計四百束分を米で代納し、残りは「五升木三十五尺」（経糸四百本、長さ三十五尺を一疋とする）の公木より質の劣った木綿を受け取ることを了承した。これを「換米の制」と称し、振りかえられた米を「公作米」（公木を米に作る）、あるいは対馬藩では支給米と区別するために「買米」と称す。交換は公木一疋＝米十二斗に固定されていたことから、公木四百束は朝鮮の単位で年間一万六千石（京桝で八千四百石）の米に相当する。耕作地の乏しい対馬にとって、こうした米の定量輸入は歓迎すべきことで、『交隣提醒』に「大変便利な事と考え、悦んで許した」【45】とある。この「換米の制」は締約当初から年限を五年とされていたが、期限が来るたびに延長を願う使節が派遣され、そのうち定期的に裁判（公作米年限裁判）[67]が派遣されるようになると、更新は当然のことと考えられるようになった。開市のように商人との駆け引きもなく、まるで年貢収入のように藩庫に収納される「所務」の一部と考えられるようになったのも無理からぬことである。

しかし『交隣提醒』を提出した翌享保十四年（一七二九）、まさにこの「公作米年限裁判」として朝鮮への派遣が決まっていた芳洲は、こうした朝鮮米輸入がいつまでも続くものと考えていることじたいに非常な危機感を抱いていた。「御買米の年限（更新）を明らかに裁判によってお願いするようになったのは、白水杢兵衛が裁判に任命された時に始まる。最初、御買米が始まった時から年限があるという事を知らない人が多いが、成程この方式は古い書き物（阿比留惣兵衛『善隣通書』）にその趣旨が見えており、毎度年限があることは間違いがないことである」【46】とし、「公作米年限裁判」が定例化したのは元禄十二年（一六九九）派遣の白水杢兵衛からで、たかだか三十年しかたっていないことを明らかにしている。さらに「これ迄は年限が満ちた時に裁判を派遣して要請すれば、初めは米を渡さないという返答だが、後でもう五年と年限を限って許してくる。このため米を止めると初めに申したことは口ぐせのように見えるけれども、実情としてはやめたいと考えている。しかし先は訳官たちが中間で取り扱ってくれるので、別条なく連続しているように見えるまでのこと」【45】とし、裁判による延長交渉は訳官頼みでかろうじて継続しているにすぎないという現実を指摘している。

芳洲によれば、「換米の制」が始まったのはそれが「乱後の余威」の時代であったからにほかならないという。それから最早六十八、九年後の今、日本人は年々柔弱になって朝鮮側から怖れられることも薄くなり、この二、三十年間「五升木三十五尺」よりもさらに質の劣る粗悪布が入ってきても何の抵抗もせず、「少しは争っても結局は請け取ってしまう」【45】のが現状である。それればかりか、近年、朝鮮側では公作米そのものを止めて、すべてを（質の落ちた）木綿で支払う慶安以前の状態に復そうという動きが出ていると警告する。芳洲は朝鮮の書物『通文館志』（巻五、交隣）に、封進・公貿易で日本からもたらされる物資は「（朝鮮）国家の経用に何の利益もなく、その価となるもの（木綿や米）は私貿易の十倍（の価値）があり、朝鮮の大いなる損失になっている」と記述されていることに注目し、「元来は看品を止めたい筈であるところ、増てや木綿を米に換える事はなおも気が進まない筈である。とにかく一度はやかましい事が生じるであろう。将来を考えると心許ない事である」【45】と、「換米の制」はおろか、おそらくは封進・公貿易も中止したいのが朝鮮側の本音だろうと推測している。

なぜ封進・公貿易、あるいは「換米の制」は、朝鮮側に不利だったのか。それは封進が朝鮮国王への献上物とその数倍ある回賜品の下賜という朝鮮側の赤字覚悟の朝貢貿易に由来していること、さらに輸出品に対する折価（価格のつけかた）が、政府との交渉で取り決めた政治主導型の固定相場だったからである。たとえば「換米の制」の交換率（公木一疋＝米十二斗）は、公木不作時の価格を反映した公木高・米安時代の相場であり、この状態が逆転してもそのまま定品・定量・定価格は維持されるという、市場原理を無視したいわば「官営貿易」特有の宿命でもあった。したがって米飢饉の年は深刻で、倭館への供給量は急激に低下して年間の一万六千石（対馬では「俵」と表記する）に達しない「未収米」が発生することになる。『交隣提醒』【44】によると、元禄十年（一六九七）の大飢饉の発生以降、二十年にわたる未収米が二万俵余に達したことが明らかにされている。こうなると倭館に入る米が未収分なのか本前（当該年の輸入分）なのか、区別すらつかない状態に陥るという。ところでこの大飢饉のとき、朝鮮政府は買米ではなく木綿で受け取るようにと東萊府の庫へ木綿を搬入させたが、これを対馬側は拒否して受け取らず、その後朝鮮商人による詐欺事件も重なって結局丸々一年分が倭館に入らずに以来未収米が累積したとしている。しかもこのとき訳官を通じていち早く飢饉の発生を伝え、木綿で受け取るよう事前交渉があったにもかかわらず、「朝鮮人の言うことなので、はたして本当の事だろうかと人々が疑ってかかった」【44】と、隣国の非常時に対する対馬側の冷たい態度を諫めている。さらに「朝鮮人の言うことは元来虚偽（きょぎ）が多いが、その人・その事・その勢いを以（もっ）て能々（よくよく）察しなければ、真実を虚偽と心得、虚偽を真実と心得る事があるので、この所は極めて大切な事である」【44】とも述べている。元禄十年といえば先述した竹島（鬱陵島）一件が完全に解決しておらず、相互に信頼を欠いた時期であったかもしれない。ところがちょうど同じ頃、対馬が窮迫したからと救災を訴え、それでいながらあたかも朝鮮国が自発的に米を贈ったかのような文言で公文書を書かせ、「憐れみを異国に乞われたことは誠に恥じるべき事」【42】と、当時の藩のやり方を厳しく非難している。

　ただし飢饉の発生は、そうたびたびあることではない。現に滞納した二万俵余の未収はその後の交渉で皆済されたが、「近来は又々未収が発生している。注意すべき事である」【44】と、近年、再度累積しつつある未収米についても注意を払う必要があると指摘している。倭館へ搬入される米は、慶尚道から朝鮮政府へ上納する貢租米の一部があてられており、かつては倭館納入を割りあてられた村々から直接搬送されていた[68]。ところが延宝六年（一六七八）、草梁倭館への移転を契機に、いったん釜山の倉庫へ集められた後、専用の「運米船」で倭館へ回漕されるようになり、大量の米の搬入作業に多数の官吏が関与することになった。その頃から彼らによる米の抜き取りがなかば公然と横行し、規定量に達しない事態が多発するようになった。『交隣提醒』に「御買米の事、朝廷では特別なことはないが、東萊府使または訳官共が申し合わせて中間で滞らせる事が毎回あるという。利を貪ることはどの国も同じ事で、清廉な役人が常にいることはないので、この所に気を付けるように」【4】とあり、東萊府使や訳官がそれに加担して故意に納期を遅らせる状態が頻繁に生じていたことが分かる。さらに「御買米に沙石（しゃせき）・籾（もみ）を雑（まじ）え、又は水を和（なご）まして持ってくる事は、専ら釜山役人・監官（運米担当官）・等牌（とうはい）（人夫頭）のしわざと聞いている」【5】ともあり、規定量に達しないからといって下役人が米に砂や籾を混入したり、時に水を入れてふやかすいわゆる「和水（わすい）の弊」が多発していることを明らかにしている。芳洲は「この後そうした事態があれば、倭館の役人たちが申し合わせて宴享の時に右の米を俵のまま東萊府使の前へ持ち出して訴えるようにするのが第一の処置と考える」【5】と、不正行為には厳しく対処するよう進言している。

だがその不正行為をとがめようとすると、「東萊府使の言い訳に、加升（かしょう）があるのでそうしたやり方をすると担当役人が申している。加升を止（や）めるように」【5】と必ず抗議してくるという。「加升」とは朝鮮側でいう「加棒」のことで、倭館で米を受け取るときに朝鮮式の斛桝（こくます）

（二石枡、口径は長方形）に日本式の京枡（口径は正方形）を加えて朝鮮米一石とする倭館独自の米の計量法である。「館内で米を請け取る時、斛以外に小升（京枡）を加えることは来歴があり、これまでの仕来りであるとはいうものの、明らかにその訳が分かりづらいところがある」【5】と芳洲自らも認めるように、それは極めて複雑な方法であった。この加升をめぐり宝永六年（一七〇九）、渡海訳官使が東莱府使の書契を偽造してまで撤廃要求を迫ってきたことがあり、同年に藩が芳洲に命じて勘定方役人の吉野五郎七らと館内の枡の使用法について調査することになった。そのときの記録が、『斛一件覚書』[69]である。この記録によると、倭館では日朝双方の計量慣習[70]を併用するため、スリ切り計量できるよう口径の長さ・幅を小さくした一斛枡（倭館特製枡）を作り、それと本来使用される朝鮮式一斛枡との差額を日本の京枡で二升三合加える「大斛・小舛両収の法」をとっていたことが判明した。しかも倭館枡は、すでに寛永十四年（一六三七）に作られており、そのころの加升は京枡三升であった。その後、火災により枡が焼失したため延宝元年（一六七三）に新造されるが、深さが若干増加していたことから交渉して従来より七合引き、すなわち二升三合の加升となったもので、加升の来歴とともにそれが正当な計量法であることがあらためて証明された。「斛升のことも大体はその筋目（道理）も立ち、斛一件記録にも詳しく記して置いたので、この後、加升の訳は弥明らかになるだろう。その時にこそ、東莱府使へ直訴するやりかたをとるべきであろう」

【5】とあり、加升の道理をきちんと把握し、東萊府使へも直訴して納得済みで行うことが肝要であると暗示している。

ところで『交隣提醒』【39】には、倭館で多用される朝鮮の丸升（一斗桝、口径は正方形）について詳細な記述が見られる。朝鮮では、米の計量を一斛＝十五斗としている。この「斗」を日本の単位と混同しないように、対馬藩では朝鮮訓読「マル」（日本語「ます」の語源とされる(71)）をとって「丸」と表記し、一斗桝（朝鮮では「正平斗」と称す）のことを「丸升」と称す。「とかく一斛の外、京桝二升三合を受け取ること、朝鮮の人は加升と言い触らすので一度はやかましい事があるやもしれない。その時は丸升で十五盃量って請け取るより外ない」【39】とあり、いざとなれば丸升が頼りになる。ただし問題は、その容量である。「朝鮮丸升の容量は、三升五合と勘定所の計算法で極っている」【39】とあるが、その一方で「三升五合を一丸としたのは六十八年以来勘定所の算用で、朝鮮国の丸升の実数ではないことを人々は知らない」【39】ともある。この「六十八年以来」とは、万治三年（一六六〇）、先述した公作米が公木百束分増加した年をさす。この輸入米増加に備えて、倭館ではこの年から一俵につき五斗三升入り（これ以前は五斗入り）にして俵や縄代を節約することにした。これが朝鮮一斛＝十五斗と結びつき、一丸＝三升五合（5.3 ÷ 15 ＝ 0.35）という計算法が勘定方に定着する。ところが先の桝の調査により、丸升は京桝で三升六合余からものによっては三升七合余に相当することが分かった。このため「元来、朝鮮丸升は京升で三升五合に相当すると覚えていて、多くは朝鮮人から何品を請け取る時、不案内の者は一丸と申すべきところ、京升で三升五合はかって請け取るが、これはいかがわしい事である」【39】とあり、丸升を用いずに京桝で受け取ると対馬側が損をすることになる。しかし代官方に置かれていた丸升は古く破損しており、正しい計量のため丸升を新規に作らせることにした。たまたま対馬の御銀蔵に東萊府使の焼き印が押された丸升が保管されており、これを倭館へ持ち込んで写しを製作することになった。四方の角の補強用に「金物は対馬から持ち込み、丸升を春龜(かすかめ)竹右衛門に命じて新規に作らせた」【39】とあり、三代官の春龜（後に春日龜）竹右衛門が交渉して新しい丸升製作にあたり、「これよりは京升の使用を止めて、右の丸升で館内のやり取りをするよう命じられるのがよろしかろう」【39】と、倭館での（加升を除く）京桝使いを中止させて、代官方に置かれた新規の丸升のみを使用するよう命じたことが分かる。

そしてさらに芳洲は、「この後、（藩の）御為(ため)と称して目先の微かな利益から、万一実数通り算用するようにと命じられると、大いなる害を招き、結局は御為にならない。もしもそうした所見(しょけん)を言う人がいれば、厳しく叱責すべきである。この趣旨については、先年命じられた斛一件記録の跋文(ばつぶん)にも書き載せた通りである」【39】と厳しい注文を藩当局につきつけている。『斛一件覚書』の後書きによれば、丸升を実数どおりに見積るとかえって下役人の難儀になり、その理由は「たとえば米は庫に入れ置けば、あるいは鼠切り、あるいは虫喰い、あるいは取り扱ううちにも減っていくものである。その外、蜜や油は量るたびごとに欠（不足）が生じ、棗（なつめ）・かち栗の類は日がたつほど升目（ますめ）が少なくなる」とあり、運搬や保管中に生じる欠損分を考慮してのこととという。とりわけ朝鮮から輸入される米のすべてが玄米をついた白米であったことから、倉庫での管理や運搬のときに相当な欠損が出ていたのは事実である。芳洲はそれらのリスクを帳簿の上で回避するため、「勘定所の算用」とわざわざ断ってこの仕法を維持するよう勧めている。しかしこの容量の実態の違いを逆手にとって、藩庁の利益をあげる目的で実数による受け取りをすれば、結果的に藩内の下役人をしいたげ、そのことが朝鮮人へ難題など言いがかりをつけて少しでも利益をあげようとする「方便」に使われるおそれがある。「そうなっては両国の際に禍（わざわい）ができる」ことは必定で、「お上も決してとりあげないよう堅く御議定するように。この御法式を後々まで相違なく（伝えるため）、人々の心得のためその趣旨を詳しく書き載せた」と『斛一件覚書』を結んでいる。藩がわずかな利益に固執し、朝鮮側へ難題をふっかける事例を数多くみてきた芳洲ならではの忠告である。

4　日常のトラブル

倭館に多発する事件は、密貿易・交奸（こうかん）・闌出（らんしゅつ）・喧嘩・乱暴・狼藉などである。[72] このうち密貿易は、対馬藩の利益を損ねることから当局の厳しく規制するところであり、むしろ芳洲の関心は日常的なトラブルである交奸・闌出・喧嘩などに向けられている。

交奸（女性連れ込み）は、朝鮮側が厳罰（死罪）を科している割には跡を断たない。それは倭館側が見て見ぬふりをしているためで、朝鮮側から指摘されて初めて調査を開始する有様である。『交隣提醒』には、元禄三年（一六九〇）と宝永四年（一七〇七）の事例がとりあげられており、前者は犯人が名指しされなかったことを幸いに、「館守が色々とごまかして、その内に年月も立って結局犯人を指し出さずに事を済ました。その節、館守のやり方をよろしき処置だと対馬中（の者）が言っていた」【35】とあり、犯人検挙にまったく非協力的な館側の態度と、それを良しとする対馬全体の風潮が明らかにされている。後者は白水（しろす）源七という犯人が名指しされたことから、朝鮮側は渡海訳官使を派遣してこれを外交問題にして事の解決を迫った。しかし対馬側は「訳官共を或いは叱りつけ、或いは諭し、何事なく済ますように」【35】とし、こちらも結果的には白水源七を対馬での流罪で済ませてしまった。「朝鮮より対馬を怨んでいる事の第一は、交奸の相手を出さない事だ」【35】とあるように、藩の交奸への対応の悪さが朝鮮側の多大な怨みをかうもとになり、これが正徳期通信使来日を機に、辛卯約条（別名、交奸約条）の締結に至ったことは先述した通りである。

異国の女性との交情を、死罪などという極刑で処罰することは日本の法慣習からいって考えられないことであり、実際に交奸を理由に死罪になった日本人は一人もいない。しかしだからといって、「朝鮮人が嫌っている事に配慮せず、日本人の不埒な行為を改めないと、結局は日本人が難義する」【49】というのが芳洲の意見である。交奸対策として朝鮮側がとった方法は、倭館の三方に石垣を築き、倭館近辺の百姓家をことごとく取り払い、訳官の執務所がある坂の下に新門（設門）を設置して館内への人の出入りを取り締まるなど、倭館を近隣の村落から孤立させる作戦だった。「兼々交奸の事を厳密にすれば、百姓家を取り払われる事もなかった。そのようにしなかったため、館内は無人の所となり、館中衰微の一端となった」【49】と、芳洲は交奸こそ倭館衰微の元凶であると明言する。さらに「惣体、一時の勝ちを主とし、後のことを考慮しないのは日本人の風義である。当時は穏便にして置き、後に勝ちを取るのが朝鮮の深計で、智慮の優劣はいうまでもない」【49】と、その場しのぎで済まして長期的な見地からの交奸対策を怠った藩の見通しの甘さを批判している。

闌出は、規定区域外への外出であり、日本人の行動範囲を規制するために設けられた制度である。(73) 草梁倭館に移転した翌年の延宝七年（一六七九）、東萊府使と館守らが立ち会って、倭館の東西南北の境界を確立した標木が立てられた。これを越えることを「闌出」といい、すでに天和三年（一六八三）締約の癸亥約条で規約違反者は死罪とされていた。しかし交奸同様、現実に闌出を摘発されながら死罪になった例は一度もない。それは闌出が、倭館の懸案事項を解決するための一種の示威行動であったことを、日朝双方とも黙認していたからにほかならない。芳洲のころの最大の闌出は、元禄十年（一六九七）の在館者九十余名による一ヵ月にわたる闌出行為で、先述した竹島（鬱陵島）一件のときの回答書契の文言改撰要求を目的としていたが、彼らの外出名目は倭館近辺の寺や名所の見物であった。

『交隣提醒』【50】に記述される「東莱入り」もその一つで、いわば東莱府使との直談判を意味する。かつて寛文十一年（一六七二）に倭館の移転交渉が膠着状態に陥ったとき、津江兵庫助（つのえひょうごのすけ）が三度にわたる決死の東莱闌出を敢行し、その劇的な死によって移転交渉が好転したという故事がある[74]。そこで対馬藩士たちは、「東莱入り」をまるで「東莱府使を討ち取るかのように、生きて帰らない事のようにも心得、是非解決しようと心得る」【50】という。しかし芳洲は、こうした「境を犯し、彼方へ行くなどという事は元来、容易にできるものではない。面談に及ぶべき事でもないのに東莱へ行くなどというのは、訳官が迷惑に思い、痛手を当てて事の解決をはかろうという計策」【50】にすぎないと、それを訳官への脅し文句に使っていることを見抜いている。このようなことよりも芳洲が気がかりだったのは、最近の倭館の土地をめぐる朝鮮側の動きである。「館内の空き地を物替えにして、朝鮮側が取り戻したい意向があるということを、折にふれて訳官たちが申している。これ又許してはいけない」【48】とあり、倭館の敷地を取り戻したがっている動きを牽制し、物替えという一時の利を得るために倭館の面積を減じることがあってはならない、と忠告している。

規定区域外への外出でありながら、闌出とならない例外事項がある。彼岸と盂蘭盆(うらぼん)の旧倭館（豆毛浦）への墓参り、坂の下（訳官執務所）への出入り、日本人漂流民（倭館へ入館できない）の調査のため館守や裁判が収容先の牛岩浦や多大浦へ出張すること、である。芳洲もこの例外だけは、「いつ迄も古式の通りであって欲しい」【48】と主張する。おもしろいことに、芳洲はこの古式に、遠見獄（紅葉の名所）への登山を加えている。この登山ばかりか、実際には倭館の人は近くの名刹（仏厳寺が多い）巡りを頻繁に行っていたことが館守の日記に散見する。芳洲は、「日本人の足を（館内に）くびりつけるようになってはいかがなものか」【48】と、倭館が決して閉鎖空間にならないよう配慮して欲しいと、これは倭館での滞在体験者側からの意見である。こうした登山や名刹巡りは朝鮮側も黙認することが多いが、何か変事の兆候があれば摘発に踏みきるあたり、闌出の規定範囲は微妙である。

また『交隣提醒』に、燃料としての炭柴(たんさい)（炭と柴(しば)。炭薪(たんしん)とも記す）に関する記述が散見するが、これも闌出がらみである。炭柴は身分に応じて支給されており、たとえば元禄十六年（一七〇三）に芳洲が朝鮮語修得のため倭館留学したときは、「大小姓横目格」で一カ月炭十二俵（一俵に十五丸入り）、一日に柴三把という規定であった[75]。炭柴の保管蔵（炭幕・営纏(えいてん)などと称す）は古くは倭館の石垣内にあったが、石垣を崩して勝手に持ち出す者が絶えず、坂の下の訳官執務所の近くに小屋を建てて月ごとに一定量を倭館へ運び入れることになった。[76]この炭柴運搬人を、対馬の人は「炭唐人」といって手に墨を塗って嘲笑していたと『交隣提醒』【52】に記述されている。しかし芳洲の予想どおり乱後の余威が消え去ると、俵の入りが少なくなったり、あるいは納期に遅れが出たりで日常生活に支障をきたすことが多くなった。そこで炭柴蔵まで対馬の者が取りに出向くと、「炭薪を取りに行った下人どもを、軍官の内一人が刀を抜いて追い散らかした」【32】とあり、訳官執務所以外の炭柴蔵行きは闌出扱いにされていたことが分かる。いたしかたなく「館内で使用する薪は、毎度水夫共に伐らせて（倭館へ）渡した」【34】とあり、薪柴類は対馬島内やあるいは倭館向かいの牧の島（絶影島）へ出かけて急場をしのぐことにした。[77]

問題は製造に手間がかかる炭の調達である。倭館は日本式建築のためオンドル（温床）部屋がなく、厳寒期になると暖房用の炭が大量に必要になる。この時期に炭柴未納が続くと、倭館下役の者が団体で押しかける「闌出がらみの炭柴蔵破り」が決行される。たとえば正徳二年（一七一二）一月、二十人の下役人が蔵を破って炭二百俵余を持ち出した件、[78]享保十一年（一七二六）一月、三、四十人の下役人が炭の引渡所の門と炭蔵を破壊して、炭はもとより建物の材木までも持ち去った件[79]などが大がかりな事例として記録されている。とくに後者の事件は、その後朝鮮議政府の知るところとなり、炭柴入給を怠ったとの理由で東萊府使は叱責、釜山僉使は交代、訳官は杖罪と、倭館所轄役人の責任を問われる事態にまで発展している。炭柴にかかわるトラブルが跡を絶たなかったためか、そのうち「館中へ入れる炭薪を、年間の使用量を積算して米に換えようと訳官が内々に町人へ持ちかけてきた」【34】という。しかし芳洲は、この案に反対している。理由の第一は買米さえ未収の状態にあり、炭薪がわりの米も未収になる公算が大きいこと、第二に定例の買米の内数に炭薪代が入れられてしまう恐れがあること、第三に対馬から炭薪を搬入することになればあらためて役職別に細かな使用量が規定されることになり、倭館在留の者からすれば現行の現物支給のほうが使い勝手が良いこと、第四に大量の炭薪搬入は関所改めの手間になること、などとある。「惣体朝鮮とのことは、今以上に利益をあげる事はないだろうかと思慮とすると、それは皆々宜しくないことばかりである。何とぞ今迄通り、(炭薪の現物支給を)続けるように」【34】と、これも目先の利益を追求するあまり将来の不利益をこうむることのないよう注意を喚起している。

このように闌出のやり方をみると、倭館側がしかけた喧嘩・乱暴・狼藉と紙一重であることが分かる。このほか『交隣提醒』に出てくる事例は、先述した送使僉官が支給物の少なさを責めて朝鮮下役人に言いがかりをつける件【38】、偽漂着で相手先の水軍との喧嘩【47】、銀奉殺人事件【3】など、日本人が加害者であるケースだけである。しかし実際には倭館側も害をこうむる場合が多く、そのほとんどが盗難事件である。換米の制により米蔵には大量の米が積み上げられており、また輸出入品蔵、あるいは鉄砲や刀・脇差しといった武器類、個人の私物なども盗まれる。犯人が倭館内で捕まれば尋問は日本側が担当し、罪状と処分に関する意見書を添えて朝鮮側へ差し出す。処罰は一応「朝鮮の国法」に従うとされるが、蔵を破って米や金品を盗んだときだけは死罪を適用するよう朝鮮側へ要望し、実際に倭館近辺で館内の役人立ち会いの下で斬罪処分がなされてきた。ところが『交隣提醒』によると、「館内へ朝鮮人が盗みに入った時、必ず死罪にするようにと毎度館守から担当訳官へ申し渡すが、(最近)その通りには執行されない」【51】と、近年になってこの規定がゆらいでいたことが分かる。実は、「土蔵破りは金額の多少によらず、また雑物の軽重によらず死罪」というのは幕府法(80)を遵守したまでで、享保六年(一七二一)に対馬藩内で議論された潜商論争においても、陶山訥庵(庄右衛門)は「土蔵破りは潜商より罪が重く死罪が適法(81)」と答えている。しかし芳洲は、この意見に真っ向から反対の立場をとってきた。それは「元来盗みにも軽重がある。その差別をつけずに、必ず死罪にするようにというのは、対馬側の無理というものである」【51】と、盗みに対する罪と罰のあり方そのものに疑問を感じていたからにほかならない。加えて倭館は日本の国外の地にあり、そこで捕らえた外国人の盗賊に日本の国法である死罪の適用を迫ることは、交奸の相手に朝鮮の国法だからと死罪を押しつけてくることと何ら変わらない。「交奸の場合、朝鮮では死罪としているが、対馬では永々流罪を申し付けているのと同じ事」【51】と、国によって罪と罰のあり方は異なってくるのが当然のことであると指摘する。「国々には法式がある。これから盗人を捕らえたなら縄でくくって訳官へ渡し、盗みの軽重に応じて朝鮮の国法通り処理してもらう様館守から言うべきである」【51】として、処罰はあくまでも朝鮮の国法によって行われるべきであると主張している。「国際法」という近代的な法の概念が生まれるはるか以前の時代、相互の主権の尊重を原則とした外交姿勢を貫こうとする、芳洲独自の思想の原点をここに読み取ることができる。

結び

雨森芳洲著『交隣提醒』は、これまで「朝鮮方の人間を対象に書かれたもの(82)」、あるいは「直接的には朝鮮御用支配や朝鮮方佐役に読ませるのが目的(83)」と説明され、朝鮮方という一役職の者へ向けられた書物であると位置づけられてきた。確かに項目のなかには、朝鮮方の者が読んで役にたつ内容もある。しかしながら全体を通読すれば、その内容は対馬外交の不備と今後の対策、国法や約条のあり方、通信使や訳官対策、倭館問題、日供物や公私貿易、使船所務の扱いなど、芳洲が交流の現場で遭遇した数々の問題点で占められている。これらは朝鮮方の職務の範疇外にあり、藩当局の施策にゆだねなければ何も解決できない問題ばかりである。「序」にも明らかにしたように、『交隣提醒』は芳洲がかねてから提言してきた内容を盛り込んで直接的には「上」（藩主宗義誠）へ提出されたもので、藩主ならびに対馬藩全体の者を対象に、現在置かれている日朝間の危機的状況に注意を喚起し、今後の施策に対する何らかの暗示を与えることを目的に書かれたものである。

かつて日朝関係の諸事は、柚谷氏や柳川氏に代表されるような外交にたけた家柄の者に任され、代々伝わる私的な記録や個人的な知識の積み重ねが重んじられてきた[84]。しかし芳洲の時代になると、力ずくで事の処理にあたる「乱後の余威」は去り、とりわけ竹島（鬱陵島）一件での対馬外交の失敗を契機に、力はむしろ朝鮮側に移りつつあるのが現実であった。もはや個人技では立ち向かうことができない時代、芳洲が『交隣提醒』で提示した戦略とは、①「人」への投資、②朝鮮担当官の組織化、③情報の蓄積である。

このうち①「人」への投資とは、一つには本文に述べたとおり裏方役にすぎなかった通詞職を改革し、国家的な機密事項の相談にもあずかれるような有能な通詞を育成していくことにある。他方、『交隣提醒』には、藩の中枢部に「藩屏」「敵国」などの真の字義を知らずに勝手な解釈で日朝関係を誤解する者が多く、よって「学力ある人を取り立てることが切要」【33】ともある。家柄ではなく学力を重視した人材を育成して登用しなければ、朝鮮国の有能な官僚たちと対峙することは不可能である。「人」への投資は、松浦霞沼亡き後の未来の対馬藩にとって焦眉の急ともいえる重要課題であった。『交隣提醒』を提出する前年の享保十二年（一七二七）、対馬府中に設置された通詞養成所は、単なる言葉上手ではない、「才智」「篤実」「学問」をともに備えた教養人を育成することを目的としていた。財政逼迫の時期にもかかわらず、あえて芳洲の提言を受け入れたこの養成所は、幕末・明治期まで前代未聞の外国語学校として存続し、多くの優れた通詞と教養人を世に送り出している[85]。

また②朝鮮担当官の組織化と③情報の蓄積は、並行して進めることが重要であった。十七世紀後期に対馬藩の全盛期を築いた宗義真（よしざね）は、藩の機構整備を進めて中央集権化と財政基盤を強固なものにした。しかしこれは内政面での整備であり、この時期に先述した竹島（鬱陵島）一件をめぐる大失態を演じるなど、日朝関係の諸事の扱いは依然として藩の執行部が中心であった。これに対し芳洲は享保五年（一七二〇）、新たに組織として独立した朝鮮方を朝鮮担当の中軸にすえるよう藩当局へ繰り返し進言している。この朝鮮方は、倭館に常駐する館守などの役人とは異なる。しかもその活動内容は単に記録の整備と保管にとどまらず、倭館において朝鮮官吏との実務交渉も担当すれば、藩の政策決定にかかわる提言も行う。幕府や藩当局から朝鮮関係にかかわる質疑があれば、調査して必要な報告書を提出する朝鮮関係の専門集団であり、いわば現代版のシンクタンクに匹敵する役職といってよい[86]。そしてこの朝鮮方の活動を背後で支えたのが豊富な記録類であり、その中心にあったのが幕末期まで朝鮮方が全力をあげて編纂し続けた情報の宝『分類紀事大綱』である。芳洲は、通信使関係記録や裁判記録をはじめとする各使船の記録類の充実をはからせ、その最終チェックを朝鮮方にゆだねることを藩主へ提案している。[87]その一方でこれまで漫然と記録を作成し続けてきた姿勢を鋭く批判し、書き手の側の記録に対する目的意識、後の活用を考えた記録作成のための戦略なるものを『交隣提醒』を通じてくり返し指摘し、藩当局の意識改革をはかっている。現在、国内外の各機関に分轄保管される厖大な「宗家文書」[88]は、この芳洲の提言をもって初めて、真の意味での「記録の時代」[89]を迎えることができたといえる。

『交隣提醒』には、芳洲が通信使来日の現場や倭館で実際に体験した事柄が実にリアルに描き出されている。それは記録を読むよりも鮮明で、冷静な判断力と分析力をもって、日本と朝鮮、さらにこの両国をつなぐ小さな島国、対馬藩の生き方が語られている。この書が藩主へ提出された厳しい藩政批判書でありながら、誰の怒りをかうことなく藩主はじめ藩内の者たちに自然に受け容れられたのは、芳洲の注ぐ対馬への限りない真情を感じ取ることができる内容になっているためである。たとえば、朝鮮へ派遣される船は、「兼帯の制」以降、ほとんどが使節の同乗しない事実上の貿易船であった。この事実を知った芳洲は、船舶運行の実態をあえて幕府へ知らせることはないが、貿易船と分かっていながら接待をやめない朝鮮側の「寛大の処置」にこそ警戒が必要であると注意する。また朝鮮側が使う「撤供撤市」は、貿易が藩の生命線であることを承知のうえでの脅し文句にすぎないこと、倭館の米の計量現場で用いる京枡「加升」は当然の算法で、異物を混入するなどの不正には堂々と文句を言えば良いなど、経済的に日朝貿易に依存せざるをえない対馬の苦しい立場を理解しての助言が多い。

日本と朝鮮のやり方を比較すると、「（その場しのぎで）一時の勝ちを主とする日本人」「（長期的に深く計画して）最後に勝ちをとる朝鮮人。智慮の優劣はいうに及ばない」【49】と、「一時の勝ち」を急ぐあまり「結果的な負け」を招来する対馬外交に憂慮する。とりわけ芳洲が警告するのは、通信使来日の場で依然として公文書偽造や改ざんをやってのける、訳官たちのしたたかな行動である。この訳官たちへは、賞賜を常例にして藩が抱え込むのが良いと実に大胆な提言をするかと思えば、一方で実直な訳官を見いだすことも肝要であると、『交隣提醒』提出の翌享保十四年（一七二九）、倭館で誠意ある訳官・玄徳潤（ヒョンドギュン）[90]との交流を深めるなど、実情にかなった適切な対応策を実践してみせている。

外国との交流で必要なことは、いかに緊密な信頼関係を築くかにあるが、芳洲はそれに加えて異国文化への理解と尊重も重要であると主張する。人は自国にない異文化に接したとき、ある種の戸惑いを感じ、それがえてして嫌悪感に転じることがある。その反動から、自国のものが最も良いと自慢する心につながるという。『交隣提醒』には、日本の酒が一番と自慢して強要する者に対し、オランダ人が好むアラキ（オランダ酒）・チンタ（赤ワイン）まで持ちだして、その国の者の好むものを尊重せよと注意する。あるいは通信使行列のとき、輿夫（輿かつぎ人夫）が寒空にもかかわらず尻をまくりあげ、挟箱持が仮鬚（描きヒゲ）を塗って足拍子をとる様を日本人はさぞ立派な振る舞いと感じていようが、「朝鮮人の心には、尻をまくるのは無礼と見え、仮鬚を塗るのは異形（怪しい姿）と感じ、足拍子を取るのは労役を招く不調法な事と、内々で笑う外ない」【13】とあり、芳洲のユーモアある書きぶりは難しい文化論よりも説得力がある。すなわち芳洲がいう「誠信の交わり」とは、表面的な〝仲良し関係〟ではなく、実意を知ることで互いの違いを理解しあい、それを尊重すれば自然に生まれてくる関係であるといえる。外国との交流が限られていた江戸時代、政治・外交・経済・文化にまたがる諸問題をここまで精緻に語り尽くした書物は『交隣提醒』をおいてほかになく、ここに広く後世の人々に読みつがれるゆえんがあったと解される。

註

(1) 雨森芳洲の略歴は、後出する参考文献による。
(2) 泉澄一『対馬藩藩儒雨森芳洲の基礎的研究』(関西大学出版部、一九九七年)三九〇頁、四三四~四三五頁。
(3) たとえば松浦霞沼編『朝鮮通交大紀』によると、元禄期(一六九〇年代)に起きた竹島(鬱陵島)一件のとき、朝鮮礼曹参判や参議の書契に「誠信の道を欠くことがあろうか」「ますます誠信を務めて」などと「誠信」の文字が盛んに用いられていたことが分かる。書契以外にも国書や詩文のなかにも「誠信」の文字が頻出する(米谷均「雨森芳洲の対朝鮮外交」『朝鮮学報』一四八輯、一九九三年、二五頁)。
(4) 田代和生『書き替えられた国書』(中央公論社、一九八三年)参照。
(5) 中村栄孝『日鮮関係史の研究』下(吉川弘文館、一九六九年)七「竹島と鬱陵島」、参照。
(6) 池内敏『大君外交と「武威」』(名古屋大学出版会、二〇〇六年)、同『竹島問題とは何か』(名古屋大学出版会、二〇一二年)。
(7) 芳洲は元禄八年(一六九五)、老中交渉が開始されたころ江戸藩邸に勤務していた。同年十二月十一日に老中が折衷案を提示し、これに反して十二月二十日に家老の平田直右衛門が朝鮮への文面案を示して日本帰属(強硬論)で交渉したいとする案を出した。この中間の十二月十六日、芳洲が重要書物を閲覧しており、そこから芳洲が宗義真や家老からの諮問に答えていたという説

（泉澄一『対馬藩藩儒雨森芳洲の基礎的研究』前掲註2、一二七頁）がある。しかしかりにそうであれば、陶山の主張に反した領土問題（強硬論）への協力ということになる（池内敏『大君外交と「武威」』前掲註6、三九五頁注55）。

（8）泉澄一『対馬藩藩儒雨森芳洲の基礎的研究』前掲註2、一三七頁。渡海訳官使が対馬に来たとき芳洲は長崎におり、十一月十六日対馬府中に着く。幕府の決定は宗義真が口頭で訳官に通達し、平田直右衛門が書面にしてそれを渡す。この書面作りに芳洲が関与したことは充分考えられる。しかし「今回の交渉が糸口となり竹嶋問題は解決に至った」（泉澄一、右同書、一三八頁）とする説には賛同できない。この口頭伝達が交渉解決をさらに長引かせる原因になったことは、本文に述べたとおりである。

（9）賀島兵介は天龍院時代の経済政策、とくに朝鮮貿易に関する諫言のほか、朝鮮への強硬外交や対馬における記録の不備についても批判した『賀島兵介言上書』を貞享四年（一六八七）提出し、伊奈村（対馬上県（かみあがた））へ流罪となる。配所先で元禄十年（一六九七）死去。陶山訥庵との間で竹島（鬱陵島）一件について意見を交わした往復書簡が残る。

（10）長崎県立対馬歴史民俗資料館所蔵。初期の『（表書札方）毎日記』には、『書状跡留』が合冊されているものが多い。

（11）国立国会図書館所蔵。

（12）慶應義塾三田メディアセンターおよび韓国国史編纂委員会所蔵。

（13）仲尾宏『朝鮮通信使と徳川幕府』（明石書店、一九九七年）一七八頁、小川和也「天和度朝鮮通信使と大老・堀田正俊の『筆談唱和』」(『日韓相互認識』五号、二〇一二年)一一～一三頁。

(14) 李元植『朝鮮通信使の研究』(思文閣出版、一九九七年)第二部第二章「詩文贈答と筆談」、参照。

(15) 国立国会図書館所蔵。

(16) この芳洲の意見により、『裁判記録』(国立国会図書館所蔵)は佐治宇右衛門(平為矩)が訳官を送還した宝永二年二月の記事から始まる(長正統「日鮮関係における記録の時代」『東洋学報』五〇巻四号、一九六八年、一一四～一一五頁)。定例使節やその他の使船記録は、韓国国史編纂委員会に現存する。

(17) 宗家文書『分類紀事大綱』第一輯、二十一「和館焼失一件」、宝永五年八月十四日条(国立国会図書館所蔵)。

(18) 「崇信庁」の名称は藩庁記録にあまり出てこないが、大正六年(一九一七)に刊行された『対馬人物史』(長崎県教育会対馬部会編)の松浦儀右衛門の項目に、「崇信庁の長となり専ら交隣の事を司る編纂総裁の職を兼ねた」とあり、朝鮮方の別名として「対馬内部」では知られた名称であったと考えられる。長崎県立対馬歴史民俗資料館に所蔵される「宗家文書」の天明八年(一七八八)六月『漂民考』の表紙に「崇信廰」とあり、また文久四年(一八六四)正月および慶応三年(一八六七)正月『出勤録』の表紙に「崇信廰　眞文役中」とあることから、藩政時代から役職名に用いられていたことが分かる。さらに明治三年(一八七〇)『紀事大綱状写』の表紙に「掌信館」とあり、幕末期に「交隣方」さらに明治期に「掌信館」と改名される旧朝鮮方の重要な職務、すなわち『分類紀事大綱』の編纂事業も継承されていた。なお幕末期の以酊庵（いていあん）（京都五山の僧が外交文書起草などにあたる対馬府中の寺）輪番制廃止にともない、書契（外交文書）や吹嘘（すいこ）（渡航証明書）に押印する印章として慶応三年五月「崇信」の印を新造して用いることが朝鮮側に認められている（池内敏『近世日本と朝鮮漂流民』臨川書店、一九九八年、九三頁）が、そもそもこの「崇信」の印字を使用するよう提案したのが朝鮮方を管轄する朝鮮支配方である（『（朝鮮方）毎日記』慶応三年四月八日条）。芳洲時代いらいの名称を印章に使用することにより、朝鮮方の職務範囲がさらに拡がったことを示している。このとき新造された「崇信廳」および「信」の印章が、旧朝鮮総督府朝鮮史編修会に引き継がれ、戦前まで現存していたことが『写真・ガラスフィルム目録』（韓国国史編纂委員会編、一九九八年、二二四頁）により確認される。

（19）『分類紀事大綱』の詳細は、田代和生『日朝交易と対馬藩』（創文社、二〇〇七年）第五章「宗家文書『分類紀事大綱』について」、附録「『分類紀事大綱』総合目録」を参照。

（20）林陸朗『長崎唐通事』（吉川弘文館、二〇〇〇年）二頁、片桐一男『阿蘭陀通詞の研究』（吉川弘文館、一九八五年）二四〜二五頁。

（21）位階は、堂上訳官（王殿へ拝謁できる）が知枢（正二品）・同枢（従二品）・僉枢（正三品）、堂下訳官が僉使（従三品）・僉正（従四品）・判官（従五品）・主簿（従六品）・直長（従七品）・奉事（従八品から従九品）に分かれる。『交隣提醒』によく出てくる「同知」は同枢、「僉知」は僉枢の別名。

（22）韓国では倭学訳官と一門に関する研究が進んでいる。鄭光『司譯院倭學研究』（太學社、一九

八八年）、同『朝鮮朝譯科試券研究』（成均館大學校大東文化研究院、一九九〇年）、李南姫『朝鮮後期雑科中人研究』（以會文化社、一九九九年）、姜信沆『韓國の譯學』（ソウル大學校出版部、二〇〇〇年）など、参照。

(23) 田代和生『日朝交易と対馬藩』前掲註19、第三章「朝鮮語通詞の育成」、参照。

(24) 宗家文書『(館守) 毎日記』（国立国会図書館所蔵）および宗家文書『分類紀事大綱』第二輯（韓国国史編纂委員会所蔵）などから、正徳期（一七一〇年代）以降の訳官賞賜・援助などの主なものをあげると次のとおりである。

正徳三年（一七一三）小通事へ義田を買得。正徳五年（一七一五）韓後瑗へ銅二千五百斤（銀高にして六貫目）およびその他通事へ諸品賞賜。享保元年（一七一六）崔尚嵲へ銅千斤賞賜。享保九年（一七二四）李碩麟困窮につき公木二十束・銅二十丸（千斤）援助。享保十一年（一七二六）訳官へ白銀四貫目賞賜。享保十二年（一七二七）古訓導金主簿（金海峯）へ胡椒など賞賜。

(25) 大場生与「対馬藩による朝鮮側小通事への援助」（『三田中世史研究会年報』4、一九九七年）一一〇頁。

(26) 津江家文書『草梁話集』（長崎県立対馬歴史民俗資料館所蔵）。

(27) 李元植『朝鮮通信使の研究』前掲註14、第三部第一章「通信使の倭学訳官」、参照。

(28) 朴再興は朴有年より年下で同じ「朴同知」の名で知られるが、天和四年（一六八四）渡海訳官使を病中ながら務めた後で記事が途絶える。したがって延宝から元禄期（一六七〇年代から九

○年代）にかけて安同知と活動を共にできる「朴同知」は朴有年のほうと判断される。

(29)『譯科榜目』（ソウル大學校奎章閣文庫所蔵）、李成茂・崔珍玉・金喜福編『朝鮮時代雑科合格者總覧』（韓國精神文化研究院、一九九〇年）、参照。

(30) 朴再昌（パクチェチャン）は、金東哲氏の研究によると粛宗四十三年（一七一七・享保二）時点「弓角契人」であった可能性が高い（金東哲著・吉田光男訳『朝鮮近世の御用商人』法政大学出版局、二〇〇一年、三五〜三六頁）。「弓角契人」とは、弓の握りに使用される水牛角（黒角、東南アジア産品）を倭館で独占的に購入し、朝鮮王朝へ納入を託された専業人のことで、朴再昌は訳官としての役職以外に、財力を貯わえた特権商人としての一面も備えていたことになる。

(31) 田代和生『江戸時代朝鮮薬材調査の研究』（慶應義塾大学出版会、一九九九年）第四章「渡海訳官使の密貿易」、参照。

(32) 前掲註24、参照。

(33) 田代和生『日朝交易と対馬藩』前掲註19、一六一〜一六六頁。

(34) 田代和生『書き替えられた国書』前掲註4、参照。

(35) たとえば倭館の米計量をめぐって、宝永六年（一七〇九）渡海訳官使が東萊府使の伝令を偽造している（田代和生『日朝交易と対馬藩』前掲註19、一一〇〜一一六頁）。

(36) 天和期信使記録『礼曹贈御老中幷稲葉丹後守殿書幷返簡、信使往復書簡、真文二冊之内』（慶應義塾三田メディアセンター所蔵、ゆまに書房マイクロフィルム版・リール番号38）。

(37) 正徳期信使記録『三使帰国以後殿様江御禮之書翰不被差上次第附信使護送之御使者大浦忠左

衛門帰国参判参議より之返翰公儀江被差上候覚書』（韓国国史編纂委員会所蔵、ゆまに書房マイクロフィルム版・リール番号132）。

（38）宗家文書『分類紀事大綱』第二輯、十四「信使帰国之後謝書被送候様ニ被仰掛候事」、享保五年四月五日書状（韓国国史編纂委員会所蔵）。

（39）（41）享保期信使記録『井上河内守様江礼曹より之別幅品違候付河内守様・林大学頭様より御尋答之一件并御老中様方別幅鷹已来之例ニハ難用次第之覚書』享保四年十月十三日条（慶應義塾三田メディアセンター所蔵、ゆまに書房マイクロフィルム版・リール番号217）。

（40）三宅英利『近世日朝関係史の研究』（文献出版、一九八六年）四四三～四四八頁。

（42）尹裕淑『近世日朝通交と倭館』（岩田書店、二〇一一年）第一章「日朝通交体制確立期における倭館統制と諸約条」、参照。

（43）李薫（池内敏訳）『朝鮮後期漂流民と日朝関係』（法政大学出版局、二〇〇八年）第二部第一章「一六八二年の漂流民「順付」送還実施と対馬藩」、参照。

（44）これは熊浦から加徳へ向かっていた朝鮮漁民父子が難破（破船）し、子が海中に没して行方不明となり生還した父のみを対馬藩が別使をもって刷還した。しかし死体が無いために朝鮮側では殞命ではなく破船扱いとされ、以後三年にわたり死体の有無をめぐって破船か殞命かの交渉を余儀なくされた（李薫著・池内敏訳『朝鮮後期漂流民と日朝関係』前掲註43、一八八頁）。

（45）尹裕淑『近世日朝通交と倭館』前掲註42、四四～五五頁。

（46）（47）（48）正徳期信使記録『信使奉行江戸在留中毎日記』正徳元年十一月九日条（韓国国史

編纂委員会所蔵、ゆまに書房マイクロフィルム版・リール番号128)。
(49)　横山恭子「近世中期朝鮮通信使乗馬役の研究」(『史学』七九巻四号、二〇一一年)三頁。
(50)　正徳期信使記録抜書『御供方対府在留中毎日記』正徳元年七月二十八日条(韓国国史編纂委員会所蔵、ゆまに書房マイクロフィルム版・リール番号154)。
(51)　右同。正徳元年八月四日条。「(雨森)東五郎が持参した書付」に「第一鼓船上収拾、竪桅或撤篷、第二鼓引錨、第三鼓発船」とある。
(52)　仲尾宏『朝鮮通信使と江戸時代の三都』(明石書店、一九九三年)第二章「朝鮮使節と京都大仏殿前招宴問題」、参照。秀吉による当初の大仏は慶長大地震で倒壊している。その後再建中に火事で焼失するが、徳川家康が豊臣秀頼の金銀出費を目的に亡父供養と称して再び建造開始を勧めた。本尊の完成は慶長十七年(一六一二)、その二年後大仏殿巨鐘の銘文にいいがかりをつけて豊臣氏滅亡にいたらせたことは周知のことである。したがって後述の徳川家康創建という京都所司代の説明は、通信使の宴会出席拒否を回避させるためのものであることがわかる。なお通信使側は、大仏殿が豊臣秀頼によって再建されたという史実を把握している。
(53)　森山恒雄「対馬藩」(『長崎県史』藩政編、吉川弘文館、一九七三年)八〇九頁。
(54)　田代和生『近世日朝通交貿易史の研究』(創文社、一九八一年)一五六～一六一頁、二〇三～二〇七頁。
(55)　右同、第五章「「兼帯の制」成立と貿易仕法の改変」、参照。
(56)　右同、二〇八～二〇九頁。

(57) 尹裕淑『近世日朝通交と倭館』前掲註42、二七九〜二八二頁。
(58) 右同、二八一頁。
(59) 芳洲会所蔵（滋賀県長浜市高月町）。
(60) 森山恒雄「対馬藩」前掲註53、八八七頁。
(61) 尹裕淑『近世日朝通交と倭館』前掲註42、二五七〜二六二頁。
(62) 田代和生『近世日朝通交貿易史の研究』前掲註54、一四九〜一五一頁。対馬藩の御商売（私貿易）の具体的内容は、同書、第十章「貿易帳簿からみた私貿易の数量的考察」、参照。
(63) 田代和生「元禄期倭館請負屋と御免物貿易」（『史学』七七巻一号、二〇〇八年）、参照。
(64) 尹裕淑『近世日朝通交と倭館』前掲註42、一五〇〜一六三頁。
(65) 田代和生『近世日朝通交貿易史の研究』前掲註54、二二九頁、金東哲（吉田光男訳）『朝鮮近世の御用商人』前掲註30、三一〜三二頁。
(66) 田代和生『近世日朝通交貿易史の研究』前掲註54、一五〇〜一五一頁。
(67) 田代和生『新・倭館』（ゆまに書房、二〇一一年）一一一〜一一二頁。
(68) 田代和生『日朝交易と対馬藩』前掲註19、一〇四頁。
(69) 長崎県立対馬歴史民俗資料館所蔵。
(70) 桝の計量法は、朝鮮が山盛り計量であるのに対して、日本は桝の上を平らにならす斗棒（トガイまたはトカキ）を用いたスリ切り計量が厳守されている。倭館における米輸入と桝の問題は、田代和生『日朝交易と対馬藩』前掲註19、第二章「朝鮮米輸入と「倭館桝」」、参照。

(71) 小泉袈裟勝『枡』(法政大学出版局、一九八〇年) 一三～一四頁。
(72) 倭館のトラブルについては、田代和生『新・倭館』前掲註67、第五章「倭館に生きる」、参照。
(73) 尹裕淑『近世日朝通交と倭館』前掲註42、一〇五～一二二頁。
(74) 田代和生『新・倭館』前掲註67、四九～五一頁。
(75) 宗家文書『(館守) 毎日記』元禄十六年十一月七日条 (国立国会図書館所蔵)。
(76) 右同書、元禄七年閏五月三日条。
(77) 右同書、宝永三年七月十七日条。
(78) 右同書、正徳二年一月二十一・二十六日条。
(79) 宗家文書『分類紀事大綱』第二輯、二十六「日本人炭小屋引崩候事」(韓国国史編纂委員会所蔵)。
(80) 享保五年 (一七二〇) に「土蔵を破った者は、金銀の多少によらず、また雑物の軽重によらず死罪」とされている (『撰要類集』一之一、御仕置筋之部二十二)。
(81) 田代和生『江戸時代朝鮮薬材調査の研究』前掲註31、一五九頁。
(82) 米谷均「雨森芳洲の対朝鮮外交」前掲註3、二四頁。
(83) 泉澄一『対馬藩藩儒雨森芳洲の基礎的研究』前掲註2、四三八頁。
(84) 長正統「日鮮関係における記録の時代」前掲註16、一一八頁。柳川氏の記録は現存が確認されていないが、柚谷氏の文書は慶應義塾三田メディアセンター及び東京大学史料編纂所に現存する。詳細は長正統・長節子「柚谷家記録内容目録」(一般研究B、昭和59・60年度研究成果報告書

『中近世における環シナ海域交流史の研究』九州大学、一九八六年）参照。

（85）対馬藩の通詞養成所は、芳洲亡き後、数々の名通詞を生んだ。その代表的な一人である大通詞の小田幾五郎は、『象胥紀聞（しょうしょ）』『草梁話集』『通訳酬酢（しゅうさく）』『北京路程記』『朝鮮詞書（ことばがき）』『講話』『病録』などの著書があり、朝鮮の歴史・地理・産物・言語・風俗にかかわる外国人による一級の朝鮮研究書といえる（田代和生『日朝交易と対馬藩』前掲註19、一八〇頁）。

（86）たとえば享保六年（一七二一）、徳川吉宗の命により朝鮮方の越常右衛門が朝鮮薬材調査を実施し報告書を提出（田代和生『江戸時代朝鮮薬材調査の研究』前掲註31）、あるいは寛延二年（一七四九）、藩命により朝鮮方の阿比留太良八（後の朝岡一学）が朝鮮銭（大銭）鋳造に関する交渉を行っている（田代和生「倭館における朝鮮銭の使用」『対馬宗家文書　第Ⅲ期倭館館守日記・裁判記録』別冊中、ゆまに書房、二〇〇五年、六二～六六頁）。

（87）慶應義塾三田メディアセンター所蔵の通信使記録は下書きである。その原表紙に正徳期は「読合済」、享保期には「◎」の書き入れがある。これが真文役によるものかは不明であるが、延享期から「真文読合相済」とあり真文役が確実にチェックしていることが確認できる。

（88）現存する「宗家文書」の保管先と点数（概数）は以下のとおりである。

1　長崎県立対馬歴史民俗資料館　八万五千点
2　九州国立博物館　一万四千点
3　国立国会図書館　千六百点
4　東京大学史料編纂所　三千点

5　慶應義塾三田メディアセンター　千点
6　東京国立博物館　百六十点
7　韓国国史編纂委員会　二万八千点

記録の作成場所から現在の保管場所に至るまでの経緯については、田代和生『新・倭館』前掲註67、一一七〜一二二頁。

(89)「記録の時代」の言葉は、対馬藩の厖大な古文書を象徴するものとして長正統氏が論文「日鮮関係における記録の時代」(前掲註16)において初めて使われた。

(90) 信原修『雨森芳洲と玄徳潤』(明石書店、二〇〇八年)参照。

参考文献一覧（五十音順）

李元植『朝鮮通信使の研究』思文閣出版、一九九七年。

李南姫『朝鮮後期雑科中人研究』以會文化社、一九九九年。

李成茂・崔珍玉・金喜福編『朝鮮時代雑科合格者總覧』韓國精神文化研究院、一九九〇年。

李薫（池内敏訳）『朝鮮後期漂流民と日朝関係』法政大学出版局、二〇〇八年。

池内敏『近世日本と朝鮮漂流民』臨川書店、一九九八年。

同『大君外交と「武威」』名古屋大学出版会、二〇〇六年。

同『竹島問題とは何か』名古屋大学出版会、二〇一二年。

泉澄一『対馬藩藩儒雨森芳洲の基礎的研究』関西大学出版部、一九九七年。

小川和也「天和度朝鮮通信使と大老・堀田正俊の『筆談唱和』」『日韓相互認識』五号、二〇一二年。

大場生与「対馬藩による朝鮮側小通事への援助」『三田中世史研究会年報』4、一九九七年。

長正統「日鮮関係における記録の時代」『東洋学報』五〇巻四号、一九六八年。

長正統・長節子「柚谷家記録内容目録」一般研究B、昭和59・60年度研究成果報告書『中近世における環シナ海域交流史の研究』九州大学、一九八六年。

片桐一男『阿蘭陀通詞の研究』吉川弘文館、一九八五年。

姜信沆『韓國の譯學』ソウル大學校出版部、二〇〇〇年。

金東哲（吉田光男訳）『朝鮮近世の御用商人』法政大学出版局、二〇〇一年。

小泉袈裟勝『枡』法政大学出版局、一九八〇年。

田代和生『近世日朝通交貿易史の研究』創文社、一九八一年。

同『書き替えられた国書』中央公論社、一九八三年。

同『江戸時代朝鮮薬材調査の研究』慶應義塾大学出版会、一九九九年
同「倭館における朝鮮銭の使用」『対馬宗家文書　第Ⅲ期倭館館守日記・裁判記録』別冊中、ゆまに書房、二〇〇五年。

同『日朝交易と対馬藩』創文社、二〇〇七年。

同「元禄期倭館請負屋と御免物貿易」『史学』七七巻一号、二〇〇八年。

同『新・倭館』ゆまに書房、二〇一一年。

鄭光『司譯院倭學研究』太學社、一九八八年。

同『朝鮮朝譯科試券研究』成均館大學校大東文化研究院、一九九〇年。

仲尾宏『朝鮮通信使と江戸時代の三都』明石書店、一九九三年
同『朝鮮通信使と徳川幕府』明石書店、一九九七年。

永留久恵『雨森芳洲』西日本新聞社、一九九九年。

中村栄孝『日鮮関係史の研究』下、吉川弘文館、一九六九年。
信原修『雨森芳洲と玄徳潤』明石書店、二〇〇八年。
林陸朗『長崎唐通事』吉川弘文館、二〇〇〇年。
平井茂彦『雨森芳洲』サンライズ出版、二〇〇四年。
三宅英利『近世日朝関係史の研究』文献出版、一九八六年。
森山恒雄「対馬藩」『長崎県史』藩政編、吉川弘文館、一九七三年。
尹裕淑『近世日朝通交と倭館』岩田書店、二〇一一年。
横山恭子「近世中期朝鮮通信使乗馬役の研究」『史学』七九巻四号、二〇一一年。
米谷均「雨森芳洲の対朝鮮外交」『朝鮮学報』一四八輯、一九九三年。

謝辞

本書が底本とする雨森顕之允筆写本『交隣提醒』は、現在、重要文化財「雨森芳洲関係資料」のなかにある。その管理団体・長浜市高月観音の里歴史民俗資料館から全文翻刻の御許可を頂くにあたって、これまで本資料を長く保管されてきた芳洲会の平井茂彦氏に仲介の労をとっていただいた。また対馬に伝わる諸写本『交隣提醒』の存在は、長崎県立対馬歴史民俗資料館の山口華代氏の御教示によるものである。両氏から全テキストの複製データを提供していただくことによって、正確な校訂本を刊行することができた。ここに特記して感謝の意を表する次第である。

最後に本書公刊の意義を認め、平凡社東洋文庫の関正則氏を紹介して下さった朋友吉田光男氏に御礼を申し上げたい。関氏は、本書を史料校訂編・解読編・原文編の三種類に分けて掲載したいという校注者の贅沢な注文を快く受け容れて下さり、加えて朝鮮人名のハングル表記にも御尽力頂いた。本文入力は、元慶應義塾大学事務室勤務の渡辺厚子さんのご協力によるものである。本書出版を支えて下さった皆様に衷心より感謝の言葉を捧げたい。

わ行

や行

ら行

ま行

は行

な行

た行

さ行

か行

事項索引

（注）宗家文書に属する書名は、項目「宗家文書」の下に50音順に並べ、頭に・を付した。

書名索引

人名索引（朝鮮人）

ア行

安愼徽〔アンシンフィ〕（安同知）
128, 129, 332-334, 395
安錫徴〔アンソンミ〕 149, 150, 152
安龍福〔アンヨンボク〕 321
李彦綱〔イオンカン〕 338
李碩麟〔イソクリン〕 48, 394
李松年〔イソンニョン〕 48
李判事〔イはんす〕 103, 105
銀奉〔ウンボン〕 28, 29
魚叔権〔オスクグォン〕 189
呉萬昌〔オマンチャン〕（呉判事）
28, 29, 333

カ行

康遇聖〔カンウソン〕 142
金誠一〔キムソンイル〕 190
金國光〔キムググァン〕 189
金緻〔キムチ〕 157
金図南〔キムトナム〕（金僉知） 341
金海峯〔キムフェボン〕 394

サ行

申叔舟〔シンスクチュ〕 127, 187, 188
世祖〔セジョ〕 189

タ行

崔尚嶫〔チェサンチェ〕（崔同知）
48, 119, 120, 122, 333-335, 394
崔恒〔チェハン〕 189
崔鳴吉〔チェミョンギル〕 189
全別将〔チョンべつしょう〕 177, 178

ハ行

朴元郎〔パクウォンラン〕 334
朴慶後〔パクキョンフ〕 338
朴再昌〔パクチェチャン〕（朴僉知）
52, 54, 81, 119, 123, 125, 126, 128, 129, 150, 152, 333, 334, 341, 347, 395
朴再興〔パクチェフン〕（朴同知）
77, 78, 123, 128, 333, 334, 344, 394
朴大根〔パクテグォン〕 334
朴有年〔パクユニョン〕（朴同知）
123, 129, 332, 334, 394, 395
韓天錫〔ハンチョンソク〕（韓同知）
182, 184, 333
韓後瑗〔ハンフウォン〕（韓僉知）
65, 66, 71, 72, 82, 84, 333-335, 340-342, 394
卞承業〔ピョンスノップ〕 344
玄徳潤〔ヒョンドギュン〕 388
洪禹載〔ホンウチェ〕 344

ヤ行

尹趾完〔ユンチワン〕 338

た行

な行

は行

ま行

や行

索　引

1．この索引は、解読編（読み下し文）および解説の本文と注から項目を抽出した。ただし頻出する雨森芳洲（人名）と『交隣提醒』（書名）は除外した。
2．漢字は、朝鮮人名を除いて日本語読みの慣例にしたがい、五十音順に配列した。
3．検出の便を考慮し、同一種類のものはできるだけ類集した。類似のもの、相互に関連する項目などは、見よ項目（→）に示したので、そちらも参考にしていただきたい。
4．「宗家文書」（書名）および「通信使」（事項）については、一所にまとめ、表題を五十音順に配列した。

人名索引（日本人・中国人）

あ行

か行

さ行

田代和生（たしろかずい）

1946年札幌市生まれ。慶應義塾大学大学院教授を経て、2011年慶應義塾大学名誉教授。同年紫綬褒章受章。文学博士。近世日朝交流史専攻。
1968年より対馬島を中心に史料調査を開始。1998～2006年国内外に散在する膨大な宗家文書のマイクロフィルム資料『宗家文書』（ゆまに書房）を監修。著書に『近世日朝通交貿易史の研究』（創文社、1981年）、『書き替えられた国書』（中央公論社、1983年）、『江戸時代朝鮮薬材調査の研究』（慶應義塾大学出版会、1999年）、『日朝交易と対馬藩』（創文社、2007年）、『新・倭館』（ゆまに書房、2011年）。主な論文に「朝鮮国書原本の所在と科学分析」『朝鮮学報』202、2007年。

交隣提醒　東洋文庫852

2014年8月20日　初版第1刷発行

校注者　田代和生
発行者　西田裕一
印刷　創栄図書印刷株式会社
製本　大口製本印刷株式会社

発行所　株式会社　平凡社
電話編集 03-3230-6579
営業 03-3230-6572
振替 00180-0-29639
〒101-0051
東京都千代田区神田神保町3-29

平凡社ホームページ　http://www.heibonsha.co.jp/

ISBN 978-4-582-80852-0
NDC分類番号210.5　全書判（17.5 cm）　総ページ428

《東洋文庫の関連書》

174 東学史〈朝鮮民衆運動の記録〉 呉知泳著 梶村秀樹訳注
193 朝鮮歳時記 洪錫謨他著 姜在彦訳注
214 216 朝鮮独立運動の血史 全二巻 朴殷植著 姜徳相訳注
222 朝鮮の悲劇 F・A・マッケンジー著 渡部学訳注
234 白凡逸志（ペクポムイルジ）〈金九自叙伝〉 梶村秀樹訳注
252 海游録〈朝鮮通信使の日本紀行〉 申維翰著 姜在彦訳注
270 朝鮮小説史 金台俊著 安宇植訳注
325 328 熱河日記 全二巻〈朝鮮知識人の中国紀行〉 朴趾源著 今村与志雄訳
357 懲毖録（ちょうひろく） 柳成竜著 朴鐘鳴訳注
372 425 454 492 三国史記 全四巻 金富軾著 井上秀雄訳注
409 パンソリ〈春香歌・沈晴歌他〉 申在孝著 姜漢永 田中明訳注
440 看羊録〈朝鮮儒者の日本抑留記〉 姜沆著 朴鐘鳴訳注
572 573 朝鮮奥地紀行 全二巻 イサベラ・バード著 朴尚得訳
662 日東壮遊歌（にっとうそうゆうか）〈ハングルでつづる朝鮮通信使の記録〉 金仁謙著 高島淑郎訳注
670 青邱野談（せいきゅうやだん）〈李朝世俗譚〉 野崎充彦編訳注
678 682 685 乱中日記 全三巻〈壬辰倭乱の記録〉 李舜臣著 北島万次訳注
714 金笠（キムサッカ）詩選 崔碩義編訳注
751 択里志〈近世朝鮮の地理書〉 李重煥著 平木實訳
796 洪吉童（ホンギルトン）伝 伝許筠著 野崎充彦訳注
800 訓民正音 趙義成訳注
809 新羅殊異伝〈散逸した朝鮮説話集〉 小峯和明 増尾伸一郎編訳
848 朝鮮開化派選集〈金玉均・朴泳孝・兪吉濬・徐載弼〉 月脚達彦訳注